本书系国家社科基金一般项目"新时代中国特色社会主义志愿服务伦理研究"(18BZX130)最终成果

国家社科基金丛书
GUOJIA SHEKE JIJIN CONGSHU

中国特色社会主义志愿服务伦理学

Ethics of Voluntary Service under
Socialism with Chinese Characteristics

彭柏林 著

人民出版社

责任编辑：洪　琼
封面设计：石笑梦
版式设计：胡欣欣

图书在版编目（CIP）数据

中国特色社会主义志愿服务伦理学/彭柏林 著. —北京：人民出版社，
　2023.10
ISBN 978－7－01－025608－5

Ⅰ.①中…　Ⅱ.①彭…　Ⅲ.①志愿者-社会服务-伦理学-研究-中国
Ⅳ.①D669.3－05

中国国家版本馆 CIP 数据核字（2023）第 064760 号

中国特色社会主义志愿服务伦理学
ZHONGGUO TESE SHEHUIZHUYI ZHIYUAN FUWU LUNLIXUE

彭柏林　著

人民出版社 出版发行
（100706　北京市东城区隆福寺街 99 号）

环球东方（北京）印务有限公司印刷　新华书店经销

2023 年 10 月第 1 版　2023 年 10 月北京第 1 次印刷
开本：710 毫米×1000 毫米 1/16　印张：18.25
字数：300 千字

ISBN 978－7－01－025608－5　定价：69.00 元

邮购地址 100706　北京市东城区隆福寺街 99 号
人民东方图书销售中心　电话 （010）65250042　65289539

序 一

志愿者服务的伦理意义

——《中国特色社会主义志愿服务伦理学》小序

在我极为有限的应用伦理学了解中,"志愿者"(the volunteers)是一个特殊的伦理群体,其特殊性在于,他们不仅仅拥有其鲜明的伦理志愿——即立志自愿奉献他们的时间、物力、精力和心力,而且这一志愿还具有两个伦理特征:其一,是无求任何回报,即无条件地付出和奉献,只是出自关心和帮助那些需要关心和帮助的人们。用康德的伦理学术语来说,志愿者的服务伦理是纯动机论的。其二,是不设任何限制,不讲任何条件,无论何人何事,只要是需要帮助的,他们都乐于尽其所能地去帮助,并期待通过他们的行动和努力,帮助所有需要帮助的人和事,以此促进人们之间的互助互爱和社会团结,改善我们社会生活世界的道德伦理状况,实现尽可能普遍共享的"好生活"和"好世界",这一点同样适合于康德所主张的普遍道义论伦理学原则。因此,人们将志愿者精神概括为"奉献、友爱、互助、进步"是十分精当的,我们完全可以将这种志愿者精神所体现的两个伦理特征或意义概括为(1)纯道德动机论的,和(2)普遍道义论的。

志愿者精神的伦理特征集中体现了康德伦理学的本旨,这就是基于纯粹"善良意志"(动机)的普遍道义论追求。可见,作为一种现代社会日趋频发和成熟的道德实践方式,志愿者群体及其精神品质值得或者应该成为现代应用伦理学极有意义的研究课题。事实上,国内外伦理学人已然充分意识到了这一点,近年来有关志愿者的伦理学研究也日见增强,成果不断增多。然则,由于不同国家或地区的社会发展或文明程度不尽相同,志愿者群体的组织形式、活动或行动方式、社会影响等也不尽相同,使得有关伦理学研究在方法、所取视角、评价方式,乃至理论建构等方面,呈现出千姿百态、各显其风的状态。换句话说,迄今为止似乎还没有形成一种或几种具有理论代表性的志愿者伦理样式,因而对于志愿者伦理的研究者们来说,这样开放的学术研究状态既是一种创新立说的机遇,也是一种如何突破众说纷纭而自成理论风格甚或自成一家之说的挑战。仅仅就我有限的了解来说,彭柏林教授的这部《中国特色社会主义志愿服务伦理学》无疑具有化挑战为机遇、却又迎机遇而面临挑战的特色。职是之故,当柏林教授给我发来他的这部新作之电子版并请我为之一序时,虽然因为我对应用伦理学缺少研习而颇多踌躇,对于他所谓之的"志愿服务伦理"更是头一次接触,连最起码的"见闻之知"也不敢言。之所以最终还是决定不揣冒昧,受命一试,还是基于我的一贯想法:对于年轻学人的前沿探索来说,鼓与呼远比袖手旁观、甚至冷眼无视更合乎学术伦理之道,更何况柏林君与我还有同乡之谊呢!唯求激赏如是,不论春秋若何。于是,我便可有言在先,不以方家之名而凭友情旁观者之实,来谈氏著及其所论之志愿者服务伦理问题了。

氏著除"绪论"和"结语"之外,策六章二十多万言。作者从"志愿服务伦理"的概念界定入手(第一章),简要梳理了中国志愿暨慈善伦理的历史传统及其流演,以援之为氏著正论之思想资源(第二章)。第三章至第六章共四章堪为氏著正论,从中国特色社会主义志愿服务的共享伦理意蕴、伦理价值到中国特色社会主义志愿服务的伦理原则与规范,直至中国特色社会主义志愿服务伦理评价体系的构建,可谓高屋建瓴、卓见迭出,最后自成别致。我的初步解读直觉是,氏著更具专题教材的特点,同时也兼备专题研究的某些特征。因此,我很难从中抽演提炼出是书的核心理念或系统论证,更多的是学习了解中国特色社会主义志愿服务伦理学的基本知识——于我而言,这些知识当然属于新知范畴无疑,也就是说,该书更近乎一部志愿服务伦理学的知识教材。重要的是,如前备述,由于志愿者伦理仍然属于——无论国外还是国内——现代应用伦理学的一个开放的前沿"处女地",所以,一切相关于志愿者伦理的知识都或多或少具有知识创新的意义,都值得关注和学习。我想,这也许是柏林教授这部新作首要的学术价值和现实意义所在罢?!

志愿服务一如公益慈善,都是人类社会的一项崇高的道义伦理事业,也是人类道德文明的标志之一。其所以产生并能瓜瓞绵延且日久弥新,除了人类作为"社会群集性生物"的社会互助本能之外,更多的是人类道德伦理精神的内在驱动,还是人类社会生存与发展的客观偶然性环境使然。人生天地间,不得不面对各种各样的偶发性风险和灾难,包括自然偶发的(如,地震、洪灾、瘟疫之类),也包括人为社会的(如,战争),这些天灾人祸虽是偶发,却客观存在,无法回避。同时,由于人类在自然禀赋(如,体力和智力的强弱不等、天然残障等)、后天机遇(如,后天的主观努力、道德幸运、身体伤残、人生的阶段性选择差错)等因素的作用,一些人或人群的生存境遇失常,甚或遭遇危机。为了应对这些天灾人祸,人类创造了各种各样有效的互助互救方式,包括社会制度化的或政治的、经济的,也包括文化的、道德伦理的、宗教的。在传统社会里,公益慈善救济是较为典型的社会互助方式。进入现代社会后,随着社会文明的不断开放和进步,除了公益慈善——社会制度化的和社会自组织的或民间组织化的——的传统互助方式之外,基于社会自组织的或公民个体自愿自发的志愿者服务事业得到快速发展。在某种意义上可以说,志愿者服务既是公益慈善传统的现代继续,也是公益慈善事业之一种。

人类无疑是最脆弱的生物之一,这是人类为什么选择以社会的方式生存发展的根本缘由之一,也是人类社会不断发展改进的动力之一。自然灾害和社会风险,尤其是突发性的超大型瘟疫、饥荒、地震、洪灾、战争等特别情形

（我谓之"社会紧急状态"，"social emergency"），必然会给一些人或人群的生活造成难以单独抗拒和解决的苦难困境，即使是某些自然与社会的偶发因素，如先天残障、老、弱、病、残，也会造成一些特殊个人和特殊群体的生活出现阶段性或临时性的难以自救自决的困难。如何帮助他们化解困难，使社会弱势群体和脆弱个体摆脱困境，获得最基本的、体面的或有人类尊严的生活条件，实际上是所有人和人类社会都必须关注并参与行动的问题，西方人将之归于人道主义范畴，而中国儒家则将之视为"仁人"或"仁道"问题。表面看来，对于具有正常生活能力和条件且处于正常生活状态中的人们来说，这一问题似乎并无切身的相关性和紧迫性，也很难成为某种普遍有效的"道德律令"或普遍客观的"伦理义务"。然而，至少有两个基本因素使得这种人道主义或"仁道"问题具有康德意义上的普遍客观性或"道德律令"意味：其一，人类生命本身的脆弱性事实。易言之，作为一种"依赖性的理性动物"（"dependent rational animals"，麦金泰尔术语借用），人的生命其实是最脆弱的，没有人可以完全独立地生存，或者反过来说，没有人不需要他人的帮助扶协。这也就是我们中国人常说的"哪有人事不求人"。其二，虽然诸如先天残障或后天残疾具有极高的偶然性，然而，这种偶然性永远都是不可确定的。没有人可以担保自身或自己的后代能够永远免于这种偶然性的灾难。因此也可以说，人生灾难的偶然性其实也是一种天命般"将临的"（"in coming"）生存事实，无人可以忽略不见，更无人可以对之高枕无忧。因此，人际和人类群际的互助互救不仅绝对必需，而且人人必须。明乎如上，也就不难理解参与包括志愿服务在内的所有公益救济和公益慈善事业的社会伦理意义了。

诚然，由于社会历史和文化传统的差异，特别是现实国情、社情、民情的不同，包括社会文化心理结构的差异，不同国家、不同民族、不同区域、不同个体对志愿服务事业的具体理解方式、参与方式和评价方式等，都会呈现各自不尽相同的特色，这一点也是毋庸置疑的，而深入探究这些差异及其生成原因，从而更精深准确地刻画我们自身志愿服务事业的特色，特别是在此基础上探索并建构具有中国特色社会主义本质特征的志愿服务伦理,更是具有理论创新价值和现实时代意义的学术工作。柏林君通过这部新作得先鞭之美,值得祝贺!我希望他能沿着这一学术路径继续前行,更乐意相信并期待,他一定能够持之以恒,以成就更多更好的学术精品。因为我知道并确信,既是新地,当需深耕细作,方可收获金色的硕秋,而柏林君正是一位勤劳不辍的伦理学耕耘者。套用志愿伦理的话语语气来说,我愿他,百尺竿头更进一步,不仅满眼花开,而且双手果沉。

是为序,所望焉。

万俊人

壬寅暮春吉日(公元 2022 年 4 月 23 日暨"世界读书日")

午时急就于京郊悠斋。

(本序作者系清华大学哲学系教授、博士生导师)

序　二

　　志愿服务伦理,在新时代中国特色社会主义建设中,既是一个重要的理论问题,也是一个重要的现实问题。伴随着我国志愿服务事业的快速发展,志愿服务伦理研究已逐渐引起一些学者的关注,但总的来说,目前学术界对志愿服务伦理的研究,特别是对新时代中国特色社会主义志愿服务伦理的研究,尚不够充分。一是学界对志愿服务伦理研究的关注度不够高;二是专注于志愿服务伦理研究的学者不多,所取得的研究成果不多,且已有的研究只是对志愿服务伦理的某一方面的问题进行了一定程度的探讨,而尚未对志愿服务伦理进行系统、综合性研究;三是新时代中国特色社会主义志愿服务伦理研究尚是一个崭新的时代课题,其所面临的关系和问题错综复杂,且研究者可能未必是参与者,而实践者又未必是研究者,故而学术界尚未进行深入探讨。在这种情况下,对新时代中国特色社会主义志愿服务伦理进行系统、综合研究,不仅可以引起学界对志愿服务伦理研究的重视,拓展志愿服务伦理研究的广度和深度,而且可以为新时代进一步推进志愿服务伦理研究、构建中国特色社会主义志愿伦理学术体系和话语体系提供参考。

　　本书作者彭柏林教授是一位伦理学研究方面比较扎实的学者,多年从事伦理学方面的教学与研究工作,出版了不少具有较高学术价值的著作,发表了不少具有较高理论深度的论文。在对新时代中国特色社会主义志愿服务伦理进行研究的过程中,他坚持以习近平新时代中国特色社会主义思想为指导,立足新时代中国特色社会主义志愿服务的实际和发展趋势,运用马克思主义的观点和方法分析问题,广泛涉猎和研读有关文献资料,辩证汲取国内外相关研究成果,并在此基础上求索攻坚、开拓创新,完成了"新时代中国特色社会主义志愿服务伦理研究"这一国家社会科学基金项目,并在结项鉴定中取得了良好等级的成绩。他对新时代中国特色社会主义志愿服务伦理的研究,相对于学界已有研究来说,是较为系统和全面的,且颇有思想深度。新时代中国特色社会主义志愿服务伦理是一个涉及面既深且广的理论与现实问题,需要从哲学、政治学、社会学、历史学等多个学科的角度去分析和考察。作者在这方面下了不少工夫,并取得了甚为可喜的成绩,反映出作者不仅具有广阔的学术视野,而且具有较强的综合研究能力。

本书最突出的特点在于其时代性和创新性。从时代性看,本书研究的问题都是新时代中国特色社会主义志愿服务伦理建设过程中亟须研究的理论与现实问题;本书提出的观点均具有时代针对性,对如何在新的时代背景下推进中国特色社会主义志愿服务伦理建设、促进中国特色社会主义志愿服务的发展具有重要的参考价值和启迪意义。从创新性看,作者提出了不少具有较高理论价值和现实意义的观点和见解。在书中,作者不仅从伦理学的视角对志愿服务进行了诠释,揭示了志愿服务的伦理本质、伦理特性和伦理结构,而且深刻分析了中国特色社会主义志愿服务的共享伦理意蕴;不仅深入挖掘和分析了蕴含在儒家文化、墨家文化、道家文化和佛家文化中的志愿服务伦理思想,而且立足于时代发展的需要剖析了其当代价值和意义;不仅深入探讨和分析了中国特色社会主义志愿服务的伦理价值,而且立足于新时代中国特色社会主义志愿服务健康可持续发展的需要提出了志愿服务所应遵循的伦理原则与规范,并就如何构建中国特色社会主义志愿服务伦理评价体系提出了自己的看法。作者在这些方面所做的努力,不仅有助于拓展中国特色社会主义伦理学研究的视野和方向,推进新时代中国特色社会主义伦理学术体系和话语体系的构建,而且有助于深刻认识和把握中国特色社会主义志愿服务伦理建设的规律,推进新时代中国特色社会主义志愿服务伦理建设乃至公民道德建设。

总之,我认为本书是一本具有较强创新性和较高理论深度且对现实具有重要指导意义的学术著作。当然,新时代中国特色社会主义志愿服务伦理是一个非常复杂的问题,对其研究需要一个不断深入的过程,故此希望作者继续努力,不断深化此问题的研究,为学界和社会贡献更好的理论成果。

焦国成

2022 年 2 月 15 日于中国人民大学静园

(本序作者系中国人民大学哲学院教授、博士生导师)

序　三

　　志愿服务是现代文明的重要标志,也是促进社会和谐与进步的重要力量。改革开放以来,伴随着经济社会的发展、人民生活水平的提高以及社会主义核心价值观的普及,我国的志愿服务获得快速发展,在经济社会发展中发挥着越来越积极有效的作用。据统计,2021年全国登记的慈善组织达到9480个,净资产近2000亿元,而注册的志愿者约2.09亿人,约占中国大陆人口的15%,其服务时间达到22万多亿小时,贡献价值900多亿元。伴随着志愿服务事业的不断发展,诸多的志愿服务伦理问题如价值取向问题、诚信问题、尊重问题、公平问题、隐私权问题等日益凸显出来。在这种情况下,为了确保志愿服务的健康可持续发展,确保其同中国特色社会主义建设特别是同"两个一百年"奋斗目标同行,迫切需要在加强志愿服务法治的同时,加强志愿服务伦理建设。彭柏林教授《中国特色社会主义志愿服务伦理学》一书的出版正适应了这一时代发展的需要,其理论意义和现实意义是不言而喻的。

　　什么是志愿服务? 这是研究志愿服务伦理必须首先解决的一个重要理论问题。从目前的研究情况来看,在何谓志愿服务的理解上存在不同的见解,从伦理学的视角去进行诠释的学者也为数不多。本书不仅对关于志愿服务概念的已有界定进行了全面梳理,而且在此基础上,从伦理学的视角对志愿服务做出了逻辑分析,较为深刻地揭示了志愿服务的伦理特性和伦理结构,并对中国特色社会主义志愿服务的共享伦理意蕴进行了系统的诠释,对于研究志愿服务的伦理本质、把握志愿服务的内涵无疑将会具有重要的推动作用。

在新的时代背景下开展志愿服务伦理建设不能脱离传统,需要从传统文化中探索思想资源。正如习近平总书记于 2014 年在北京大学师生座谈会上的讲话中所指出:"中华文明绵延数千年,有其独特的价值体系。中华优秀传统文化已经成为中华民族的基因,植根在中国人内心,潜移默化影响着中国人的思想方式和行为方式。"①志愿服务虽是一个现代社会才提出的概念,但并不意味着具有志愿服务特性的社会活动现象在现代社会才出现,更不能由此就说传统文化中没有可供现代社会发展志愿服务参考和借鉴的伦理智慧。本书以儒家文化、墨家文化、道家文化和佛家文化为重点,深入挖掘了蕴含在中国传统文化中的志愿服务伦理思想,立足于新时代志愿服务发展的需要,对其当代意义进行了较为深刻的分析,指出蕴含在中国传统文化中的志愿服务伦理思想不仅有助于促进新时代中国特色社会主义志愿服务的发展,而且也有助于促进共同富裕目标的实现和人类命运共同体的构建。其在这些方面所做的探讨,对于如何根据新时代中国特色社会主义发展的实际和面临的挑战实现传统志愿服务伦理思想的创造性转型和创新性发展具有重要的实践意义。

目前世界正经历百年未有之大变局,我国正处于实现中华民族伟大复兴"中国梦"的关键时刻。在新的国际国内环境下,我国志愿服务的发展面临着诸多伦理困境和挑战,为了确保志愿服务始终朝着有利于新时代中国特色社会主义建设特别是有助于促进共同富裕、不断满足人民对美好生活的需要以及促进人类命运共同体的方向健康发展,有必要对其进行伦理的规制。本书作者从此出发,初步构建了新时代中国特色社会主义志愿服务的伦理原则规范体系,提出了公益至上、无私奉献、仁爱为怀、诚信无妄、知恩图报等志愿服务伦理原则和规范,同时也就如何构建新时代中国特色社会主义志愿服务伦

---

① 《习近平谈治国理政》,北京:外文出版社,2014 年,第 170 页。

理评价体系提出了独到的见解。作者的观点和看法,对于深入开展新时代中国特色社会主义志愿服务伦理建设,具有重要的理论参考价值。

　　新时代中国特色社会主义志愿服务伦理的研究是一个全新的课题。尽管本书作者对所涉及的一系列问题进行了较为深入的研究,但是仍有很多可以拓展的空间,如志愿服务的伦理价值取向、志愿服务伦理主张的权利与义务、志愿服务伦理意识的培育等。希冀作者或其他研究者能够在继续完善和修正已有研究的基础上,进一步深化相关问题研究,将这一领域的研究推向一个新的高度,为新时代中国特色社会主义志愿服务伦理学术体系、话语体系的构建提供更为强有力的学理支撑。

姚新中

2022 年 2 月 18 日于中国人民大学

（本序作者系中国人民大学哲学学院教授、博士生导师）

序　四

正值春回大地、万物复苏的季节,柏林教授约我为其新著《中国特色社会主义志愿服务伦理学》作序,我欣然允诺,这不只在于柏林教授对我的信任,更在于我一直敬佩柏林教授的学术境界和学术功力。他的这项国家社科基金项目最终研究成果肯定又是一部力作,故我很乐意为其落下笔墨。果不其然,我研读此书之电子稿后,深感这是研究新时代中国特色社会主义志愿服务伦理的开山之作,其理论创新力度、学术价值和实践意义非凡,堪称一部不可多得的鸿篇巨制。

一部著作的灵魂和价值在于创新。纵观全书,始终展示创新意味。一是创造性地阐释了志愿服务的伦理本质、伦理特性和伦理结构。该著不仅将志愿服务界定为志愿者基于对志愿服务伦理价值的深刻认识与领悟,本着不求回报的无私奉献精神,自觉自愿地为社会公益事业或者他人特别是弱势群体提供无偿服务或帮助的伦理行为,认为它是一种出于自觉自愿、以实现社会公益为基本价值取向、以无偿性利他主义为核心价值观、与慈善既相区别又相联系并有别于传统帮扶的伦理行为,具有出于意志自由、道义论色彩和充满人道主义情怀等伦理特性,而且指出,志愿服务作为一种社会伦理行为,是一个由志愿服务伦理主体和志愿服务伦理客体、志愿服务伦理精神和志愿服务伦理行为等构成的有机整体或结构性组合体,蕴含着多方面的伦理关系,其中最为基本的是志愿者个体主体与志愿者组织主体的伦理关系、志愿服务客体与志愿者组织主体的伦理关系以及志愿者个体主体与志愿服务客体的伦理关系。这样便由内到外、由主体到客体、由理念到行动对志愿服务作了立体架构性的伦理学阐释。二是以独特的开创性理路挖掘蕴含在中国传统文化中的志愿服务伦理思想及其精华，并将其作为构建新时代中国特色社会主义志愿服务伦理不可或缺的环节和方面，作为构建新时代中国特色社会主义志愿服务伦理学术体系和话语体系所应有的视角。该著以儒家文化、墨家文化、道家文化和佛家文化为重点，系统性地阐释了中国传统文化中的志愿服务伦理思想，并对其当代价值进行了深刻的探讨和叙述。三是以客观科学的视角揭示志愿服务具有共享伦理特质。该著指出，志愿服务虽是世界各国均有的普遍现象，但在不同的社会制度下，其伦理本质又有所不同，甚至是根本对立的。现代意义上的志愿服务虽发端于西方，但在西方资本主义制度下，志愿服务基本上丧失了其纯伦理的本质和纯真的意义，被异化为服务于资产阶级利益的工具，成为披着慈善外衣的"伪公益活动"。而中国特色社会主义志愿服务是中国特色社会主义事业的重要组成部分，是以人民为中心开展的社会公益活动，具有人民性的特点，贯彻公平正义、共享发展的理念，具有丰富的共享伦理意蕴。该著还强调，在新的时代背景下，中国特色社会主义志愿服务彰显了促进经济发展、劳动幸福、公民道德建设、社会和谐稳定、人类命运共同体构建等的伦理价值。四是富有新意地构建了新时代中国特色社会主义志愿服务伦理原则与规范体系，提出了一系列对志愿服务具有指南性意义的伦理原则与规范。五是有针对性地、深刻地探究并全面阐释了中国特色社会主义志愿服务伦理评价体系，为开发志愿者资源、正确认识和评价志愿服务活动、推动志愿服务长效发展提供了行动依据。

　　一部著作的魅力在于学术特色。纵观全书，学术特色展示了难得的引读磁力。一是强烈的时代感。本书以习近平新时代中国特色社会主义思想、特别是习近平总书记关于志愿服务的系列重要指示精神为指导，立足于新时代中国特色社会主义志愿服务的实际和发展趋势,针对新时代中国特色社会主义志愿服务发展中存在的问题和面临的挑战,就新时代中国特色社会主义志愿服务伦理的诸多问题进行了比较深入的研究和分析。同时,全书结合新时代的社会背景及其要求,为志愿服务伦理建设乃至志愿服务的完美发展提供了符合时代要求的基本理念和决策依据。二是鲜明的原创性。前面已经谈到本书的灵魂和价值在于创新,并重点概括了书中的创新思想。其实,原创是本书了不起的学术举动。例如,鉴于前面所述的对志愿服务的伦理本质、伦理特性和伦理结构的叙述是至今学界最早最清新完整的表述。又如,本书挖掘中华传统文化中的志愿服务伦理精神是"开天辟地"的学术创造。该著认为儒家文化中蕴含着"仁者爱人"的志愿服务伦理理念和"天下大同"的志愿服务伦理追求,墨家文化中的志愿服务伦理思想主要体现在"兼相爱"的志愿服务伦理理念、"交相利"的志愿服务伦理实践路径和"志功统一"的志愿服务伦理评价观上,等等。所有这些无不贴上了原创的标签。三是独特的中国话语和中国风格。志愿服务是人类文明发展到一定阶段的产物,志愿服务的研究是国际性学术主题。现代志愿服务发端于西方,经过近百年的发展,以西方发达国家为主的志愿服务事业遍及世界各地。因此,国外尤其是西方发达国家对于志愿服务的研究不仅时间早,而且领域广泛而深入。然而,本书以国际视野、中国话语和风格回答了志愿服务在新时代中国特色社会主义建设中具有哪些伦理价值、应有什么样的伦理追求、面临着怎样的伦理挑战等问题,形成了具有国际风范并让人耳目一新的"中国派"学术。四是切实的"顶天立地"学术宗旨。该书在坚持理论创新的基础上构建新时代中国特色社会主义志愿服务伦理的理论体系的同时,深入研究了新时代志愿服务面临的伦理挑战,并面对现实提出了相应的应对措施。书中重点凝练了新时代中国特色社会主义志愿服务的伦理原则与规范,同时还就新时代如何构建中国特色社会主义志愿服务伦理评价体系作了初步的探讨,这其实是为中国特色社会主义志愿服务伦理行动设计了可操作的方案。

一部著作的生命力在于功用。纵观全书,学术致用成了流芳之基。一是书中运用哲学、政治学、社会学、心理学、伦理学等多学科综合研究方法,创造性地提出了系列新观点,并在此基础上建构了志愿服务伦理体系,这为学术研究提供了参照范例。同时,本书的理论观点拓展或加深了志愿服务伦理的广度、深度和空间,为伦理学、社会学等理论体系乃至学科体系的发展和完善提供了特有的学术理路和崭新的学术观点。二是探究并构架了志愿服务的伦理原则与规范,为志愿服务设置了行动依据和规则,这其实是志愿服务的前提。第一,公益至上。该著指出我国的志愿服务既是适应实现和维护我国社会公共利益的需要而产生的,也是始终围绕我国社会公共利益的实现和维护开展活动的,并且是在实现和维护我国社会公共利益的过程中得以发展壮大的。第二,无私奉献。该著指出无私奉献是志愿服务一以贯之的精神追求,也是每一个志愿服务的具体行动准则。第三,仁爱为怀。该著指出只有出于仁爱之心的志愿服务才是有道德价值的,只有出于仁爱之心的志愿服务才能获得可持续发展。第四,诚信无妄。该著指出对志愿服务要有一种如"饥之求食,渴之求饮"那样的真情,要"真心实作""实用其力"和全身心地投入,尽到自己最大的努力,发挥最大的热情;即使对于那些超出自己服务范围的事情,也应本着诚信、负责任的态度去帮助那些需要帮助的人,而不是编造理由推辞他们的请求。第五,知恩图报。该著指出志愿服务对象在接受志愿服务走出困境后,应出于对社会的感激之情积极回报社会,甚至尽自己所能积极参与到志愿服务中去。这五个方面的志愿服务伦理原则与规范,可谓既深刻又现实、既抽象又具体,实乃当今我国志愿服务规范化、实效化的伦理原则与规范的最佳建构。三是探究并设置了志愿服务伦理评价体系,这其实也是志愿服务的最终目标。本书从横向和纵向两个层面研究并阐释了志愿服务的伦理评价体系,认为从横向层面看,志愿服务伦理评价体系是一个由动态体系和静态体系构成的有机整体,动态体系包括政府、组织、企业和社会机构的合理运行,静态体系指成文的行之有效的体系规定,二者互为表里、互相补充;从纵向层面来看,志愿服务伦理评价体系作为一个相对独立而又与志愿服务组织相互促进、相互补充的系统,是一个由评价主体、评价客体、评价目的、评价原则及评价结果等要素构成的有机结构,其中评价主体和评价客体作为动态要素在评价体系中发挥主导作用,评价目的、原则和结果,作为静态要素在评价体系中起支撑和保障的作用。这其实是为志愿服务提出了明确的行动境界和具体的行动方案,客观上为新时代志愿服务伦理行动创制了科学意义上的模型。

新时代中国特色社会主义志愿服务伦理所涉及的内容是十分丰富的,新时代中国特色社会主义志愿服务伦理本身也是一个非常复杂的问题,因此,希冀本书作者在今后的研究中进一步拓展思路,在更广更高更深的学术平台上讲好中国故事、凸显国际视野、展示中国话语和中国风格。

我相信,《中国特色社会主义志愿服务伦理学》一书在手,开卷是精神享受,合卷会思绪万千。《中国特色社会主义志愿服务伦理学》一定会受到读者的欢迎。

是为序!

王小锡

2022 年 3 月 5 日于南京秦淮河畔龙凤花园

(本序作者系中国伦理学会副会长,南京师范大学教授、博士生导师)

目　　录

绪　　论

第一节　问题的提出

党的二十大报告提出,要提高全社会文明程度,实施公民道德建设工程,提高人民道德水准和文明素养。而志愿服务是现代文明的重要标志,志愿服务伦理建设是公民道德建设的重要组成部分,是提高人民道德水准和文明素养的重要途径。由此不难看出,中国特色社会主义志愿服务伦理是新的时代背景下应当予以高度重视和关注的一个重要理论与现实问题。对其进行系统而深入的研究,无论是对构建中国特色社会主义志愿服务伦理学术体系和话语体系,还是对推进中国式现代化建设、实现中华民族伟大复兴,都有着十分重要的意义。

志愿服务伦理,在一定的意义上,即指在志愿服务活动中形成的伦理关系以及基于这些伦理关系所产生的道德意识现象、道德规范现象和道德活动现象的总和。中国特色社会主义志愿服务伦理学研究,旨在以马克思主义特别是习近平新时代中国特色社会主义思想为指导,立足于新时代中国特色社会主义志愿服务发展的实际和发展趋势,在对志愿服务的伦理本质、伦理特性和伦理结构等进行深入分析和研究的基础上,挖掘和分析我国传统文化中所蕴含的志愿服务伦理思想及其当代价值,揭示中国特色社会主义志愿服务的共享伦理意蕴,构建中国特色社会主义志愿服务伦理原则规范体系、中国特色社会主义志愿服务伦理评价体系等,以期能为新时代中国特色社会主义志愿服务伦理建设以及新时代中国特色社会主义志愿服务伦理学术体系和话语体系的建构提供一定的学理借鉴和参考。

党的十八届五中全会提出了共享发展理念,强调指出:"坚持共享发展,必须坚持发展为了人民、发展依靠人民、发展成果由人民共享,作出更有效的制度安排,使全体人民在共建共享发展中有更多获得感,增强发展动力,增进人民团结,朝着共同富裕方向稳步前进。"党的十九大报告指出,"中国特色社会主义已经进入新时代","新时代我国社会主要矛盾是人民日益增长的美好生活需要和不平衡不充分的发展之间的矛盾,必须坚持以人民为中心的发展思想,不断促进人的全面发展、全体人民共同富裕"。2021年召开的中央财经委员会第十次会议强调,"要坚持以人民为中心的发展思想,在高质量发展中促进共同富裕"。而志愿服务作为中国特色社会主义事业的有机组成部分,以其独有的优势在整合民间资源、化解社会矛盾、创新社会治理体系、培育和践行社会主义核心价值观、促进社会进步与和谐、满足人民日益增长的美好生活需要,特别是社会服务需要等方面起着不可替代的作用,是将以人民为中心的共享发展理念落到实处的重要途径,是推进新时代中国特色社会主义建设、促进共同富裕和人类命运共同体构建不可或缺的重要力量。职是之故,我们党和政府高度重视志愿服务工作,并站在实现社会主义现代化和中华民族伟大复兴、建设富强民主文明和谐美丽的社会主义现代化强国的战略高度,从解决新时代我国社会主要矛盾的需要出发,根据经济建设、政治建设、文化建设、社会建设和生态文明建设"五位一体"的总体布局和全面建设社会主义现代化国家、全面深化改革、全面依法治国、全面从严治党"四个全面"的战略布局,将志愿服务发展纳入国家治理总体规划,并围绕志愿服务发展作出了一系列决策部署,出台了一系列政策法规,不仅为新时代我国志愿服务工作的开展提供了根本遵循,也为新时代中国特色社会主义志愿服务事业的发展指明了正确方向。习近平总书记曾多次给"本禹志愿服务队""郭明义爱心团队""南京青奥会志愿者"等志愿服务团队回信、走访志愿服务社区、对志愿服务工作作出重要指示、寄予殷切期望,勉励广大志愿服务工作者努力践行社会主义核心价值观,弘扬奉献、友爱、互助、进步的志愿精神,以实际行动书写新时代的雷锋故事,为实现中国梦有一分热发一分光。[①] 2016 年 3 月,第十二届全国人民代表大会第四次会议通过了《中华人民共和国慈善法》,对志愿者、志愿服务组织、志愿服务活动的慈善性质作出了明确细致的规定。2016 年 5 月,中央全面深化改革领导小组第二十四次会议审议通过《关于支持和发展志愿服务组织的意见》,既强调"坚持以培育和践行社会主义核心价值观、满足人民群众日益增长的社会服务需求为出发点","积极扶持发展志愿服务组织,形成布局合理、管理规范、服务完善、充满活力的志愿服务组织体系",又强调将"志愿服务组织的工作重点放在扶贫、济困、扶老、救孤、恤病、助残、救灾、助医、助学方面"。2016 年 7 月,中共中央宣传部、中央文明办、民政部、教育部、财政部、全国总工会、共青团中央、全国妇联印发了《关于支持和发展志愿服务组织的意见》,强调将积极支持和发展志愿服务组织纳入"四个全面"战略布局,加强志愿服务组织培育、提升志愿服务组织能力、深化志愿服务组织服务、加强对志愿服务发展组织的组织领导,到 2020 年,"基本建成与经济社会发展相适应,布局合理、管理规范、服务完善、充满活力的志愿服务组织体系";文化部印发了《文化志愿服务管理办法》,强调推动文化志愿服务常态化、规范化、制度化,并对文化志愿者的权利和义务、文化志愿服务的范围、文化志愿服务组织的职责,以及如何开展文化志愿服务等作了明确细致的规定。2017 年 8 月,中央全面深化改革领导小组第二十七次会议审议通过了《关于公共文化设施开展学雷锋志愿服务的实施意见》,强调"以培育和践行社会主义核心价值观、满足人民群众日益增长的精神文化需求为出发点","稳步推

---

　　① 《2014 年 3 月习近平给"郭明义爱心团队"回信》,中国共产党新闻网,2014 年 12 月 5 日。

进公共文化设施志愿服务站点建设,广泛吸引志愿者参与文化志愿服务,发展壮大学雷锋志愿服务队伍,加强志愿服务保障和支持"。同时,中共中央宣传部、中央文明办、教育部、民政部、文化部、国家文物局和中国科学技术协会于2016年12月印发了《关于公共文化设施开展学雷锋志愿服务的实施意见》,不仅提出了坚持正确导向、文化育人、示范带动和改革创新等发展公共文化设施志愿服务的原则,而且强调要壮大公共文化设施志愿者队伍、推进公共文化设施志愿服务、建立健全公共文化设施志愿服务制度、加强公共文化设施志愿服务的组织领导,到"2020年,基本建成公共文化设施志愿服务组织体系、志愿服务项目体系、志愿服务管理制度体系",使公共文化设施志愿服务成为"全社会学雷锋志愿服务的品牌、传承和弘扬中华传统文化的窗口、培育和践行社会主义核心价值观的重要阵地"。2017年6月,国务院发布了《志愿服务条例》,不仅提出了"自愿、无偿、平等、诚信、合法"的志愿服务原则,并就如何保护志愿者和志愿服务对象的权益作出明确规定,从而为我国志愿服务工作的开展以及志愿服务事业的健康发展提供了根本遵循和重要保证。2017年10月,党的十九大报告强调"推进诚信建设和志愿服务制度化,强化社会责任意识、规则意识、奉献意识"。2019年1月17日,习近平总书记走访了全国第一个社区志愿服务组织天津市和平区新兴街朝阳里社区,在称赞该社区志愿者是为社会做出贡献的前行者、引领者的同时,强调指出:"志愿服务是社会文明进步的重要标志,是广大志愿者奉献爱心的重要渠道。要为志愿服务搭建更多平台,更好发挥志愿服务在社会治理中的积极作用"。2019年7月24日,习近平总书记在致中国志愿服务联合会第二届会员代表大会的贺信中肯定党的十八大以来志愿服务所作贡献的同时,"希望广大志愿者、志愿服务组织、志愿服务工作者立足新时代、展现新作为,弘扬奉献、友爱、互助、进步的志愿精神,继续以实际行动书写新时代的雷锋故事",并强调"各级党委和政府要为志愿服务搭建更多平台,给予更多支持,推进志愿服务制度化常态化,凝聚广大人民群众共同为实现'两个一百年'奋斗目标、实现中华民族伟大复兴的中国梦贡献力量"。同年,中共中央、国务院颁布了《新时代公民道德建设实施纲要》,强调"深入推进学雷锋志愿服务","推动志愿服务组织发展,完善激励褒奖制度,推进学雷锋志愿服务制度化常态化,使'我为人人、人人为我'蔚然成风";民政部下发《关于学习宣传贯彻习近平总书记志愿服务重要指示精神的通知》,要求民政部机关各司局建立上下联动工作机制,与志愿服务组织合作,将习近平总书记志愿服务重要指示精神传达给广大志愿者、志愿服务工作者以及基层社区群众。2020年召开的十九届五中全会审议通过的《中共中央关于制定国民经济和社会发展第十四个五年规划和二〇三五年远景目标的建议》均强调要"健全志愿服务体系,广泛开展志愿服务关爱行动"。党的二十大报告指出:完善志愿服务制度和工作体系。所有这些都表明,伴随着中国特色社会主义进入新时代,中国特色社会主义志愿服务的发展也进入到了一个新的历史方位,其所面临的发展机遇和风险挑战均是前所未有的。在这种情况下,很有必要以习近平新时代中国特色社会主义思想为指导,根据新时代中国特色社会主义建设的需要,结合新时代中国特色社会主义志愿服务发展的实际和发展趋势,系统而深入地研究新时代中国特色社会主义志愿服务伦理问题。

第二节　志愿服务的兴起与发展

一、国外志愿服务的兴起与发展

国外志愿服务源远流长,甚至可以追溯到古代的慈善行为。早在公元前3000年的中东和埃及就有了超越家族共同体范围的自愿利他行为,如古埃及《死者书》中就提到有人自愿向饥渴者提供饮食方面的捐助等。不过,古代的慈善行为具有自发性、偶然性和分散性的特点,活动的主体和范围均有时空的局限性,且没有成熟的公民社会和民间团体作为依托,尚不具备现代意义上的志愿服务的特征。现代意义上的志愿服务萌芽于 19 世纪初,19 世纪瑞士人亨利·杜南所发起的红十字运动和第一次世界大战之后德国人皮埃尔在瑞士组建的国际民众服务组织,一般被认为是志愿服务出现的标志。按照国际上比较通行的看法,可将西方国家志愿服务的兴起与发展大致划分为以下三个阶段:

1. 萌芽阶段(19 世纪初期至中期)。18 世纪中期开始的第一次工业革命,不仅摧毁了传统的以血缘为基础的小共同体社会,极大地弱化了家庭原有的保障功能,而且极大地加速了社会的两极分化,导致大量失业人员和贫困群体的产生,使得济贫扶困成为当时亟待解决的社会问题。在这种情况下,从事救济活动的各种民间团体萌芽并活跃起来,形形色色的带有各种目的的慈善组织也在西方各国纷纷成立。不过,这一阶段志愿服务的力量主要来自世俗化转型后的宗教组织以及不断壮大的公民社会组织[1],而且各种形式的民间团体和慈善组织之间很少联系与协调,基本上处于各自为政的松散状态。为了协调政府与民间各种慈善组织的活动,英国牧师亨利·索里丁 1869 年在伦敦组织成立了"慈善组织会社",并被英国其他城市相继效仿。1877 年,美国牧师韩福瑞·哥尔亭在考察英国慈善组织协会后,在布法罗组织成立了美国第一个慈善组织。[2] 与此同时,为了反抗宗教迫害而被迫从欧洲来到北美大陆的移民们,为了生存而在长期共同生活实践的基础上逐渐形成了志愿帮助别人的群体精神,并且这种精神被作为美国人民的美德保存下来,滋养了一大批怀有慈善之心、乐于帮助他人的富裕阶层人士,即西方最早的志愿者。

2. 扩展阶段(19 世纪末 20 世纪初)。19 世纪末 20 世纪初,伴随着工业革命带来的经济结构的巨大变化,财富分配不公现象日益突出、两极分化现象日益严重、社会危机日益加剧,失业、贫穷、疾病、流浪等困扰着无数的劳工家庭,罢工事件层出不穷。为了缓和社会矛盾、安定社会秩序,德国、美国等开始建

---

[1] 《中国志愿服务大辞典》,北京:中国大百科全书出版社,2014 年,前言。
[2] 《国外志愿服务概况》,中华志愿者协会官方网站,2013 年 3 月 7 日。

立国家福利制度,并制订了一系列福利方案,这标志着西方国家开始走上福利国家的道路。但是,政府的力量是有限的,这些福利方案要真正得到实施,还须借助广泛的社会力量,从而志愿服务作为社会福利方案实施的重要力量而逐渐受到政府的重视和鼓励。与此同时,在西方国家的民间也出现了由一些社会团体和民间人士掀起的所谓"社会正义"运动。这些"社会正义"运动在为消除贫穷、保护弱势群体而奔走呼吁的过程中,"不仅在一定程度上维护和改善了下层民众的利益,也为志愿服务的发展提供了机会,奠定了基础"①。

3. 规范阶段(20世纪70年代前后)。第二次世界大战以后,西方发达国家的福利制度危机、发展中国家的发展模式危机、社会主义国家的国家保险制度危机和全球环境危机,以及全球性的经济增长、通讯革命等,为有组织的志愿服务活动开辟了道路,使志愿服务进入规范化发展阶段。这一阶段志愿服务发展的特点主要体现在以下几个方面:一是志愿服务制度化建设取得重大进展。如德国在1964年制定了《奖励志愿社会年法》,这是志愿服务发展史上的第一部志愿服务法;美国不仅在1973年制定了《志愿服务保护法》,而且还有121所院校联合制定协议,对学生的志愿服务活动进行规范和引导,等等。到20世纪90年代,已经制定了志愿服务法律法规的国家有近百个。此外,还有很多国家制定了许多支持志愿服务活动的优惠政策和奖励政策,如美国许多院校规定,学生参加社区志愿服务活动可以获得相应学分;有些国家规定参加过志愿服务活动并获得满意评价的青年参加招聘时可优先考虑,等等。二是专业化趋势越来越明显。为了提高社会工作服务包括志愿服务工作水平,美国、德国、法国、荷兰等国家的很多大学开设了相关课程,有的甚至设置了相关专业、学院和系科以及学士、硕士、博士等专业学位。到20世纪30年代,社会工作包括志愿服务工作已成为一门有组织、有系统的专门学问。据联

---

① 北京志愿者协会:《走近志愿服务》,北京:中国国际广播出版社,2006年,第37页。

合国 1950 年的一份国际社会工作报告,有 46 个国家成立了 422 所社会工作学校。① 三是基金会数量成倍增长。如美国的基金会,1980 年是 22088 家,到 2008 年则有了 75000 多家,增长了约 3.4 倍;德国的基金会 1990 年是 181 家,到 2008 则有了 1020 家,增长了约 5.6 倍。基金会的迅速发展为志愿服务的发展奠定了坚实基础。四是志愿者、志愿服务组织的数量快速增长。如德国 1960 年参与志愿服务人员的比例为 22%,而到 2008 年则上升到 30%,增长了约 1.4 倍;1960 年志愿服务组织的数量为 80000 家,而到 2008 年则有 680000 家,增长了 8.5 倍。同样,在美国,到 20 世纪 90 年代初,志愿服务组织的数量超过了 100 万个。五是国际志愿服务获得较快发展。一方面,援外志愿者组织在一些国家相继设立,如美国和平服务队、英国海外志愿服务社等,其中英国海外志愿服务社会目前每年派出的海外志愿服务人员有 1600 多名。② 另一方面,联合国对志愿服务工作的重视程度不断提高,除了成立相关组织如联合国志愿人员组织(UNV)、国际自愿工作者协会(IAVE)等外,还分别在 1985 年和 1997 年召开的第 40 届、第 52 届联合国大会上通过决议设置了"国际促进经济和社会发展志愿人员日"(每年的 12 月 5 日)和"国际志愿者年(2001 年)"。"国际志愿者年"的目标:"充分认识志愿贡献""积极支持志愿活动""建立志愿网络体系""倡导弘扬志愿精神"。

如今,国外志愿服务活动开展得如火如荼,其形式也越来越多样化,既有专项性、专业性志愿服务,也有公益性、社区性志愿服务,还有宗教性志愿服务,等等。正是这些形形色色的志愿服务,使得志愿服务日趋完善并渗透到社会生活的方方面面,也使得志愿服务不断朝着法制化、机制化、全民化和社区化的方向发展。

① 北京志愿者协会:《走近志愿服务》,北京:中国国际广播出版社,2006 年,第 39 页。
② 北京志愿服务发展研究会:《中国志愿服务大辞典》,北京:中国大百科全书出版社,2014 年,前言。

二、我国志愿服务的兴起与发展

虽然志愿为他人提供服务的慈善行为在我国有着悠久的历史,但现代意义上的志愿服务在上个世纪初才进入我国,其标志是1908年上海基督教女青年会的成立。该组织坚持"尔识真理、真理释尔",本着"服务社会、造福人群"的宗旨,积极致力于为社会弱者提供志愿服务。上海基督教女青年会的成立,对我国近代志愿服务事业的发展起到了积极的推动作用,其服务模式也被不少民间慈善团体或组织学习和模仿。新中国成立以后,由于历史与政治的原因,具有西方色彩、由教会推动的志愿服务活动一度从社会上消隐。不过,开始于1963年的由新中国第一代党和国家领导人所倡导的以"为人民服务"为宗旨的"学雷锋活动"和志愿服务活动有着相似功能。尽管志愿精神和雷锋精神在内涵、内容上存在差别,但学雷锋活动对我国志愿服务的兴起和发展产生了广泛而深远的影响。"学雷锋活动"在全国范围内轰轰烈烈地开展,不仅造就了一批又一批雷锋式的先进人物,而且在全社会营造了一个热心公益、服务人民、扶弱济困、乐于助人、乐于奉献的良好社会氛围。这可以说是我国历史上规模最大且最为集中的具有志愿服务色彩的活动,为我国志愿服务事业的发展奠定了厚实的社会伦理基础。"在中国特色志愿服务的语境里,有一个词语叫'学雷锋志愿服务活动'。这不仅意味着学雷锋运动是中国特色志愿服务的重要源头,而且意味着雷锋精神的本质属性与中国特色志愿服务的一些基本元素有着高度的同质性。"[①]我国的志愿服务与国外志愿服务的根本区别,就在于它是以中国特色社会主义理论为指导,在继承和弘扬雷锋精神的基础上发展起来的。虽然它在发展的过程中也受到国际志愿服务活动的影响,借鉴和吸收了国外志愿服务的一些经验和做法,但它是立足于中国国情而发展的,是中国特色社会主义事业的有机组成部分,也是中国特色社会主义建

---

① 陆士桢:《中国特色志愿服务概论》,北京:新华出版社,2017年,第158页。

设不可或缺的重要力量。正如有的学者所指出的:"20世纪80年代后期,中国正式提出了志愿服务的概念,以'社会主义荣辱观和价值观'为思想指导,以基本国情为实践依据,以传统慈善为底蕴,继承雷锋精神,并广泛汲取国际志愿服务的现代理念与服务方式,开始出现自己的志愿活动和志愿者。"①

改革开放以后,伴随着经济的快速发展、人民生活水平的不断提高、公民意识的日益增强和国际志愿服务交流的深入推进,我国的志愿服务走上了快速发展的轨道。1987年,志愿者服务全国第一条热线电话在广州市诞生;1989年,我国首个社区志愿服务团体在天津市和平区新兴街道产生。1990年,我国正式注册了第一个志愿者社团,即深圳义务工作者联合会。1992年,在香港义工的直接指导下,广东省佛山市成立了"义工团"。1993年,共青团中央顺应时代发展需要,在继承学雷锋活动的基础上,通过实施"跨世纪青年文明工程"而在全国范围内组织开展青年志愿服务活动。1994年,中国青年志愿者协会成立,标志着我国志愿服务从此进入了有组织、有秩序的阶段。伴随着青年志愿服务队伍的不断壮大以及青年志愿服务活动的不断推进,"奉献、友爱、互助、进步"的志愿精神日益深入人心,被广大社会大众了解、接受和认可,从而有力地推动了我国志愿服务的发展。据全国志愿服务信息系统显示,截止到2021年10月30日,我国注册志愿者总人数达2.17亿人,约占总人口的15.4%,较2019年增长了73倍之多;志愿团体达113万个,志愿项目达621万个,累计志愿服务时长达16.14亿小时,人均志愿服务时长为7.44小时。② 很显然,当代中国已成为一个典型的志愿者大国。与此同时,志愿服务制度化建设也取得重大进展。除上面所提到的《中华人民共和国慈善法》《文化志愿服务管理办法》《志愿服务条例》外,2016年国务院先后印发或发

① 迟云:《社会的良心与善行——聚焦社会志愿服务》,济南:山东教育出版社,2014年,第86页。

② 张翼主编,田丰副主编:《中国志愿服务发展报告(2021—2022)》,北京:社会科学文献出版社,2022年,第9页。

布了《"十三五"加快残疾人小康进程规划纲要》《关于建立完善守信联合激励和失信联合惩戒制度加快推进社会诚信建设的指导意见》,前者强调按照"常态化、制度化、专业化和有效化"的要求,完善志愿助残服务机制,促进志愿助残服务发展;后者提出从优秀青年志愿者队伍中选拔和树立诚信典型,推动青年志愿者信用体系建设,健全青年志愿者诚信行为褒扬和激励机制。同年,共青团中央、教育部印发了《关于加强中学生志愿服务工作的实施意见》,对中学生志愿服务工作机制、活动方式、综合评价和注册管理等作了明确规定。另外,河北、湖北等省份也在 2016 年分别制定和发布了《河北省志愿服务条例》《武汉市志愿服务条例》等。所有这些均表明,我国志愿服务的发展已开始步入制度化、规范化、专业化发展的轨道。

第三节　相关研究的学术史梳理及研究动态

一、国外相关研究的学术史梳理及研究动态

国外尤其是西方发达国家关于志愿服务的研究不仅时间早,而且研究领域相当广泛而深入,总体而言,主要集中在志愿服务概念、志愿服务的缘起与发展、志愿服务与经济、政治、文化、社会发展的关系、志愿者的行为动机、行为方式及其影响因素等论域。

1. 志愿服务概念。K.劳认为志愿服务就是指人们基于自由选择而为某项事业奉献自己的时间和才智。[1] 美国全国社工人员协会认为,志愿服务即志愿者所从事的工作,而志愿者是指一群追求社会公共利益的人,他们本着自我意愿结成团体即非营利组织。[2] P.F.德鲁克将志愿服务理解为一种为公益着

---

[1]　丁元竹等:《志愿活动研究:类型、评价与管理》,天津:天津人民出版社,2001 年,第 2 页。

[2]　转引自江明修:《第三部门——经营策略与社会参与》,台湾:台北智胜文化事业有限公司,1999 年,第 123—124 页。

想的、具有系统性、持续性与前瞻性的仁爱利他行为,认为其本质与特性主要
体现在两个方面:一是改善人类生活与提升生命品质;二是除了使人获得新知
外,还可以使空虚的人获得一种充实感。① Barker 侧重于从追求公共利益实
现的视角来理解志愿服务,将志愿服务理解为一种服务于公共利益实现的行
为②。Bills 和 Harris 侧重于从社会动机的视角来理解志愿服务,将志愿服务
解释为有组织的利他行为③。Dunn 将志愿服务理解为出于社会公益责任、
自愿而非强迫参与的无偿利他行为,认为志愿服务表达的是人际互动以及
社会文化、民主与经济发展的过程④。欧洲青年指导委员会认为:"志愿服
务意味着给予和接受。它是志愿者和志愿服务对象共同学习的过程。参与
者(包括个人和组织)所加入的志愿服务项目或是以崭新的视角来从事传
统工作,或是为了应对某一需求,从而建立一个更为公正合理的社会。所
以,志愿服务是社会发展的催化剂,每个人都应当有权参与其中。"联合国
教科文组织认为:"志愿服务是一种利他行为,是指人们在正式(非私人)场
合中,在一段时期内自愿、无偿地贡献自己的时间和专业技术。对于志愿服
务,人们要进行务实的考量和安排,比如志愿者维持生活所需的费用、交通
费以及安全问题。"⑤国际劳工组织认为,志愿服务是指"一些人不求报酬自
愿从事的活动或工作,目的是推动某种事业或帮助其家庭、直系亲属以外
的人。"⑥

---

① [美]P.F.德鲁克:《巨变时代的管理》,朱雁斌译,北京:机械工业出版社,2006 年,第279 页。

② Barker,R.L.*The Social Work* .New York:National Association of Social Work,1998,p.348.

③ Bills,D.&Harris,M.*Voluntary Agencies*:*Challengs of Organization and Management*.Landon:Macmillan Press Ltd,1996,p.287.

④ DUN,P.C.*Volunteer manangement*.In *Encyclopedia of Social Work*(19th),1995,pp.2843-2490;转引自佘双好:《志愿服务概论》,武汉:武汉大学出版社,2013 年,第 3 页。

⑤ 转引自田军:《志愿服务理论与实践》,上海:立信会计出版社,2007 年,第 2—3 页。

⑥ ILO Bureau of Statistics:*Manual on the Measurement of Volunteer Work*,*Exposure Draft for* 18th *International Conference of Labour Statisticians*,Geneva,24 November-5 December 2008,p.12.

2.志愿服务的缘起与发展。美国学者莱斯特·M.萨拉蒙在其著作《非营利部门的兴起》中指出:"世界正在兴起'全球结社革命',在全球各个角落,有组织的私人志愿活动风起云涌。"①在莱斯特·M.萨拉蒙看来,志愿部门兴起的力量主要来自普通民众、教会和西方私人志愿性组织以及官方的援助机构和官方的政府政策领域三个方面;现代福利国家的危机、发展危机、世界性的环境危机、社会主义的危机等,以及通讯革命、在 19 世纪 60、70 年代早期发生的全球性的可观的经济增长和由此带来的资产阶级革命等革命性变化,为有组织的志愿活动的增长开辟了道路;②等等。

3.志愿服务与经济、政治、文化、社会发展的关系。早在 2000 多年前,古罗马的西塞罗就在《论老年　论友谊　论责任》中将表示善意的方式分为服务与送钱两种。在西塞罗看来,送钱比服务要容易些,特别是对于有钱的富人来说更是如此;不过,服务比送钱更为高尚和可贵。虽然无论服务还是送钱都需要有慷慨助人的心愿,但一个人的钱物总是有限的,用钱物资助的人越多,可供资助的钱物就会越来越少,从而可能会导致慷慨源泉的枯竭。怀着仁慈之心慷慨地帮助他人,为他人提供服务则会带来各种各样的好处:一是他们帮助的人越多,帮助他们行善的人就会越多;二是当助人成为习惯时,服务公众就会更加周到和熟练。③ 莱斯特·M.萨拉蒙曾从宏观的视角对志愿服务给经济产生的影响作了定量研究。他负责的美国霍普金斯大学的非营利部门,通过对北美洲、南美洲、欧洲、亚洲和中东 36 个国家的公民社会部门的研究发现,这些国家的公民社会部门是一个价值 1.3 万亿美元的产业,占这些国家国内生产总值(GDP)相加之和的 5.4%。如果这些国家的公民社会部门是个独立的国民经济体,那其支出规模可排在世界第七,领先于意大利、巴西、俄罗

---

①　Lester M.Salamon, *The Rise of Nonprofit sector*, Foreign Affairs, 1994(3).

②　[美]莱斯特·萨拉蒙:《非营利部门的兴起》;转引自何增科:《公民社会与第三部门》,北京:社会科学文献出版社,2000 年,第 243—256 页。

③　[古罗马]西塞罗:《论老年论友谊论责任》,徐奕春译,北京:商务印书馆,1998 年,第190—191 页。

斯、西班牙、加拿大,紧随法国和英国之后。在其 4550 万相当于全职的从业人员中,有 2020 万相当全职志愿者,占 44%;共有 1.32 亿人从事志愿服务活动,每 1000 个成年人中就有 98 位志愿者,相当于这些国家大约 10% 的成年人口。① 法国学者托克维尔在《论美国的民主》中分析了志愿服务与文化健康的关系,认为志愿服务在一国的"文化健康"中起着至关重要的作用,不仅可使对公共利益的关怀以及互助成为公民的一种习惯,而且可以使利他主义成为慈善组织制度化实践的基本要素。他还分析了志愿服务与民主的关系,认为志愿性组织不仅能够促进自由,而且能够促进团结,因此是民主的关键因素。"美国人不论年龄多大,不论处于什么地位,不论志趣是什么,无不时时在组织社团。我们的许多当代人认为,公民越是软弱无力,就越是应当较政府能干和积极,以使政府能够举办个人不能创办的事业。也许政府可以代替美国人的某些巨大的社团,但是美国人日常依靠社团进行的那些数量甚大而规模却很小的事业,要由哪个政府当局去代替办理呢? 如果一个民主国家的政府到处都代替社团,那么,这个国家在道德和知识方面出现的危险将不会低于它在工商业方面发生的危险。人只有在相互作用之下,才能使自己的情感和思想焕然一新,才能开阔自己的胸怀,才能发挥自己的才智。……因此,民主国家要人为地创造这种作用,而且能创造这种作用的,正是结社。在一个大国,政府之不能只靠自己的力量去维持和改进人们的思想和感情的交流,正如它不能只靠自己的力量去管理一切实业部门一样。因此,必须使社会的活动不由政府包办。在民主国家,结社的学问是一门主要学问。其余一切学问的进展,都取决于这门学问的进展。在规制人类社会的一切法则中,有一条法则似乎是最正确和最明晰的。这便是:要使人类打算文明下去或走向文明,那就要使结社的艺术随着身份平等的扩大而正比例地发

---

① [美]莱斯特·M.萨拉蒙、S.沃加斯·索可洛斯基等:《全球公民社会——非营利部门国际指数》,陈一梅等译,北京:北京大学出版社,2007 年,第 19—21 页;转引自龚万达:《国外志愿服务研究综述》,《江西师范大学学报(哲学社会科学版)》2010 年第 4 期。

展和完善。"①Walter U.Simmons 和 Rosemarie Emanuele 通过研究发现,志愿者通过志愿服务所提供的劳动量与其所在国的最低工资标准呈显性正相关关系。这即是说,当最低工资标准提高时,非营利组织更倾向于使用志愿者来替代付薪人员。② 等等。

4.志愿者的行为动机、行为方式及其影响因素。Susanne Ziemek《志愿活动的经济分析》将志愿服务动机分为三类,即利他主义动机、利己主义动机和投资动机。在他看来,经济发展水平对志愿服务动机的分布有显著决定作用,经济的发展对利他主义和利己主义动机有着积极影响而对投资动机的影响则是消极的。同时,他通过回归分析研究发现,志愿者所在国家的具体特点以及社会人口统计变量也对志愿服务的上述三类动机有着强烈影响,③等等。

尽管西方学者就志愿服务问题从各个方面做了广泛而深入的研究,但专门研究志愿服务伦理的文献资料甚少,目前仅发现 5 篇,其主要观点有:志愿者应按照谦逊、信任和尊重等道德要求开展志愿服务活动(ANA Center for Ethics and Human Rights,2019)④;志愿者管理须遵循公民与慈善、尊重、责任、公平与正义、慈悲与慷慨、诚信等核心道德价值观(Joan E.Pynes, PhD, 2012)⑤;志愿者计划管理者应依据可供不同群体使用、维护公众信任、与所有

① ［法］托克维尔:《论美国的民主》(下卷),董果良译,北京:商务印书馆,1988 年,第635—640 页;转引自龚万达:《国外志愿服务研究综述》,《江西师范大学学报(哲学社会科学版)》2010 年第 4 期。

② Walter O.Simmons,Rosemarie Emanuele(2010).Are Volunteers Substitute for Paid Labor in Nonprofit Organizations? *Journal of Economics and Business*,(1);转引自龚万达:《国外志愿服务研究综述》,《江西师范大学学报(哲学社会科学版)》2010 年第 4 期。

③ Susanne Ziemek (2010).Economic Analysis of Volunteers' Motivations —A Cros-country Study,*The Journal of Socio—Economics*,(1);转引自龚万达:《国外志愿服务研究综述》,《江西师范大学学报(哲学社会科学版)》2010 年第 4 期。

④ ANA Center for Ethics and Human Rights(2019).*Ethical Considerations for Local and Global Volunteerism*,ANA Board of Diretors.

⑤ Joan E.Pynes, PhD (2012).*Professional Ethics for Volunteers*,The Volunteer Management Handbook:Leadership Strategies for Success,Second Edition,Edited By Tracy Daniel Connors,John Wiley & Sons,Inc.

利益相关者进行道德合作、维持一个有帮助的环境、追求卓越以及对其采取法律行动的风险较低等核心价值观进行决策(AVA Board, 1998)①;使用你希望所有人都能使用的策略是化解志愿服务伦理困境最有效的伦理规则(Ted Bergstrom, 2017)②;对志愿者进行研究,不仅要尊重其参与知情同意权及所提供的数据,而且要保证其参与的自觉自愿性(Kirsten Holmes, 2007)③;等等。所有这些研究及其观点尽管存在这样或那样的局限性或值得商榷的地方,但无论如何对于我们在新的时代背景下研究中国特色社会主义志愿服务伦理也有一定的启迪意义和参考价值。

二、国内相关研究的学术史梳理及研究动态

改革开放以来,伴随着我国志愿服务事业的快速发展,在中国特色社会主义建设的新环境下,志愿服务研究逐渐引起学术界的关注。笔者以志愿者、志愿服务、志愿精神、志愿伦理、志愿道德为篇名,对中国知网中国期刊数据库所收录的 1978 年 1 月至 2021 年 12 月的相关文献(含会议论文和研究生论文)进行了统计分析,相关数据如下:

以志愿者为篇名							
年份	篇数	年份	篇数	年份	篇数	年份	篇数
1978	231	1989	599	2000	775	2011	2109
1979	235	1990	548	2001	807	2012	1975
1980	258	1991	571	2002	828	2013	2025
1981	317	1992	569	2003	950	2014	2249

---

① AVA Board(1995, March 4).*Statement of Professional Ethics in Volunteer Administration*, AVA Association for Volunteer Administration.

② Ted Bergstrom(2017, September).*Efficient ethical rules for volunteer's dilemmas*, University of California, Santa Barbara.

③ Kirsten Holmes(2007, Number 3).Researching Volunteers Ethically, Voluntary Action, *The Journal of the Institute for Volunteering Research*, 8.

1982	313	1993	617	2004	1045	2015	2851
1983	369	1994	604	2005	1097	2016	2580
1984	368	1995	732	2006	1101	2017	2518
1985	464	1996	679	2007	1243	2018	2417
1986	405	1997	777	2008	1888	2019	2352
1987	452	1998	817	2009	2044	2020	2887
1988	534	1999	801	2010	2064	2021	1591

以志愿服务为篇名

时间	篇数	时间	篇数	时间	篇数	时间	篇数
1978	12	1989	20	2000	52	2011	470
1979	5	1990	15	2001	51	2012	521
1980	19	1991	18	2002	75	2013	631
1981	33	1992	21	2003	76	2014	646
1982	12	1993	21	2004	75	2015	919
1983	17	1994	18	2005	134	2016	939
1984	12	1995	19	2006	144	2017	889
1985	19	1996	30	2007	160	2018	921
1986	20	1997	33	2008	302	2019	1307
1987	10	1998	36	2009	345	2020	1135
1988	7	1999	66	2010	433	2021	687

以志愿精神为篇名

年份	篇数	年份	篇数	时间	篇数	年份	篇数
1978	4	1989	9	2000	14	2011	70
1979	3	1990	8	2001	17	2012	78
1980	5	1991	6	2002	19	2013	84
1981	11	1992	9	2003	14	2014	60
1982	7	1993	11	2004	22	2015	101
1983	4	1994	5	2005	26	2016	79
1984	6	1995	8	2006	33	2017	63
1985	8	1996	4	2007	36	2018	86
1986	6	1997	18	2008	86	2019	57
1987	3	1998	16	2009	85	2020	93
1988	3	1999	25	2010	79	2021	43

续表

以志愿伦理为篇名							
时间	篇数	时间	篇数	时间	篇数	时间	篇数
1978	0	1989	0	2000	0	2011	0
1979	0	1990	0	2001	0	2012	0
1980	0	1991	0	2002	0	2013	0
1981	0	1992	0	2003	0	2014	1
1982	0	1993	0	2004	0	2015	2
1983	0	1994	0	2005	0	2016	0
1984	0	1995	0	2006	0	2017	2
1985	0	1996	0	2007	0	2018	1
1986	0	1997	0	2008	0	2019	2
1987	0	1998	0	2009	1	2020	2
1988	0	1999	0	2010	2	2021	2
以志愿道德为篇名							
时间	篇数	时间	篇数	时间	篇数	时间	篇数
1978	0	1989	0	2000	0	2011	8
1979	0	1990	0	2001	1	2012	4
1980	0	1991	0	2002	0	2013	8
1981	0	1992	0	2003	0	2014	3
1982	0	1993	0	2004	0	2015	8
1983	0	1994	0	2005	1	2016	4
1984	0	1995	0	2006	1	2017	3
1985	0	1996	0	2007	0	2018	7
1986	0	1997	0	2008	2	2019	4
1987	0	1998	0	2009	3	2020	1
1988	0	1999	0	2010	5	2021	3

由上述统计数据可以看出,改革开放初期,志愿服务研究的关注度并不是很高,相关研究论文不是很多,但是近年来有了根本性改观,发表的论文篇数总体上呈现出不断增长之势。除此之外,国内学界还出版了不少研究志愿服务的著作,我们大致可以将其分为以下两类:一是专门研究志愿服务的著作。

如丁元竹《志愿精神在中国》(联合国开发署计划报告,1999 年),丁元竹、江讯清《志愿活动研究:类型、评价与管理》(天津人民出版社,2001 年),江讯清《与世界同行——全球化的志愿服务》(浙江人民出版社,2005 年),谭建光《志愿中国》(人民出版社,2008 年),谭建光、周宏峰《社会志愿服务体系——中国志愿服务的广东经验》(中国社会科学出版社,2008 年),朱健刚《行动的力量——民间志愿组织实践逻辑研究》(商务印书馆,2008 年),谭建光《中国农村志愿服务发展报告》(人民出版社,2010 年)、《做好的志愿者》(人民出版社,2011 年),袁媛、谭建光《中国志愿服务:从社区到社会》(人民出版社,2011 年),民政部社会工作司《社会工作与志愿服务关系研究》(中国社会科学出版社,2011 年),刘孜勤《雷锋精神与中国》(辽宁教育出版社,2011 年),张网成《中国公民志愿行为研究(2011)——现状、特点及政策启示》(知识产权出版社,2011 年),董强、翟雁《中国民间志愿服务实践与国际和地区经验》(知识产权出版社,2011 年),谭建光、杨旭《当代中国志愿服务研究》(中山大学出版社,2012 年),魏作雨《志愿者在行动》(人民出版社,2013 年),梁绿琦《"80 后"青年志愿服务与公民意识》(社会科学文献出版社,2013 年),张仲国、聂鑫、刘淑艳《雷锋精神与志愿者行动》(中国财政经济出版社,2013 年),王忠平、史常亮《中国企业志愿服务发展报告(2013)》(经济管理出版社,2014 年),陈新亮《中国大学生志愿者行动研究》(湖南人民出版社,2015 年),邱服兵、涂敏霞、沈杰《中国志愿服务典型项目研究》(人民出版社,2015 年),迟云《社会的良心与善行——聚焦社会志愿服务》(山东教育出版社,2014 年),王洪松《当代中国的志愿服务与公民社会建设》(中国政法大学出版社,2015 年),卓高生《大学生志愿精神作用机理及实证研究》(中国社会科学出版社,2016 年),陆士桢《中国特色志愿服务概论》(新华出版社,2017),陶倩等《新时代中国特色志愿服务发展研究》(社会科学文献出版社,2018),魏娜《志愿服务概论》(中国人民大学出版社,2018 年),等等。二是志愿服务教材、读本或手册以及纪实等。如北京志愿者协会《走近志愿服务》《志愿组织建设与管理》《志愿者你准备好了吗》(中国国际广播出版社,2006 年),《社区志愿者手册》(中国社会出版社,2010 年),中央文明办《志愿服务工作 100 例》(学习出版社,2011 年),佘双好《志愿服务概论》(武汉大学出版社,2013 年),王忠平《志愿服务管理理论与实务》(北京交通大学出版社,2015 年),北京奥运会志愿者工作协调小组办公室、共青团北京市委员会、北京志愿者协会《微笑北京》(人民出版社,2008 年),共青团北京林业大学委员会《我与微笑的故事——北京林业大学奥运志愿者服务手记》(中国环境科学出版社,2009 年),罗红光等《16 位志愿者的 180 天》(知识产权出版社,2010 年),等等。

翻阅近年来国内学术界的研究文献不难看出,志愿服务研究所涵盖的范围是较为宽广的,既有从对国外志愿服务的考察到国内志愿服务的现状研究,也有从志愿服务内涵界定到志愿服务精神培育研究、从志愿服务运行机制到志愿服务立法研究、从社会转型体制背景到志愿服务发展模式研究等。就研究的关注点来说,主要侧重于志愿服务、志愿组织、志愿精神等的基本内涵、志愿服务的组织运行机制、中外志愿服务比较、志愿服务在社会主义精神文明建设和维护社会和谐稳定中的地位和作用等。

尽管这些年来国内志愿服务研究有了很大进展,取得了比较丰硕的成果,但关于志愿服务伦理的研究相对而言则甚为薄弱,相关研究成果甚少。中国知网中国期刊数据库所收录的 1978 年 1 月至 2020 年 12 月的相关文献中,以志愿伦理或志愿道德为篇名的论文仅有 72 篇,其中学术性论文则更少,而且尚未发现有系统研究志愿服务伦理的专著。从研究论域来看,已有志愿服务伦理研究主要集中在以下几个方面:

1.志愿服务的本质和道德属性。万俊人认为志愿服务是一种"出自利他动机、基于自觉自愿、奉献于社会公益事业和他人需求的纯伦理行为"①。魏娜、刘子洋从行动属性、行动方式和行动意义三个方面探讨了志愿服务的本

---

① 万俊人:《现代公共伦理建构的视角看志愿服务工作》,中国文明网,2010 年 6 月 25 日。

质,认为从行动属性来看,志愿服务是"对异化劳动的扬弃";从行动方式来看,志愿服务是"对开放合作的行动系统的建构";从行动意义来看,志愿服务是"对自主全面的社会服务供给的实现"。① 王莹、尚琳琳认为志愿服务是具有时代特色的道德实践,其道德属性可以理解为:志愿服务的特征体现了道德的特征;志愿精神体现了伦理精神;志愿服务体现了以"善"为核心的价值追求;志愿服务是学雷锋活动的拓展;志愿服务是中华民族传统美德的现代体现;②等等。这些研究虽从不同的视角对志愿服务的本质和道德属性进行了一定程度的探讨,但未从伦理学的视角对志愿服务作出科学的界定,并且这些关于志愿服务的本质和道德属性的看法也是有待进一步深化和完善的。

2. 志愿服务的伦理原则。万俊人提出,要使志愿服务能够健康、深入而持久地发展,需为志愿服务的开展制定一套合理有效的原则规范体系。在他看来,志愿服务的原则规范体系至少应该包括社会公益优先原则、服务社会和他人原则、团结友爱、相互关爱原则、无偿利他、扶危济困原则以及志愿参与、感恩回应原则。但是,他没有对这些原则作深入的分析,而且其关于志愿服务伦理原则规范体系的构想也有待根据新时代中国特色社会主义志愿服务的实际和发展态势进一步完善和深化。

3. 志愿精神的伦理内涵。李建华等认为志愿者精神是利他与为己利他、为他利己这两种己他两利主义的结合。③ 曹刚认为志愿精神是一种当代社会的伦理精神,具体表现为服务社会和成就自我的双重伦理关照,是为己与利他的内在辩证统一。④ 黄富峰认为志愿精神的伦理内涵主要体现在以下方面:一是坚定了促进社会和谐进步的道德理想;二是形成了自愿奉献社会的崇高

---

① 魏娜、刘子洋:《论志愿服务的本质》,《中国人民大学学报》2017 年第 6 期。
② 王莹、尚琳琳:《志愿服务的道德属性及其在国家治理中的作用》,《道德与文明》2018 年第 1 期。
③ 李建华:《志愿者精神中利他与己他两利之辩》,《求索》2011 年第 4 期。
④ 曹刚、任重远:《为己与利他的中道——志愿精神的伦理解读》,《广西民族大学学报(哲学社会科学版)》2009 年第 3 期。

道德境界；三是培育了责任、友爱等优良道德品质；四是营造了崇善行善的道德氛围；五是弘扬了以义为重的中国传统美德；六是提供了一种深度参与、积极有效的道德修养方法；七是形成了维护自身道德价值和道德尊严的道德权利意识①。但是，在新的时代背景下，为了有效应对新时代中国特色社会主义志愿服务所面临的伦理问题和挑战，确保志愿服务朝着有利于新时代中国特色社会主义建设的方向健康发展，究竟应当弘扬什么样的或哪些志愿服务伦理精神呢？这是一个学界尚未深入思考而亟待深入探讨的重要理论与现实问题。

4. 志愿服务的核心价值。于岩认为，"从文化层面看，志愿服务的核心价值具体表现为志愿者的自我价值实现、社会和谐与公平、国家乃至世界的文化共识"②。但是，志愿服务与经济建设、政治建设、文化建设、社会建设、生态文明建设都有着密切联系，在这些方面均可以发挥积极有效的作用，因此仅从文化层面来理解和把握志愿服务的核心价值显然是不够的。

5. 志愿服务的价值理性。曾琰、陶倩认为，无论是从逻辑意义还是从历史意义上看，志愿服务的"价值理性"与"工具理性"都是围绕志愿服务所秉承的"奉献、友爱、互助、进步"精神而衍生出来的理性选择，前者决定志愿服务的性质与方向，后者则对志愿服务的可持续发展起着保障和促进作用，唯有两者有机结合在一起，相互促进，共同发生作用，才能使志愿服务获得和谐发展。③这一观点虽对我们如何化解志愿服务的伦理困境和道德问题有一定的启迪意义与参考价值，但是在新的时代背景下，究竟应当秉持什么样的价值理性来化解志愿服务发展过程中可能遇到的伦理困境和道德问题呢？关于这一点，学界似乎尚未进行深入思考和探究，也未发现有相关研究成果。

----

① 黄富峰：《论志愿者精神的伦理内涵》，《东岳论丛》2009 年第 5 期。
② 于岩：《志愿服务核心价值理念探析》，《湖南经济学院学报（人文社会科学版）》2010 年第 1 期。
③ 曾琰、陶倩：《志愿服务的价值理性与工具理性及其关系》，《思想教育研究》2010 年第 8 期。

6. 志愿服务在社会发展中的伦理意义。陶倩、曾琰认为志愿服务通过对生存困惑之破解、对个体人生意义之觉解以及对伦理实体之建构,可以促进个体对"关系"存在的认知、自我与类认同的确立以及价值共同体的实现,从而最终促进社会主义核心价值观的培育。① 王莹、尚琳琳站在社会"善治"的角度分析了志愿服务的伦理意义,将其视作社会"善治"实现的重要途径。② 魏娜、刘子洋认为志愿服务的发展无论对社会道德文化的重塑、社会合作网络的形成,还是全面合作社会的建构都是有益的,③等等。但是,志愿服务在社会发展中的伦理意义是极为丰富的,并且在不同的时代所彰显的伦理意义也有所不同。在中国特色社会主义已经进入新时代的今天,很有必要根据新时代的实际进一步挖掘志愿服务之于社会发展的伦理意义,以为充分发挥志愿服务在新时代中国特色社会主义建设中的作用提供价值依据。

综而言之,改革开放 40 多年来,尽管志愿服务伦理研究已引起一部分学者的关注,并取得了一定的研究成果,但总的来说,尚未形成研究志愿服务伦理的浓厚氛围,不仅关注志愿服务伦理的学者不多,而且已有研究成果以零散性论文为主,系统研究志愿服务伦理的成果付之阙如。尤其是在新的时代背景下,虽然已经取得的研究成果可以为今后志愿服务伦理研究提供一定的启迪、借鉴和参考,但其中的诸多结论和观点已难以适应新时代中国特色社会主义志愿服务事业发展的需要,具有一定程度的滞后性,至于新时代中国特色社会主义志愿服务伦理尚是一个当前学界鲜有学者关注的崭新的课题。

伴随着中国特色社会主义建设进入新时代,中国特色社会主义志愿服务事业必然面临着诸多挑战和发展困境。为了应对所面临的挑战、化解所遇到的困境,使志愿服务更好地服务于新时代中国特色社会主义建设,迫切需要根

① 陶倩、曾琰:《志愿服务之于价值共同体的建构探析》,《社会主义核心价值观研究》2017年第 1 期。

② 王莹、尚琳琳:《志愿服务的道德属性及其在国家治理中的作用》,《道德与文明》2018 年第 1 期。

③ 魏娜、刘子洋:《论志愿服务的本质》,《中国人民大学学报》2017 年第 6 期。

据新时代中国特色社会主义建设的需要以及新时代我国志愿服务的实际和发展趋势,在借鉴和吸收已有志愿服务研究成果的基础上,进一步深化志愿服务伦理研究,构建适应新时代中国特色社会主义建设需要的志愿服务伦理学术体系和话语体系。

尽管近年来我国的志愿服务获得了较快发展,其在中国特色社会主义建设中的作用日益凸显,人们对志愿服务的认识也越来越深入,但我国目前的志愿服务尚缺少足够深厚广博的公共社会资源,现代公民意识还不十分清晰、充分和普及,人们对于公共社会和公共事业、特别是化为日常自觉行为的社会志愿服务行为还缺乏足够充分的认识,自觉主动性还不够①;与此同时,志愿服务的相关法律还不够健全、伦理规范也较缺失,这都将不利于我国志愿服务事业的健康有序发展。在这种情况下,以习近平新时代中国特色社会主义思想特别是习近平总书记关于志愿服务的系列重要指示精神为指导,根据新时代中国特色社会主义建设的需要,立足新时代中国特色社会主义志愿服务发展的实际,系统而深入地研究新时代中国特色社会主义志愿服务伦理问题,构建新时代中国特色社会主义志愿服务伦理学术体系和话语体系,不仅有助于拓展中国特色社会主义伦理学的研究范围,开辟中国特色社会主义伦理学研究的新领域、新方向,而且有助于提高人们参与志愿服务活动的自觉性、主动性,增强全体公民的社会责任感,培育公民个体团结互助、扶危济困、仁爱友善的公民美德,全面提高公民的道德素质,培育和践行社会主义核心价值观,推进新时代中国特色社会主义志愿服务事业的发展。

第四节　本书的框架思路及基本观点

本著以习近平新时代中国特色社会主义思想特别是习近平总书记关于志

---

① 万俊人:《现代公共伦理建构的视角看志愿服务工作》,中国文明网,2010 年 6 月 25 日。

愿服务的系列重要指示精神为指导,在借鉴和吸收学界已有相关研究成果的基础上,立足于新时代中国特色社会主义志愿服务的实际和发展需要,按照志愿服务的伦理学界定、传统文化中的志愿服务伦理思想及其当代意义、中国特色社会主义志愿服务的共享伦理意蕴、中国特色社会主义志愿服务的伦理价值、中国特色社会主义志愿服务的伦理原则与规范、中国特色社会主义志愿服务伦理评价体系的构建这样一个框架思路,初步对新时代中国特色社会主义志愿服务伦理进行了比较系统的分析和探讨。

第一章主要探讨志愿服务的伦理本质、伦理特性和伦理结构,以为后续研究作一个基础性的理论铺垫。志愿服务是志愿者基于对志愿服务的伦理价值与意义的深刻认知与领悟,本着不求回报的无私奉献精神,出于理性自觉地为社会公益事业或者他人特别是弱势群体提供无偿服务或帮助的伦理行为。它是一种出于理性自觉、以实现社会公益为基本价值取向、以无偿性利他主义为核心价值观、与慈善既相区别又相联系并有别于传统帮扶的伦理行为,具有出于意志自由、具有道义论色彩和充满人道主义情怀等伦理特性。一般来说,志愿服务作为一种社会伦理行为,是一个由志愿服务伦理主体、志愿服务伦理客体、志愿服务伦理精神和志愿服务伦理行为等构成的有机整体或结构性组合体,蕴含着多方面的伦理关系,其中最为基本的是志愿者个体主体与志愿者组织主体的伦理关系、志愿服务客体与志愿者组织主体的伦理关系以及志愿者个体主体与志愿服务客体的伦理关系。

第二章主要立足于新时代中国特色社会主义志愿服务发展的需要,以儒家文化、墨家文化、道家文化和佛家文化为重点,挖掘中国传统文化中的志愿服务伦理思想,并对其当代意义进行探讨。

中国传统文化是否蕴含着志愿服务伦理思想? 有学者对此持否定意见,认为志愿服务是一个现代性概念,中国传统文化不可能蕴含着志愿服务伦理思想。本著认为,这种观点是值得商榷的。其一,虽然志愿服务是一个现代性概念,但并不能因此而认为具有志愿服务特征的民间活动在现代社会才出现。

事实上,志愿服务作为一种以社会弱者为主要服务对象的民间活动现象早在中国古代社会就已存在。在中国传统社会,受差序社会结构和伦理本位的影响,虽然人与人的互助主要局限于熟人社会,但不能因此而否定中国传统社会也存在以陌生人为帮扶对象的民间志愿服务活动现象,最多只能说这种民间志愿服务活动现象在中国传统社会尚未形成规模或成为社会的自觉,且因为历史条件的限制以及认知与思维水平的局限而未抽象出志愿服务概念。其二,中国传统文化蕴含志愿服务伦理思想并不意指中国传统文化中有直接的志愿服务伦理思想,这是两个不同的概念。虽然由于时代的局限,中国传统文化中既没有提及志愿服务概念,也没有直接论及志愿服务伦理问题,但中国传统文化中蕴含着与志愿服务伦理相契合并对当代志愿服务伦理建设具有启迪和借鉴意义的伦理思想是毋庸置疑的。只要对中国传统文化蕴含的志愿服务伦理思想进行挖掘和分析,就可以发现中国特色社会主义志愿服务的伦理理念以及精神,基本上可以从中国传统文化中找到其思想根基和理论渊源。从这个意义上说,中国特色社会主义志愿服务伦理深深植根于中国传统文化之中。充分挖掘中国传统文化蕴含的志愿服务伦理思想并从中吸取思想营养和伦理智慧,是建设新时代中国特色社会主义志愿服务伦理不可或缺的环节和方面,也是增强文化自信、构建新时代中国特色社会主义志愿服务伦理学术体系、话语体系所应有的视角。

儒家文化的志愿服务伦理思想是甚为丰富的,但最为突出的主要体现在"仁者爱人"的志愿服务伦理理念、"仁义并举"的志愿服务伦理实践模式、"天下大同"的志愿服务伦理追求等方面。儒家文化的志愿服务伦理思想,为中国传统具有朴素志愿服务性质的济贫扶弱事业提供了强有力的道德支撑。儒家文化的这种基于仁爱的具有志愿性质的伦理精神,对中国传统社会的济贫扶弱观念与行为,乃至济人危难、助人为乐等中华民族传统美德的形成产生了积极的影响。儒家文化的这些志愿服务伦理思想尽管不可避免地存在这样或那样的历史局限性,但不可否认的是,在新的时代背景下,批判地继承和弘扬儒家文化的这些志愿服务伦理思想仍有着十分重要的意义，既有助于激发人们参与志愿服务的热情，推动第三次分配的开展，促进共同富裕目标的实现，又有助于启迪人们在开展志愿服务活动的过程中注意把仁与义结合起来，确保志愿服务在正确的轨道上运行，还有助于推进国际志愿服务的发展，促进人类命运共同体的构建。

墨家文化的志愿服务伦理思想主要体现在"兼相爱"的志愿服务伦理理念、"交相利"的志愿服务伦理实践路径和"志功统一"的志愿服务伦理评价观等方面。墨家文化的志愿服务伦理思想有一个最根本的特点，即倡导具有平等性、普遍性的"仁爱"理念。墨家"兼相爱、交相利"的志愿服务伦理思想尽管带有浓厚的神秘的宗教色彩、具有明显的乌托邦性质，但在中国历史上产生了极其深远的影响。一方面，中华各民族之所以能在漫长的历史发展过程中始终秉持和睦相处、协和万邦的原则处理好民族关系，并与世界各国各民族友好往来，其因素固然是多方面的，但无疑与墨家倡导的"兼相爱、交相利"的志愿服务伦理思想不无关系；另一方面，在墨家"兼相爱、交相利"的志愿服务伦理思想以及墨家摩踵而利天下的"兼爱"精神的深刻影响下，在中国漫长的历史发展过程中，友善互助、扶危济困、扶贫济弱的行为从未停止过，并涌现出了数以万计的急公好义、慷慨解囊之士。在当今时代，批判地继承和弘扬墨家文化的这些志愿服务伦理思想，不仅有助于促进新时代中国特色社会主义志愿服务的发展，而且有助于促进我国弱势群体问题的解决和共同富裕目标的实现，有助于促进人类命运共同体的构建。

道家文化的志愿服务伦理思想，既包括老庄之学蕴含的志愿服务伦理思想，也包括道教典籍蕴含的志愿服务伦理思想。因为从广义上来说，道家既包括老庄学派，也包括道教。尽管现代学者将道家与道教严格区分开来，在讨论道家时大都将道教撇在一旁，而只论老、庄、稷下，但道教与道家之间的历史渊源关系是不容否定的。事实上，道教与道家在根本理论上是血脉相通的，是对道家文化的宗教式承续和发展，清代《四库全书》编纂时便是将二者合为一体加以编排的。老庄学派主要是老子的志愿服务伦理思想主要体现在"无为"而善的志愿服务伦理理念上,而道教文化中的志愿服务伦理思想主要体现在"周穷救急"的志愿服务伦理主张上。很显然,老庄"无为"而善的志愿服务伦理理念与道教"周穷救急"的志愿服务伦理主张是有一定区别的。老庄,主要是老子,是从"道"这个"万物之母"来阐发其"损有余而补不足"的志愿服务伦理理念的,本质上属于自然主义志愿服务伦理观;道教则是从"天职"的角度来阐释其"周穷救急"的志愿服务伦理主张的,其志愿服务伦理思想带有神秘主义的性质。不过,二者尽管存在如此区别,但本质上都属于道家文化的范畴,是一种旨在济贫扶弱、济危扶困的志愿服务伦理思想,并且在基本要求上具有内在一致性、在理论基础与思想渊源上具有血脉相通性。

道家文化的志愿服务伦理思想在历史上产生的影响也是极其深远的。首先,老子的"损有余而补不足"、庄子的"富而使人分之"以及道教的"周穷救急"等都是中国传统文化中的宝贵的志愿服务伦理思想资源。这些思想资源不仅作为中国传统慈善事业的思想道德基础深刻影响着中国古代慈善事业的发展,而且作为中国传统伦理思想的有机组成部分,在几千年漫长历史发展过程中,不断浸润着中华民族与人为善的民族心灵,滋养着扶贫济困、乐济天下的民族性格,成为中华民族赖以生存和发展的重要道德基因和价值支撑。其次,道家文化的志愿服务伦理价值观在中国传统社会深刻地影响着人们的慈善行为选择,成为人们力行慈善的精神基础和价值源泉,不断激励着人们自觉自愿地投身于扶危济困、扶贫济弱的慈善活动之中,对中华民族形成周穷救急的慈善伦理传统以及"乐于助人、雪中送炭"等传统美德产生了极其深刻的影响。再次,道家文化立足于"道"或神秘力量而建立起来的善恶有报的志愿服务伦理赏罚机制,尽管缺乏科学根据并带有鲜明的功利主义色彩,但在以宗法血缘关系为纽带而建立起来的中国传统社会,对注重现实利益、追求福寿安康的中国人来说有着特殊的意义,它极大地激发了人们济贫扶困的慈善热情,有力地推动了中国传统慈善活动的开展。在民间社会,人们之所以倡导暗暗地做好事、积阴德、修阴功,究其思想渊源,即可上溯于此。最后,道教作为一种民间信仰、民间宗教,主要植根于百姓的日常生活之中。与处于官方主流地位的儒家文化的志愿服务伦理思想相比,道教文化的志愿服务伦理思想在主要流传、普及于民间的善书中得到了较好的宣传和体现。

道家文化的志愿服务伦理思想对我们在新的时代背景下如何推动中国特色社会主义志愿服务的发展有着深刻的启迪意义。首先,志愿服务作为一种志愿者自觉自愿的活动,应当排斥政府权力的干预,因为政府干预可能改变志愿服务的性质并背离志愿者的意愿,从而阻碍志愿服务的健康发展。对当代中国而言,尽管特定的社会背景和传统习俗使得志愿服务活动需要借助政府的直接支持,但政府扶持志愿服务,并让其沿着非政府性或民间性方向发展已显得十分必要。其次,按照道家"无为"而善的要求,我们应当本着"无为""无私"的心态去参与志愿服务,也即应当奉行无偿利他、扶危济困的原则,而不能带有任何功利性的目的。事实上,志愿服务并不是私人之间狭隘的恩赐与感恩,而是社会成员之间的一种社会化的自愿互助行为,"不图回报"是现代志愿服务应当倡导的最为基本的道德观念。再次,作为志愿者,也应像葛洪《神仙传》所记载的医者董奉那样,不仅积极主动地参与志愿服务活动,主动承担对社会公益的义务和责任,还应激励受助者在力所能及的情况下参与到志愿服务活动中来,为他人、社会奉献一份爱心。最后,道教的"功过格"做法对如何激励人们参与志愿服务活动也很有启迪意义。志愿服务虽是一种自觉自愿参与的活动,但要得到真正的发展,也需要一套行之有效的激励机制。在志愿服务治理中,适当采取一些面对志愿者的鼓励、奖励或激励机制,吸收更多的公民加入到志愿服务的队伍中来,对促进志愿服务的可持续发展是十分重要的。另外,道教所倡导的"阴功密惠"说,在一定意义上与现代志愿服务所倡导的"不让受助者知道自己在受助"等道德理念也有契合之处。

佛家文化的志愿服务伦理思想主要体现在慈悲为本的志愿服务伦理理念、因果报应的志愿服务伦理赏罚机制等方面。慈悲为本的志愿服务伦理理念所体现的解除众生疾苦的宽广胸怀、利益他人和社会的自我牺牲精神，渗透到中国传统社会的伦理生活之中，唤醒了无数人的慈悲情怀和乐善好施之心，对形成慈善助人、扶贫济困的社会风尚和传统美德起到了积极的推动作用；因果报应的志愿服务伦理赏罚机制，千百年来引导着人们趋善避恶，成为中国传统社会维护伦理道德、开展慈善救济活动的重要精神支柱和价值支撑。

佛家文化的志愿服务伦理思想，蕴含着诸多可为我们在新时代中国特色社会主义志愿服务事业的发展过程中予以借鉴和吸取的思想营养和伦理智慧。一方面，"慈悲观"作为佛家的基本价值观，体现的是关怀他人快乐与痛苦的慈悲之心，而这种慈悲之心在一定的意义上可以说是人们自觉自愿参与志愿服务的道德心理基础。另一方面，佛家倡导的"大慈大悲"精神也值得我们在志愿服务活动中借鉴和提倡。我们应不分亲疏内外地爱一切人，为一切需要帮助的人特别是陌生人提供志愿服务；除积极参与国内的志愿服务活动外，还应力所能及地参与国际志愿服务活动；应尽可能地将志愿服务扩展到力所能及的范围，除了为老弱病残等社会弱者努力提供志愿服务外，还应当积极参与其他社会公益服务活动，为构建人类命运共同体贡献自己的力量。

第三章主要立足于共享发展理念，揭示中国特色社会主义志愿服务的共享伦理意蕴。志愿服务虽是世界各国均有的普遍现象，但在不同的社会制度下，其伦理本质又有所不同，甚至是根本对立的。现代意义上的志愿服务虽发端于西方，但在西方资本主义制度下，志愿服务基本上丧失了其纯伦理的本质和纯真的意义，被异化为服务于资产阶级利益的工具，成为披着慈善外衣的"伪公益活动"。而中国特色社会主义志愿服务是中国特色社会主义事业的重要组成部分，是以人民为中心开展的社会公益活动，具有人民性特点，贯彻着共享发展的理念，具有丰富的共享伦理意蕴。中国特色社会主义志愿服务的共享伦理意蕴，简言之，即中国特色社会主义志愿服务所体现的共享伦理理念和价值诉求，或者说，是中国特色社会主义志愿服务所具有的共享伦理意义、特征和情怀。具体来说，中国特色社会主义志愿服务的共享伦理意蕴主要体现在以下三个方面：

一是人民至上的共享伦理立场。人民至上，即一切为了人民，存心于"多谋民生之利、多解民生之忧"，不断满足人民日益增长的美好生活需要，始终将人民的冷暖和利益摆放在心中最重要的位置，想人民之所想、急人民之所急。当个人利益和人民利益发生矛盾或冲突时，不能存心于利己，而要存心于为民，即将人民利益放在首要位置、放在第一位。换言之，若问人民至上之秉性，那便是不顾自己，专利于人民；不求利己，只为人民谋福利。人民至上，既是共享伦理的根本立场，也是中国特色社会主义志愿服务伦理的根本立场。换言之，中国特色社会主义志愿服务，本质上是一种以人民至上为根本价值导向而开展的服务于人民公益的伦理活动，全心全意为人民服务，既是中国特色社会主义志愿服务特有的精神基因，也是中国特色社会主义志愿服务的核心价值理念。

二是尊重人民主体性的共享伦理本质。人民的主体性，即人民群众在社会实践中由其角色定位、力量定位、地位定位等而获得的规定性，具体表现为人民群众的自主性、主动性、能动性、积极性和创造性等。人民的主体性是人民主体地位的确证和表现，尊重人民的主体性实质上就是要坚持人民的主体地位，"充分尊重人民所表达的意愿、所创造的经验、所拥有的权利、所发挥的作用。尊重人民首创精神，自觉拜人民为师，向能者求教，向智者问策，从群众中汲取无穷的智慧和力量。紧紧依靠人民，广泛动员和组织人民投身到党领导的伟大事业中来"。尊重人民的主体性，既是共享伦理的本质特征，也是中国特色社会主义志愿服务的本质特征。从一定意义上说，中国特色社会主义志愿服务，本质上就是基于人民的主体性而开展的伦理活动。具体而言，中国特色社会主义志愿服务对人民主体性的尊重主要体现在以下几个方面：首先，中国特色社会主义志愿服务纯粹出于广大志愿者的自觉自愿，这是尊重人民主体性最为根本的体现。其次，中国特色社会主义志愿服务是"最高力量的一种自信的生命活动"。在中国特色社会主义志愿服务事业的发展过程中，广大志愿者在社会主义核心价值观的引领下,通过各种形式的为人民服务的志愿服务活动,积极建构有意义的价值世界,并在这种建构过程中彰显其对真善美的价值追求,实现其自我价值和社会价值。也就是说,中国特色社会主义志愿服务已成为"最高力量的一种自信的生命活动",在这种生命活动中,人的主体性得到充分的尊重和张扬,人的自我价值和社会价值获得高度统一。最后,中国特色社会主义志愿服务是基于维护人的尊严而开展的活动。在一定意义上说,中国特色社会主义志愿服务本身就是因维护人的尊严的需要而产生的,也必然为满足人的尊严的需求而存在,并以保障和实现人的尊严权为归宿。中国特色社会主义志愿服务追求的最高目标就是建造一个所有生命相互依存的理想社会,在这个社会中每个人都能有尊严地生活。

三是公平正义的共享伦理诉求。这里所讲的公平正义,是指以人民为中心建构的公平正义,可称为人民性公平正义,其核心内涵就是要让社会发展成果惠及全体人民。公平正义不仅是共享伦理的基本诉求,也是中国特色社会主义志愿服务伦理的基本诉求。中国特色社会主义志愿服务所追求的就是要让社会发展成果更多更公平地惠及全体人民特别是弱势群体,让包括弱势群体在内的全体人民享有更加公平、更加安康、更加幸福的生活,让整个社会变得更加美好和谐。

第四章主要立足于新时代中国特色社会主义建设,分析中国特色社会主义志愿服务的伦理价值。志愿服务的伦理价值,简而言之,即志愿服务对社会发展所起的积极作用和所产生的积极影响。在推进中国式现代化建设的过程中,中国特色社会主义志愿服务所彰显的伦理价值是多方面的,具体来说,至少包含以下五个方面:

一是促进经济发展。志愿服务与经济建设是紧密联系在一起的,二者是相辅相成、相互促进的关系。改革开放40多年来的实践表明,不仅经济建设为中国特色社会主义志愿服务的发展奠定了雄厚的物质基础,提供了良好的发展契机,而且中国特色社会主义志愿服务也对中国特色社会主义经济的发展起着积极的促进作用,已经成为推动中国特色社会主义经济发展的重要力量。志愿服务不仅可以通过提高人的素质、优化劳动结构来促进经济发展,而且可以以自己独有的方式创造经济价值、通过参与应对社会危机等为国家和社会减少经济损失,甚至还可以通过有效配置社会资源和推动绿色发展等来促进经济的可持续发展。

二是促进劳动幸福。劳动幸福,即人们在劳动中因感受或意识到自我价值的实现以及作为人的类本质的确证而产生的一种心理上的愉悦感与满足感以及精神上的充实感与欣慰感。劳动幸福是一个与人的类本质紧密联系在一起的概念,只要将劳动视为人的类本质,就必定将劳动幸福视作"最高律令"。人们之所以会在劳动中感到不幸、感受不到乐趣甚至厌恶劳动,究其根源,就在于人的劳动本质发生了异化,也就是说,劳动对人来说不再是本身的东西,而成了一种外在于人的存在。志愿服务作为一种特殊的劳动形式,在扬弃异化劳动、促进劳动幸福方面有着独特的优势,甚至可以说志愿服务本身就是对异化劳动的一种积极扬弃,为人们获得和享受劳动幸福创造了可能和条件。首先,人们参与志愿服务完全出于自觉自愿,这就使得人们在志愿服务活动中不会再像在异化劳动条件下的劳动者那样没有劳动尊严,遭受"最残酷最带侮辱性的折磨",而是能够充分地占有劳动本身,尽情地展示自己的智慧与才能,并最大限度地表现着自我创造的本性,因而他们不仅不会感到不幸福、不舒畅、不自在,反而会获得身心的愉悦、情感的满足、心灵的充实和精神的享受。其次,在志愿服务活动中,个人在为他人、社会付出的同时,也会获得自我肯定、得到丰厚的回报,这就使得人们不仅不会像在异化劳动条件下那样像逃避瘟疫般逃避劳动、厌恶劳动,反而会在经常性的志愿服务活动中伴随着对志愿服务的价值和意义的认识更加深刻而获得一种愉悦感、使命感、崇高感和价值感,获得持久参与志愿服务的动力源泉,从而增强其参与志愿服务的自觉性、积极性和主动性。最后,志愿服务是人获得自由全面发展的重要途径。在中国特色社会主义已经进入新时代的今天,促进人的自由全面发展已成为我国志愿服务的核心价值追求。伴随着中国特色社会主义志愿服务事业的不断发展,其在促进人的自由全面发展方面所起的作用必定会越来越显著。而人越是能获得自由全面的发展,就越能体会到劳动在确证人的本质方面的意义,人的劳动幸福指数也就会越来越高。

三是促进公民道德建设。志愿服务作为新时代中国特色社会主义建设的重要组成部分,因其独有的伦理特性而成为培育和践行社会主义核心价值观、推进新时代公民道德建设的重要途径。志愿服务能够把服务他人和社会与实现个人的自我价值有机结合起来,使人们在做好事、献爱心的过程中提高道德认识、陶冶道德情操、提升道德境界。广泛开展多种形式的志愿服务活动,吸引和感召更多的人加入志愿服务队伍的行列,积极倡导无私奉献的价值理念,倡导爱国、敬业、诚信、友善等基本道德规范,有助于在全社会培育和践行社会主义核心价值观,营造良好的社会风气,为公民道德建设奠定坚实的道德基础。志愿服务提倡的服务他人、无私奉献精神与社会主义核心价值观内在一致,大力普及志愿服务理念,弘扬志愿服务精神,广泛开展多种形式的志愿服务活动,引导人们把志愿服务作为一种生活方式、生活习惯来追求,不仅能够把先进性与广泛性有机结合起来,满足不同层次人们关爱他人、服务社会的愿望,将为人民服务的道德精神落到实处,使为人民服务的道德精神在新的形势下不断发扬光大,更能"把社会主义核心价值观融入社会发展各方面,转化为人们的情感认同和行为习惯","使之成为人们日用而不觉的道德规范和行为准则","引导人们向往和追求讲道德、尊道德、守道德的生活"。无数事实表明,越是志愿服务活动开展好的地区,社会主义核心价值观培育和践行得越好,公民道德建设的成效就越明显,反之亦然。这表明,志愿服务是培育和践行社会主义核心价值观,促进我国公民道德建设的富有成效的重要途径之一。

四是促进国家安全和社会稳定。国家安全和社会稳定,关涉中国式现代化建设的成败,关系到新时代"两个一百年"奋斗目标的实现,关系到中华民族伟大复兴"中国梦"的实现。"实现中国梦",从一定意义上说,就是要"实现社会的和谐、稳定"。社会的和谐与稳定,从一定意义上说,即指社会矛盾的化解与消除,而在这方面志愿服务有着独特的优势。事实上,志愿服务作为一种自愿性的、超功利性的公益性伦理活动,从一定意义上来说,所彰显的就是对社会矛盾与问题的关注、对弱势群体的关怀和对和谐社会建设的支持。通过丰富多彩的志愿服务活动,不仅可以让困难群体得到应有的关怀和帮助、使民生得到切实关切和改善,而且能有效疏导民意、化解矛盾、凝聚民心。由志愿服务所引发的互助友爱的社会风尚及其关于公民道德的深层次思考,对维护社会的和谐稳定具有积极的促进作用。丰富多样的志愿服务活动,不仅可以在不同群体、不同阶层的人们之间搭起一道友情的桥梁和充满爱心的交流平台,实实在在地为人们提供丰富多样的社会化参与结构和组织化的参与方式,帮助人们形成广泛的社会关系网络和建立丰富的社会资源,引导人们走出"小我"的封闭性状态而融入到充满公益互助精神的"大我"之中,升华人格、提升境界、充实自我、完善自我,彰显和实现个人价值,而且还可以通过爱的奉献和滋润化解社会矛盾和冲突,促进人际和谐和社会稳定。

五是促进人类命运共同体构建。自从人类命运共同体思想提出并获得国际共识以来,如何构建人类命运共同体成为世界各国共同关注的重要话题。构建人类命运共同体无疑是一项甚为复杂和艰巨的工程,需要世界各国共同努力,也需要各方面的力量协同发挥作用,而志愿服务作为一种具有国际性的公益伦理活动,可以凭借独特的优势在构建人类命运共同体中发挥积极作用。志愿服务之所以能够在构建人类命运共同体方面发挥积极作用,就在于志愿服务的价值追求与人类命运共同体思想倡导的价值理念是紧密联系在一起的。从一定意义上说,志愿服务既是基于构建人类命运共同体而产生的,也是基于构建人类命运共同体而发展的。目前人类正处于一个挑战更加严峻、风险与威胁日益增多的时代,世界正经历百年未有之大变局。在这种时代背景下,一方面,志愿服务已超越国家和地区、信仰和民族界限走向世界,成为一项国际社会普遍认可和接受的国际性活动。国际性志愿服务活动的广泛开展,不仅促进了各国人民的友谊、交流与融合,也在很大程度上缓解了国与国特别是发达国家与发展中国家之间的矛盾与冲突,维护和促进了世界的和平与发展。另一方面,志愿服务的内容越来越丰富,志愿服务的领域越来越广泛。志愿服务活动在世界范围内广泛而深入的开展,无论是对消解经济全球化带来的负面影响,还是对有效应对全球性问题的挑战,都有着重要意义。从这个意义上说,志愿服务是构建人类命运共同体不可或缺的重要力量。

第五章主要探讨新时代中国特色社会主义志愿服务的伦理原则与规范。任何行为,要使之具有道德价值或道德合理性,就得遵循一定的伦理原则与规范,志愿服务也不例外。当然,虽然志愿服务是世界各国所共有的普遍现象,但由于伦理道德总是由一定的社会经济基础所决定并为一定的社会经济基础服务的,因而在不同的社会制度下,志愿服务所应遵循的伦理原则与规范尽管从表面看也存在着某些相同之处,但本质而言又是有所不同甚至存在根本区别的。依据习近平总书记关于志愿服务的系列重要指示及相关讲话精神、社会主义核心价值观、《新时代公民道德建设实施纲要》以及《中华人民共和国慈善法》《志愿服务条例》等法律法规和其他有关政策条例的要求,结合中国特色社会主义志愿服务的特点及其发展实际,本著认为,中国特色社会主义志愿服务所应遵循的伦理原则与规范至少包括以下几个方面:

一是公益至上。志愿服务是一种公益性活动,建基于公民的社会责任感之上,实现为公民的组织化参与,服从和服务于社会公益事业,因而可以在解决诸多社会公益性问题方面发挥积极有效的作用,从而有效弥补政府在解决社会公益性问题方面存在的不足,因而是实现和维护社会公共利益不可或缺的渠道和力量。从中国特色社会主义志愿服务产生和发展的历程不难看出,它既是适应实现和维护社会公共利益的需要而产生的,也是始终围绕社会公共利益的实现和维护问题开展活动的,并且是在实现和维护社会公共利益的过程中得以发展壮大的。这就是说,中国特色社会主义志愿服务自其产生以来始终遵循的是社会公益至上的伦理原则。当然,倡导公益至上,并不是要否定个人利益,将社会公共利益与个人利益对立起来;恰恰相反,这种公益至上是建立在个人利益与社会公共利益有机结合基础上的。尽管个人利益和社会公共利益有本质的区别,但又是不能截然分开的。在公益语境中,个人利益,既包括公益主体的个人利益,也包括公益客体的个人利益,这两者虽然不同,但又都包含在社会公共利益之中,社会公共利益不能把任何社会成员的个人利益排除在外;无论施助者还是受助者,作为社会成员的类本质决定他们基于人道主义所应享有的个人利益都是应当予以保护和保障的。本质地看,公益至上追求的是社会发展成果能够最大化、最公平地为社会全体成员享用。其价值取向之确立,依赖于人们对社会公平正义的渴望与诉求,以及基于此而形成的公共责任意识。它所倡导的公共利益是社会主体基于公共价值观、公共责任感而提倡与捍卫的社会公共利益。这种社会公共利益在一定意义上等同于社会弱者的个人利益,在保护每个人基于社会成员所应享有的权利或利益的同时,内在地规定了作为社会成员的每个人都有对其进行维护和捍卫的公共责任和义务。它所倡导的价值取向即是在社会造福于每一个人、使每一个人受益的同时,要求每一个人本着应尽的责任和义务回馈社会;超功利性的付出以及无"交换"的受益与回馈是公益语境下社会公共利益的特点。因此,我们必须避免对社会公共利益作抽象主义的理解,不能认为社会公共利益任何时候应高于个人利益。事实上,公益语境下的社会公共利益是在特定的环境和条件下针对特定社会成员的。在特定的环境和条件下,社会公共利益或集体利益有必要对个人或群体的利益作出一定的牺牲。

二是无私奉献。本质而言,志愿服务本身就是一种奉献,奉献与志愿服务具有内在同一性,或者说,奉献是志愿服务的内在规定性,没有奉献无所谓志愿服务。纵观中国特色社会主义志愿服务的发展历程不难看出,无私奉献是其一以贯之的精神追求。中国特色社会主义志愿服务的这种精神追求在我国志愿者组织的加入誓词"尽己所能,不计报酬,帮助他人"中得到了充分体现。无私奉献,作为中国特色社会主义志愿服务的伦理原则与规范,不仅要求有济世利民的道德情怀,而且要求有勇于自我牺牲的精神。中国特色社会主义志愿服务伦理主张的自我牺牲,不仅指我们应当主动去帮助、救助和关怀处于困境的他者和服务于社会公益事业,而且指对他者的扶助和服务于社会公益应当是无私的或纯粹利他的。无私奉献,作为中国特色社会主义志愿服务的伦理原则,源于公民内心的德性精神。这种德性精神倡导人们追求真善美、热爱生命、匡扶正义、对社会负责。这种公益性的无私奉献里没有人身依附的约束,也没有私人间感恩图报的负担,其产生的社会后果是公民对其所属社会群体的认同。

三是仁爱为怀。志愿服务,作为一种自觉自愿利他的伦理行为,本身就根植于仁爱之心。秉持仁爱之心去关怀弱势群体,给予他们尽可能的帮助,既是志愿服务赖以产生的伦理依据和赖以存在的价值所在,也是志愿服务伦理的内在要求。没有同情弱势群体的仁爱之心,就不可能有自觉自愿为弱势群体提供帮助的志愿服务行为。不是出于仁爱之心的志愿服务行为,不可能是真正意义的志愿服务行为,真正意义上的志愿服务行为是纯粹出于仁爱之心且不图回报的。尽管在一定意义上,一些人出于某些功利考虑参与到志愿服务中来会在一定的时期或范围内有利于扩大志愿服务队伍的规模,也会有助于彰显志愿服务的社会功能,但很显然,这种不是出于仁爱之心而是出于功利性动机的志愿服务行为是难以持续的,会随着功利性动机的消失而消失。因此,要使志愿服务真正获得实效和可持续发展,就必须使志愿服务行为建立在仁爱的基础上。只有出于仁爱之心的志愿服务才是有道德价值的,只有出于仁爱之心的志愿服务才能获得可持续发展。在志愿服务活动中倡导仁爱为怀,首先要肯定志愿服务对象主要是弱势群体作为人的价值与尊严,把他们当成自己的同类来对待,主动去关心他们的生存状况,帮助他们减少人生疾苦,帮助他们增进幸福;其次要有一种“到心”的道德责任感,唯其如此,方能设身处地为志愿服务对象着想,让志愿服务对象感到温暖和幸福,从而使志愿服务活动的初衷更好地得到实现。

四是诚信无妄。"现代志愿服务的发展逐渐明确了一个基本规则，即一旦加入志愿者队伍，就要遵守承诺，努力践行志愿服务，以服务他人为目的，诺出必行，行之必果。"(《志愿服务条例》)诚信无妄作为现代志愿服务的一条重要道德规范，在志愿服务过程中规范和引导着志愿者的行为，要求所有志愿者真心实意地去履行自己的义务和责任，不仅不应以谎言骗人，不应说那些不能兑现或无用的大话，不应面诺背违、阳非阴是、"口惠而实不至"，时时事事均要体现求真求实的务实精神，做到"有所许诺，纤毫必偿；有所期约，时刻不易"，而且还要对志愿服务事业真心实干、全心全意、精益求精。换言之，对志愿服务要有一种如"饥之求食，渴之求饮"那样的真情，要"真心实作""实用其力"和全身心地投入，尽到自己最大的努力，发挥最大的热情。即使对于那些超出自己服务范围的事情，"也应本着诚信、负责任的态度去帮助那些需要帮助的人，而不是编造理由推辞他们的请求"。对志愿服务敷衍塞责、马马虎虎、表面应付即是不诚。"有诚方有德，无诚则无德。"志愿服务不能仅仅停留在表面上、形式上，更不能弄虚作假，而应当实实在在。流于形式的志愿服务，不仅不能使志愿服务的仁爱利他理念真正落到实处，而且会阻碍志愿服务的健康可持续发展。

五是知恩图报。现代志愿服务倡导的知恩图报，与中国传统观念倡导的知恩图报有所不同，主要不是指向志愿者本人，而是指向整个社会，也即志愿服务对象在接受志愿服务走出困境后，应出于对社会的感激之情积极回报社会，甚至尽自己所能积极参与到志愿服务中来。有人认为，现代志愿服务是无偿性的、公益性的、非权利动机性的，倡导知恩图报不符合现代志愿服务的要求。这种观点不仅是错误的、站不住脚的，也是不利于志愿服务的可持续发展的。首先，虽然接受志愿服务和社会救助是志愿服务对象应该享有的基本人权，他们不必为此对个人或社会组织感激涕零；任何个人或社会组织也不应借慈善之名谋取私利。但是，不必并不等于不应该，一个人不仅应当对社会和他人给予的关怀、救助和支持存有感恩之心、感激之情，更应当在摆脱困境、有服务他人和社会的能力和条件后积极主动地履行自己基于一个社会成员所应承担的公益责任,尽自己所能回报社会。其次,长远地看,提倡知恩图报是志愿服务的社会作用得以充分发挥出来并获得可持续发展的重要保障之一。志愿服务是一项社会性事业,其覆盖的领域和范围甚为广泛。尤其是在中国特色社会主义已经进入新时代的今天,志愿服务作为中国特色社会主义建设的重要力量,已经指向中国特色社会主义建设的方方面面,正在和必将在中国特色社会主义建设的各个领域、各个方面发挥积极作用。要使志愿服务在中国特色社会主义建设中的积极作用得以充分和可持续地发挥出来,没有广大社会成员的普遍参与是几乎不可能的。

第六章主要探讨新时代中国特色社会主义志愿服务伦理评价体系的构建问题。志愿服务伦理评价体系,即志愿服务伦理评价中所涉及的且相互关联的各种要素或因素的综合。对于志愿服务伦理评价体系,可以从横向和纵向两个层面去理解。从横向层面看,志愿服务伦理评价体系是一个由动态体系和静态体系构成的有机整体。动态体系包括政府、组织、企业和社会机构的合理运行,静态体系指文的行之有效的体系规定,二者互为表里、互相补充。从纵向层面来看,志愿服务伦理评价体系作为一个相对独立而又与志愿服务组织相互促进、相互补充的系统,是由评价主体、评价客体、评价目的、评价原则及评价结果等要素构成的有机结构。其中,评价主体和评价客体作为动态要素,在评价体系中发挥主导作用;评价目的、原则和结果,作为静态要素,在评价体系中起着支撑和保障作用。

在新的时代背景下,根据新时代中国特色社会主义志愿服务发展的需要,构建一个科学合理的志愿服务伦理评价体系,不仅是开发志愿者资源、正确认识和评价志愿服务活动的需要,更是推动志愿服务长效发展的需要。要构建一个科学合理的能够适应新时代中国特色社会主义志愿服务发展需要的志愿服务伦理评价体系,除了要坚持以习近平新时代中国特色社会主义思想为指导、以社会主义核心价值观为引领、以促进志愿服务治理体系和治理能力现代化为方向、以应对新时代中国特色社会主义志愿服务所面临的伦理问题与挑战为切入点外,至少还应遵循客观性、整体性、发展性、范导性等原则。依据志愿服务伦理评价体系的构成要素以及中国特色社会主义志愿服务伦理评价体系构建所应遵循的上述原则,我们可以沿着以下路径来构建新时代中国特色社会主义志愿服务伦理评价体系:一是发挥政府的引导作用;二是发挥志愿服务组织的组织与引导作用;三是发挥志愿者的参与作用;等等。

第一章　志愿服务的伦理学界定

研究新时代中国特色社会主义志愿服务伦理,首先有必要弄清楚的一个最为基本的问题是:该如何界定志愿服务? 志愿服务虽是一个耳熟能详的概念,但由于志愿服务的复杂性,在如何界定志愿服务这个问题上,国内外学术界及相关政府或组织机构至今尚无形成统一的看法。正如有的学者所指出:"不同国家的人对于志愿活动的含义存在不同的理解。……在一些国家被认为是志愿活动的事情,在另外一些国家则被视为仅仅是相互帮助和相互关照,或者视为政治活动……在一些国家被视为志愿活动的工作,在另外一些国家则可能被视为是低报酬或劳动密集型工作。一些人以不要报酬为特征来界定志愿活动,另外一些人则以自愿提供服务为特征来界定。志愿服务受到历史、政治、宗教和区域文化的深刻影响,是一个非常复杂的概念。"①尤其需要指出的是,据笔者所掌握的资料,鲜有人从伦理学的视角去界定志愿服务。职是之故,本章拟在借鉴和吸收已有研究的基础上,就如何从伦理学的视角去界定志愿服务进行深入分析和探讨。

----

① 丁元竹等:《志愿活动研究:类型、评价与管理》,天津:天津人民出版社,2001 年,第3 页。

第一节　志愿服务的伦理学定义

从目前的研究动态看,对于什么是志愿服务,学界主要是从社会学或法学的角度去定义或解释的,很少有人从伦理学的视角去诠释和界定。笔者认为,从伦理学的视角来看,志愿服务即是志愿者基于对志愿服务的伦理价值与意义的深刻认知与领悟,本着不求回报的无私奉献精神,出于理性自觉地为社会公益事业或者他人特别是弱势群体提供无偿服务或帮助的伦理行为。

一、出于理性自觉的伦理行为

从道德主体性的角度来看,志愿服务最为根本的特征就在于"志愿"二字。"志愿",本质而言,即指出于理性自觉。这就是说,志愿服务是建立在志愿者的理性自觉基础上的,是非强制性的,是一种出于理性自觉的伦理行为。志愿者之所以自觉自愿地参与志愿服务,不是出于任何外在因素的强制或引诱,而是基于对志愿服务的伦理价值和意义的深刻认知与领悟,基于对一个公民所应承担的社会责任或道德义务的高度自觉,基于自己良知的呼唤与内在道德信念的驱动。正如有的学者所说的:"志愿者行动的最高理念在于自觉自愿,志愿者行动重在参与,参加者以自己的兴趣和志向为依托,个人行动完全取决于主体的自我判断。"①"志愿者从事志愿服务,出自自愿,不以获得报酬为目的,他为推动人类发展和促进社会进步而工作,志愿服务是他参与社会生活的方式,可以是个人行为,也可以是集体行为。志愿精神的产生基于个人对社会和人类的爱心与责任感,而这种爱心与责任感又取决于个人的成长背景、教育和经验,也受到社会价值观的影响。所以,志愿服务也是个人表达其对人类和社会爱心与责任感的一种方式。"②

---

① 梁家峰:《自觉自愿志愿者》,《中国青年报》2000 年 2 月 5 日。

② 叶边、罗洁、丁元竹等:《中国志愿者:进步与差距》,《世界知识》2008 年第 14 期。

正因为志愿服务是一种出于理性自觉的行为,是志愿者自觉自愿参与的,所以它与我们平常所说的职业活动有着根本区别。一般来说,人们在职业活动中所承担的职业责任或义务具有强制性,也就是说,不管你愿意不愿意、喜欢不喜欢,只要你从事某种职业,你就得承担相应的职业责任或义务。你是教师,你就得履行教师的责任和义务;你是医生,你就得履行医生的责任和义务;等等。所有这些都不是以你的意志为转移的。如果你作为职业人员没有尽到应有的责任和义务,你就会受到相应的处分或处罚。而对志愿者来说,其所承担的责任或义务则是非强制性的;你可以参加志愿服务,也可以不参加志愿服务;你可以以这种形式参加志愿服务,也可以以那种形式参加志愿服务;你可以参加这种类型的志愿服务,也可以参加那种类型的志愿服务;你可以短时间参加志愿服务,也可以长时间甚至一辈子参加志愿服务;等等。换言之,你参不参加、以何种形式参加、参加哪种类型的志愿服务以及是暂时参加还是长时间参加,都由志愿者自己决定,都出于志愿者的自觉自愿。

纵观我国志愿服务的发展历程,可以发现其大致经历了一个从以行政性的志愿服务为主到重视志愿服务参与的自觉自愿性的观念更新过程。有一项关于"中国青年志愿者行动的现状和发展"的调查表明,55.27%的人了解志愿服务活动的渠道是通过团组织,而在问及"如果您想参加志愿者服务,您打算如何去做时",55.41%的青年回答"等着自己单位或学校团组织通知",26.68%的青年回答"去志愿服务者协会或服务站报名",只有5.39%的青年准备"自己行动"。另外,有83.76%的青年参加的是团委统一组织的志愿服务活动,"自发地"参加这一活动的仅占11.62%。① 由此可见,在我国志愿服务刚刚兴起的起步阶段,志愿服务组织的行政化色彩比较浓厚,较多重视社会动员,即运用各级组织力量发动、宣传,激励群众参与志愿服务。"从社会职能上讲,志愿服务是一种非政府系统的组织行为和服务行动,是民间系统服务

---

① 北京志愿者协会:《志愿者你准备好了吗》,北京:中国国际广播出版社,2006年,第18页。

于社会的群体行动或个人行为,即民间组织或个人利用自己的知识、技能、体能或财富,通过各种服务性的行动去实现和体现对社会事业的服务与奉献,或实施和完成对有困难的社会群体及个人的服务与保障。之所以在中国会产生加强组织力量的想法,很大一部分原因是因为在志愿服务活动发展的起步阶段,上级的组织力量起到了至关重要的作用,而且收到了非常好的效果。"①但是,志愿服务和行政行为有着本质的区别。一般来说,行政行为强调的是下级服从上级,具有强制性;志愿行为强调的则是出于理性自觉,具有非强制性,要求每个公民自觉自愿地承担作为公民所应承担的社会责任,因此,志愿服务不适合套用行政组织的方式来发动和进行管理。行政性的组织虽然"一时造成的声势非常大,吸引的参加者也很多。但是,由于参与者事前缺乏自由的思考和选择,往往没有真正全身心投入,影响了服务效果"②,它往往会"导致服务动机、目的和对象的不确定。其结果一是社会教化和宣传的效果不明显;二是志愿者们不能感受到服务的价值,从而难以真正调动参与者内在的志愿服务精神和服务愿望;三是很可能把志愿服务的目标和初衷等同于完成政府的某项任务;四是容易被某些人利用,成为所谓的政绩指标。所以仅仅依靠行政组织发展起来的志愿行为是违背志愿行为的内在发展规律的"③。

随着社会的向前发展、人们物质生活水平的不断提高、公民社会意识的日益增强以及人们对志愿服务的本质和规律的认识的不断深化,我国的志愿服务"日益转向追求个体兴趣爱好的满足、社会多元化需求的满足,尤其注重参与者的自愿,充分尊重参与者的主体地位"④。《志愿服务条例》明确将"自愿"作为开展志愿服务所应遵循的原则之一,强调志愿服务是"志愿者、志愿

---

①　北京志愿者协会:《志愿者你准备好了吗》,北京:中国国际广播出版社,2006年,第22页。

②　北京志愿者协会:《走近志愿服务》,北京:中国国际广播出版社,2006年,第190页。

③　北京志愿者协会:《志愿者你准备好了吗》,北京:中国国际广播出版社,2006年,第22页。

④　刘孜勤:《雷锋精神与中国》,沈阳:辽宁教育出版社,2011年,第177页。

服务组织和其他组织自愿、无偿向社会或者他人提供的公益服务"。① 正是这种对志愿服务参与自愿性的高度关注和重视,极大地调动了人们参与志愿服务的积极性、主动性,使得我国的志愿服务正在由"要我参加"向"我要参加"发生根本性转变,特别是在中国特色社会主义已经进入新时代的今天,志愿服务越来越成为具有吸引性、魅力性的事业。近年来,志愿者数量逐年参加的事实就有力地说明了这一点。据统计,我国注册志愿者数量2013年为8535万人,而到2019年则增长到20959.94万人,总增长率接近1.5倍。②

志愿服务作为人类社会的一种崇高精神追求以及无偿为他人和社会提供服务的社会公益活动,不论是对参与志愿服务活动的个体还是对社会都有着广泛深远的伦理价值和意义。志愿者的理性自觉或者说自觉自愿就是建立在对志愿服务的伦理价值和意义的认知基础之上的。全国百优志愿服务者郭明义对志愿服务的认识过程就较好地说明了这一点。郭明义曾感悟道:"有的人吃龙虾是享受,我帮别人就是享受。为社会多做一些力所能及的事,觉得自己被群众所信赖、被社会所需要,我就会感到很充实、很快乐、很幸福。"其实,郭明义刚开始时并没有这样高的"觉悟"。在其很小的时候,虚荣心特别强,只要听到有人表扬,他就会高兴得不得了。后来,当他入了党、被评为学雷锋标兵后,逐渐觉得学雷锋、做好事、帮助别人是一件很快乐的事情。伴随着岁月的洗礼和长期的志愿服务实践的熏陶,郭明义对志愿服务的认识越来越深刻,也把志愿服务做得越来越纯粹,终于使自己成为一位有着崇高志愿服务道德情操的优秀志愿者。他曾在谈到对志愿服务的认识时说,我"对大家的好,是打心窝子里掏出来的,而自己收获的快乐,也是从心底汩汩涌出来的"③。

① 《志愿服务条例》,北京:中国法制出版社,2017年,第2页。
② 杨团、朱健刚:《中国慈善发展报告(2020)》,北京:社会科学文献出版社,2020年,第61页。
③ 沈佳音:《辽宁一钢铁工人20年献出十身血曾被称"傻子"》,《京华时报》2010年9月19日。

从郭明义的事例我们可以从一定程度上推知这样一个道理或事实,即一个人参与志愿服务的自觉自愿性并不是天生就具有的,需要经历一个从不自愿到不完全自愿,再到自觉自愿的过程。一个人参与志愿服务的自觉自愿的程度,虽然要受到这样或那样的因素的影响,但从根本上来说主要取决于其对志愿服务的伦理价值和意义的认知与领悟程度。一般来说,一个人对志愿服务的伦理价值和意义的认知程度越高、领悟越深刻,其参与志愿服务的自觉自愿性程度就会越高,也就越能够积极主动地参与到志愿服务活动中去。从这个意义上可以说,自觉自愿性是志愿者精神的自律。

志愿服务的自觉自愿是志愿者公民责任意识的体现。责任是人作为社会存在物所应具有的一种基础性道德品质,也是人的类本性得以彰显以及社会性个体间得以联结的内在基础,具有丰富的伦理意蕴与道德内涵。"责任与义务的唯一区别,就在于义务偏重于强调外在的客观要求,责任偏重于强调把这种外在的客观要求,内化为主体的主观道德自觉意识。义务是责任的外在形式,责任是自觉意识到的义务。因此,道德主体一旦将道德义务升华为内心的道德责任感,道德义务的那种似乎压抑人、束缚人的力量,就转变为道德主体行善的巨大推动力。"[①]这就是说,一个人有了责任意识在一定意义上就意味着其已清醒地、深刻地认识到某件或某些事情的价值和意义,并在内心将做这件或这些事情视为自己应当履行的责任而去自觉地履行,其最根本的特点就在于自觉自愿。具体到志愿服务上,自觉自愿就意味着志愿者个人已在深刻认识到志愿服务的伦理价值和意义的基础上把参与扶贫济困、扶弱救弱、帮老助老、慈善捐助、环境保护、文明劝导、就业创业、社区服务、应急救援及诸如奥运会之类的大型活动等领域的志愿服务活动视作自己神圣的义务或责任,并在这种责任意识的驱使下自觉自愿地参与各种各样的志愿服务活动。可以说,一个人对社会公益的责任意识越强,其参与志愿服务的自觉自愿的程度就会越高。

① 罗国杰:《伦理学》,北京:人民出版社,1989 年,第 196 页。

二、以实现社会公益为基本价值取向的伦理行为

志愿服务作为一种人们自觉自愿参与的伦理活动或行为,是以实现社会公益为基本价值指向的。以奉献性服务为特征的社会公益性是志愿服务最本质的特征。公益性是志愿服务之所以为志愿服务的根本所在,也是志愿服务得以存在和发展的道德正当性所在。离开了公益性,志愿服务也就不成其为志愿服务,也就失去了其存在的价值和意义。一方面,志愿服务属于非政府系统的社会公益性活动。虽然在现实生活中,志愿服务作为一种社会伦理行为不可避免地要受到政府系统的影响,也需要依法接受政府系统的治理与引导,并且在一些大型的志愿服务活动中还要得到政府的支持和赞助,但本质地看,志愿服务是非政府性的,也就是说,它主要是以民间活动的形式存在的,属于民间系统的范畴,是"民间组织或个人利用自己的知识、技能、体能或财富,通过各种服务性的行动去实现和体现对社会事业的服务与奉献,或实施和完成对有困难的社会群体及个人的服务与保障"①。也正是这种非政府性,把志愿者所开展的公益性活动与政府系统所开展的公益性活动区分开来。志愿服务的公益性强调志愿服务不是针对某个或某些特殊群体或团体的利益,而是面向社会的共同利益,其所关注的是人们在生产生活中因各种因素而造成的凭个人的能力和条件难以解决的困难、问题和需要;志愿服务行为所指向的,无论是扶贫济困、助孤扶残、支教扫盲、社区建设、环境保护,还是抢险救灾及其他大型服务活动,都属于单凭市场无法解决而政府也难以全面有效顾及的社会公益性事业范畴;为这些社会公益性事务所提供的志愿服务都是增进社会公共利益的行为。另一方面,志愿服务不是一种基于友谊、亲戚关系和其他私人关系而开展的"做好事"和"助人为乐"活动,其目的是推动某种事业或帮助家庭、直系亲属和其他私人关系圈子以外的人,"它所关注的焦点主要是被主

---

① 王振友:《中国青年志愿者行动的由来、现状及发展趋势》,《内蒙古工业大学学报(社会科学报)》2000 年第 2 期。

流社会所不顾或难以顾及的一些重大社会问题,例如人口、贫困、医疗卫生、残疾人以及人道主义救援和人权等,它服务的对象大多是被主流社会所忽视或排斥的社会弱势群体"①。弱势群体,英文中称为"social vulnerable groups"②,简单地说,就是指处于弱势地位的群体。当然,怎样才算是处于弱势地位,在不同国家的不同历史阶段会有不同的衡量标准。究竟该如何来理解弱势群体呢? 笔者认为,弱势群体即指由一定的自然因素或社会因素造成的,依据自身努力无法让自己及其家庭成员过上合乎人类尊严的生活而需要外部力量给予人道援助和救济的特殊社会群体。一般来说,它具有如下两个方面的特征:一是合乎人类尊严的生活未得到应有的保障。所谓合乎人类尊严的生活未得到应有的保障,就是指弱势群体作为人而应享有的基本权利没有得到应有的维护和保障,弱势群体及其家庭成员的生活水平尚低于社会认可的最基本标准。二是依靠自己的努力无法改变其弱势地位与境遇。毋庸置疑,弱势群体形成的原因是多方面的,既有自然方面的原因,如天灾人祸以及个人身体方面的疾病等,也有社会方面的原因,诸如制度变革、技术发展等。美国著名的社会学家彼特·布劳还曾将弱势群体归之为社会结构层次分化的结果。所谓社会结构,是指"由不同社会位置(人们就分布在它们上面)所组成的多维空间"③。在彼特·布劳看来,社会结构层次的分化会导致社会性资源如政治经济条件、社会生活条件、精神心理条件等在分配上的不一致性,而这种不一致性必然导致弱势群体的产生。事实上,不管弱势群体是因何种原因造成的,一方面

---

① 李茂平:《志愿服务在公民道德养成中的作用》,《吉首大学学报(社会科学版)》2011年第1期。

② 英文中关于脆弱、弱势的相近说法还有"disadvantaged""disabled""weak"等。"disadvantaged"与"advantaged"相对,表明处境不占优势,并且缺乏改变其境遇的条件,通常也被翻译为"弱者";"disabled"是指身体受到伤害或具有精神疾病,从而严重影响人的正常生活,一般翻译为"残疾人";"weak"是指人的力量或精力较差,或者对某个领域不熟悉,没有掌握太多的知识和技能,也指人的缺点。相对而言,"vulnerable"的含义稍微宽泛一些,既有本人比较脆弱的意思,又有由于缺乏社会参与和社会保障等原因而变得容易受到伤害的意思。

③ [美]彼特·布劳:《不平等和异质性》,王春光等译,北京:中国社会科学出版社,1991年,第9页。

这些原因作为一种不可避免的必然性存在是弱势群体无法掌控的;另一方面弱势群体之所以是弱势群体,就是因为其依靠自身的努力无法改变自己的弱势地位和社会性资源分配上的弱势处境,诸如经济利益的贫困性、生活质量的低层次性和承受力的脆弱性等。也正因为如此,通过志愿服务对弱势群体进行救助才变得十分必要和重要。正如有的学者所指出:"让那些在社会地位、财富分配、政治权力行使、法律权利享有等方面处于相对不利地位以及在发展方面潜力相对匮乏的弱势群体,能够机会均等地参与社会的发展并公平地分享社会发展的成果,从而使他们达到物质和精神上富有的生活境地,这是志愿者孜孜追求的价值目标,也是志愿服务活动的宗旨。"①在一定意义上可以说,对弱势群体给予人道救助和伦理关怀,是志愿服务最为核心的内容。

三、以无偿性利他主义为核心价值观的伦理行为

据《中国大百科辞典》,"利他主义",就其词源来说,来源于拉丁文"alter",其意为"他人的"。在西方发展史上,利他主义有不同的表现形式,其中最为典型的主要有两种:一种是仁爱的利他主义;另一种是利己的利他主义。

基于仁爱的利他主义,其最初表现形态即中世纪基督教所信奉的所谓"爱人如己"的道德训条及其所宣扬的泛爱一切人的道德说教。基督教之所以宣扬仁爱的利他主义,其主要依据在于神是爱一切人的,所以我们也要泛爱一切人,不仅要爱自己的亲友,也要爱自己的敌人;唯有如此,我们才能获得来世幸福。在近代,基督教这种基于仁爱的利他主义受到霍布斯、孟德威尔等资产阶级伦理思想家的批判。他们从利己主义观点出发,认为基督教所宣扬的这种仁爱的利他主义实际上是一种伪装的利己主义,其出发点是期盼个人得

---

① 肖湘愚、李茂平:《志愿服务:社会主义核心价值观的有效载体》,《湘潭大学学报(哲学社会科学版)》2011年第2期。

救。不过,近代西方一些哲学家、伦理学家也开始将利他主义作为一条主要的道德原则来进行探讨。

首创"利他主义"这一概念的是19世纪法国思想家孔德。他认为人有个人本能和社会本能这两种本能。个人本能表现为利己心,而社会本能则表现为利他心,只有发展利他心以对抗利己心,才能建立起普遍幸福的社会。[①] 在对利他主义原则进行探讨的过程中,英国的一些哲学家、伦理学家站在不同的立场分别提出了仁爱的利他主义和利己的利他主义,前者是由昆布兰、沙甫慈伯利、赫起逊等提出来的,而后者则是由休谟、边沁、穆勒等提出来的。仁爱的利他主义认为,人天生就有利他的仁爱心或仁慈情感,正是这种内在于人的本性的仁爱心或仁爱情感作为道德的基础和标准,要求人无私利他和促进人类的共同福利。不过,仁爱的利他主义又认为,这种内在于人的本性的仁爱心来自于神,是神铭刻在人心上的,是一种天赋情感。由此可见,仁爱的利他主义带有明显的基督教伦理道德痕迹,也反映出英国资产阶级在伦理道德问题上向封建势力所作出的妥协。这种思想后来演变成为对穷人施以小恩小惠的仁慈主义,其目的则在于掩盖社会贫困的真实根源。与仁爱的利他主义不同,利己的利他主义则认为,人的本性是利己的,但同时又有利他的社会本能以及与人类成为一体的社会情感。在利己的利他主义看来,追求私利是任何人的行为出发点,但在追求私利的过程中,又由于利他社会本能的驱使,使人最终又会以利他和社会的共同福利作为行动目标。

在西方,除了一些哲学家、伦理学家外,还有一些社会学家和社会生物学家从社会学、社会生物学的角度对利他主义进行探讨和研究。例如,社会学家特里弗斯(Trivers R.L.)认为,利他行为是一种对履行行为的有机体明显不利却有利于与其无什么关联的另一个有机体的行为。[②] 生物学家威尔逊

---

① 朱贻庭:《伦理学大辞典》,上海:上海辞书出版社,2002年,第656页。
② Trivers R.L.(1971).*The evolution of reciprocal altrter*,Review of Biology,46,pp.35-37.

（Wilson E.O.）则将利他主义定义为"自损而有利于他人的行为"①。同时，他还将利他主义分为两种：一种是无条件利他主义，或曰纯粹利他主义；一种是有条件利他主义，或曰互惠利他主义。在他看来，无条件利他主义是一种纯粹为他人的行为，既"不企求相等的回报，连任何期待回报的无意识举动都不曾有过"，也不受社会奖励与惩罚的影响，不过，这种行为"旨在为近亲效力，其强度和频率随着亲属关系的疏远而急剧下降"；有条件利他主义从根本上说来则是自私的，持有这种行为的人不仅期待能够得到社会的报答，而且其行为常常是有意识的、经过老谋深算的，"并受到纠缠在一起的社会法令和要求的制约"②。

　　志愿服务，本质上就是一种以利他主义为价值观的伦理行为。共青团中央于2006年11月印发的《中国注册志愿者管理办法》规定："志愿服务是指志愿者不以物质报酬为目的，利用自己的时间、技能等资源，自愿为国家、社会和他人提供服务的行为。"《志愿服务条例》规定，志愿者"不得向志愿服务对象收取或者变相收取报酬"③。联合国前秘书长科菲·安南指出："志愿服务泛指利用自己的时间、自己的技能、自己的资源、自己的善心，为邻居、社区、社会提供非营利、非职业化援助的行为。"④我国学者丁元竹指出，志愿工作"是指任何人自愿贡献个人时间和精力，在不为物质报酬的前提下，为推动人类发展、社会进步和社会福利事业而提供的服务"⑤，等等。所有这些规定或观点，

———————————

　　① Wilson E.O.(1975).*The War between the words：biological versus social evolution and some related issues：Section2. Genetic basic of behavior—especially of altruism*, American Psychologist, 46, pp. 458-468.

　　② ［美］威尔逊·E.O.：《论人的天性》，林和生等译，贵阳：贵州人民出版社，1986年，第57页。

　　③ 《志愿服务条例》，北京：中国法制出版社，2017年，第5页。

　　④ 迟云：《社会的良心与善行——聚焦社会志愿服务》，济南：山东教育出版社，2014年，第143—144页。

　　⑤ 丁元竹等：《志愿活动研究：类型、评价与管理》，天津：天津人民出版社，2001年，第2页。

都规定或揭示了志愿服务所持的核心价值观是利他主义价值观。由于志愿服务是一个与公民社会紧密相关的概念,因此志愿服务的利他主义也可以理解为基于公民意识而产生的利他主义;也就是说,志愿服务所奉行的利他主义是建立在公民对其所属社会的价值认同和责任意识基础上的。处于一定社会关系的公民,不管其知道不知道、喜欢不喜欢、愿意不愿意,总要承担一定的责任,这个责任是作为公民的个体在他者相遇的关系中产生的,"正是在与他者相遇的关系中,我被选择成为责任主体"①。而志愿服务的价值取向,从本质上来说,所体现出来的就是个体以公民的身份服务他者或社会的责任感和奉献热情。一个人之所以会产生志愿服务他者或社会的价值追求,从一定意义上说,就源自于其公民意识与社会责任感。

志愿服务所奉行的利他主义既不同于仁爱的利他主义,也不同于利己的利他主义,而在形式上则具有上述所说的无条件利他主义的特征。也就是说,志愿服务所奉行的利他主义,不是有偿性利他主义,而是不求任何回报的无偿性利他主义,是一种纯粹基于利他动机的利他主义。这种无偿性利他主义,就如西方学者巴特尔(Bar-tal D.)所说的那样,具有自愿、目的明确、有利于他人、不求任何回报和奖赏等特点②。不过,与威尔逊(Wilson E.O.)所说的无条件利他主义"旨在为近亲效力"不同,它是一种指向陌生他者的利他主义,旨在为需要帮助的陌生他者提供帮助和服务。

志愿服务之所以奉行无偿性利他主义,这是由其公益性本质决定的。既然志愿服务是一种以实现社会公益为基本价值取向的社会伦理行为,那就应当奉行无偿性利他主义,因为公益性是以无偿性为前提的,离开了无偿性,也就无所谓公益性。尽管志愿服务的顺利开展离不开一定的经济基础,尤其是现代志愿服务机构和组织的发展需要雄厚的经济基础来支撑,但本质而言,志

---

① 郭菁:《基于他者伦理的责任主体观》,《云梦学刊》2021 年第 2 期。
② Liebrand、WBG(1986).*The Ubiquity of Social Valuea In Social Dilemmas*,See Wilke Etal,pp. 113-114.

愿服务是志愿者依其自由意志和人道主义信仰,本着对社会公益事业及其发展的道义责任,自觉自愿、积极主动地通过援助、慈善、惠生等方式奉献于社会公益事业和他人需求的纯伦理行为。换言之,志愿服务作为一种纯粹的社会伦理行为,应当是无偿的,不以任何功利为目的,不能从志愿服务活动中尤其是从服务对象那里获取任何物质和金钱的回报。

当然,我们强调志愿服务的无偿利他性,并不意味着志愿服务没有为己的一面。无数事实表明,在志愿者的最初动机和目标中往往蕴涵着实践历练、自我价值实现以及拓展人脉等需要。正如有的学者所指出的:"实际上,志愿服务的参与者往往有一些回报的要求,但他们要求的往往是精神性的、社会性的回报,如社会表彰、朋友、家人和单位的认可和尊重等。这些是志愿服务参与者的目的和初衷,也是激励人们参与志愿服务的核心因素。"[①]

四、与慈善既相区别又相联系的伦理行为

志愿服务与慈善行为是有着一定区别的。一是两者所持的理念有所不同,志愿服务所持的理念主要是本着无私奉献的志愿服务伦理精神自觉自愿地为陌生他者特别是弱势群体和社会公益提供无偿服务或帮助,以推动人类发展和社会进步,使人类变得更加美好,而慈善所持的理念则主要是本着人道主义精神救助身处困境的社会弱势群体及参与相关社会公益活动,以促进社会公平正义、增进人类福利;二是两者活动的范围有所不同,慈善活动主要限于对特定人群即社会弱势群体进行救助,而志愿服务活动的范围要大得多,其活动所覆盖的范围涵盖社会公益的方方面面;三是两者的行为方式有所不同,志愿服务的行为方式主要是以时间、精力、知识、技能、资源等自觉自愿地为他人、社会提供无偿服务,而慈善的主要方式则是通过募捐等形式对弱势群体进行物质方面的救助。

---

① 于岩、贺方:《志愿服务核心价值理念探析》,《湖北经济学院学报(人文社会科学版)》2010年第1期。

不过,虽然志愿服务与慈善行为在诸多方面有所不同,但两者在很多方面
又是相通的。一是两者都属于公益伦理的范畴,具有公益伦理的特性;二是两
者都强调自觉自愿;三是两者都强调不求回报;四是两者都是建立在仁爱基础
上的利他行为,都源于人类普遍的慈悲情怀;五是两者从其发展过程来看都经
历了现代性转换,"成为一种具有共通性的公益事业"①;六是现代意义上的志
愿服务与慈善都"是一种有理念、有政策法规支持、有组织、系统开展的社会
公益事业"②。

五、有别于传统帮扶的伦理行为

在现实生活中经常听到这么一种说法,即认为现代意义上的志愿服务与传
统的助人帮扶行为没有什么区别,本质上不过是对传统的助人帮扶行为的继承
和弘扬而已。其实,这种说法是不妥当的。现代意义上的志愿服务虽然在形式
上与传统的助人帮扶行为有着相似之处,但在本质上是有着根本区别的。

在我国,传统的助人帮扶行为是基于伦理本位而在熟人社会中进行的。
所谓伦理本位,用梁漱溟的话来说就是:"举整个社会各种关系而一概家庭化
之,务使其情益亲,其义益重。由是乃使居此社会中者,每一个人对于其四面
八方的伦理关系,各负有其相当义务;同时,其四面八方与他有伦理关系之人,
亦各对他负有义务。全社会之人,不期而辗转互相联锁起来,无形中成为一种
组织。"③正是基于这种伦理本位,人们往往只在自己所属的伦理关系或熟人社
会中思考救助与帮扶问题,并且即使是这种救助与帮扶也是有亲疏差等的,"其
相与为共的,视其伦理关系之亲疏厚薄为准,愈亲厚,愈要共,以次递减"④。这

---

①　佘双好:《志愿服务概论》,武汉:武汉大学出版社,2013年,第9页。
②　佘双好:《志愿服务概论》,武汉:武汉大学出版社,2013年,第9页。
③　刘梦溪:《中国现代学术经典》(梁漱溟卷),石家庄:河北教育出版社,1996年,第309页。
④　刘梦溪:《中国现代学术经典》(梁漱溟卷),石家庄:河北教育出版社,1996年,第311页。

就是说,传统的助人帮扶行为,作为一种伦理义务,仅仅发生在与"己"有着私人联系的熟人之间,所遵循的是帕森斯的特殊主义原则,所突出的主要是熟人之间的互帮互助,"从己向外推以构成的社会范围是一根根私人联系,每根绳子被一种道德要素维持着。社会范围是从'己'推出去的,而推的过程里有着各种路线,最基本的是亲属:亲子和同胞……向另一路线推是朋友"①。至于与"己"没有任何私人联系的陌生人则无从获得"己"的救助与帮扶。换言之,传统的那种助人帮扶行为是按照以下思维逻辑或习惯来进行的:任何人只能在自己的熟人圈子里寻求救助与帮扶,任何人也只有在自己的熟人圈子里才有救助与帮扶的义务。

与传统的这种助人帮扶行为不同,现代意义上的志愿服务已经超越那种"熟人社会"的局限,扬弃了那种仅限于熟人之间的助人帮扶行为,而将助人帮扶的义务扩展到"陌生人社会",其所倡导的是一种"千万人中不见有己,千万人中不忘有己"的奉献精神。所谓"不见有己",就是要忘乎自我,本着"团结的理想和共同使这个世界变得更加美好的信念"②,斡旋乾坤、利济苍生,为维护他人或社会利益而自觉地奉献自我、让渡或舍弃自身的利益。所谓"不忘有己",就是要充分认识志愿服务的伦理价值以及自己作为社会公民所应肩负的社会责任,本着无偿利他、不求回报的价值观自觉自愿地参与到志愿服务中去。由此可见,现代意义上的志愿服务,无论是在本质内核还是在精神价值上,都与传统的助人帮扶行为有着根本的区别。

第二节　志愿服务的伦理特性

志愿服务的伦理特性,即志愿服务作为一种伦理行为所具有的品性或特质。基于上述对志愿服务的伦理学界定可以看出,志愿服务至少具有以下三

---

① 费孝通:《乡土中国》,北京:北京出版社,2005年,第45页。
② 原联合国秘书长科菲·安南:《在2001年国际志愿者青年启动仪式上的讲话》。

个方面的伦理特性:一是出于自由意志;二是具有道义论色彩;三是充满人道主义情怀。

一、出于自由意志

出于自由意志,是志愿服务最为根本的伦理特性。所谓出于自由意志,即指出于志愿者内心自由选择并受志愿者道德意志支配的行为。判断一个行为是否具有伦理特性,是否属于道德行为,首要的依据在于它是否出于行为主体的自由选择,是否建立在行为主体意志自主自觉的基础上。"如果不谈所谓自由意志、人的责任能力、必然和自由的关系等问题,就不能很好地议论道德和法的问题。"[①]"志愿服务首先是志愿者自觉自愿从事的社会服务活动。自觉自愿是志愿服务的首要前提,是志愿服务实质的基本体现。志愿服务受志愿者的社会理想和道德驱动,是志愿者基于自己的信念、良知和责任而自愿地为他人和社会提供服务和帮助的活动,不存在任何的行政命令或义务性约束,没有任何强制性。"[②]从一定意义上可以说,自觉自愿是志愿服务的首要特性和最高理念,换言之,个人是否愿意参与志愿服务完全取决于志愿者的自我判断。所谓"完全取决于志愿者的自我判断",即是指志愿者参与志愿服务是基于内心自由选择而作出的,是建立在志愿者的意志自主自觉基础上的。尽管在现实生活中,为了调动人们参与志愿服务的热情和积极性,一些政府部门或组织也会出台各种各样的激励政策、采取各种各样的支持措施、通过各种各样的途径来推动志愿服务活动的开展,但对于志愿服务本身来说,这些激励政策和支持措施不过是一种外在的社会机制作用而已,虽然对志愿服务活动的开展有一定的促进作用,却不能成为强制人们参与志愿服务的约束性力量和负担。如果一个人的内心没有参与志愿服务的意愿和动机,无论怎么宣传、引

[①] 《马克思恩格斯文集》第9卷,北京:人民出版社,2009年,第119页。
[②] 迟云:《社会的良心与善行——聚焦社会志愿服务》,济南:山东教育出版社,2014年,第36页。

导、激励和支持,也是难以激发其参与志愿服务的兴趣和热情的。究极地看,一个人之所以会自觉自愿地参与志愿服务活动,既不完全是因为外在社会机制的作用,也不是像功利主义者所说的那样纯粹出于功利或利益的驱动,而主要是基于其自身对志愿服务伦理价值和意义的深刻认识,基于其兴趣和志向,基于其内在良心的呼唤、内在道德信念的驱动以及对作为一个公民所应承担的道德责任和义务的高度自觉,是出于其自由意志的驱动。尽管人们参与志愿服务的动机有所不同,有的可能出于道德义务的驱使,有的可能出于仁爱他人的道德心理,有的可能出于实现自我价值的考量,有的可能出于自己的兴趣和爱好,有的可能出于社会的认同和赞许,有的可能为了丰富自己的生活体验,等等;尽管人们参与志愿服务会受到各种各样的因素的制约;但本质地看,人们参与志愿服务都应是非强制性的,建立在其内心自由选择和意志自主自觉的基础上的。事实上,志愿服务也只有建立在行为主体内心自由选择和意志自主自觉的基础上,由行为主体自觉自愿地做出,才能获得其道德意义。从这个意义上可以说,志愿者所内在具有的道德意志是其自觉自愿参与志愿服务最为根本的决定因素。一方面,志愿服务活动是志愿者自己的活动,是志愿者以服务社会公益、关爱和帮助他人为特定目的的活动。这种目的是志愿者通过理智活动而赋予意志的,是志愿者的道德意志作为实践精神所具有的根本特征。"意者,心之所发也,有思量运用之义"①;"志者,心之所之。之犹向也,谓心之正面全向那里去。……一直去求讨要,必得这个事,便是志。"②志愿服务作为志愿者自觉自愿做出的行为,体现了志愿者理智和意志的高度统一,出自利他动机、基于道义责任、自觉自愿地奉献于社会公益和他人的需求是志愿服务活动的灵魂。另一方面,志愿服务活动具有自决性。换言之,是否参与志愿服务活动,参与何种志愿服务活动,都由志愿者自己作出决定。"决定既是道德意志的一种主要活动,又是它的基本规定性。自决是一项十分艰

---

① 陈淳:《北溪字义》,北京:中华书局,1983年,第17页。
② 陈淳:《北溪字义》,北京:中华书局,1983年,第15页。

苦的任务、使命,是意志的道德属性。只有道德意志才是坚定的、自信的意志,它可以使人面对冷峻的现实而无所畏惧,投身于生活的长河而不随波逐流,因为道德意志使主体深知:人唯通过决断,才能投入现实,不论作出决定对他说来是怎样的艰苦。"①是否具有服务社会公益、关爱和帮助他人的道德意志,对人们能否自觉自愿参与志愿服务活动有着决定性作用;一个深刻认识了志愿服务的价值和意义,具有服务社会公益、关爱和帮助他人的道德意志的人,就会把参与志愿服务看作不可推卸的道义责任,积极投身到志愿服务中去,不管遇到什么困难和打击,都会乐此不疲。

二、具有道义论色彩

志愿服务是典型的、具有浓厚道义论色彩的伦理行为。道义论,亦称义务论,是相对于功利论而言的。道义论与功利论是西方伦理思想史上的两个重要流派,在如何判断人们行为的道德属性或道德价值上存在着根本分歧。功利论往往从人的本性在于趋乐避苦这一逻辑前提出发,认为判断一个人的行为道德与否以及是否具有道德价值应当依据其所最终产生的"功利"效用如何。换言之,行为所最终产生的"功利"效用是判断行为道德与否以及是否具有道德价值的唯一依据。在西方伦理思想发展史上,功利论者的这一观点曾遭到德性论者的批评。在德性论者看来,应该以美德作为判断行为道德与否以及是否具有道德价值的标准。针对德性论者的批评,密尔曾如此辩解道,美德与幸福本身是同一的,追求美德也就是追求幸福。在密尔看来,美德本身就属于功利的范畴,追求美德完全符合他所倡导的功利原则。他说:"人们无论欲求什么东西,如果不是把它当作达到自身之外的某个目的,从而最终达到幸福的手段,那么就是把它自身当作了幸福的一部分,而且除非它已成了幸福的一部分,否则就不会因为自身而被人欲求。那些为了美德本身而欲求美德的

---

① 唐凯麟:《伦理学》,北京:高等教育出版社,2001年,第253页。

人,或者是因为,对美德的感受便是一种快乐,或者是因为,对没有美德的感受则是一种痛苦,或者是因为两者兼而有之。……如果这种美德不能使他感到快乐,那种美德不能使他感到痛苦,那么他就不会爱好或欲求美德了,或者,他会仅仅因为美德能给他或他所关切的人带来其他的福利而欲求美德。"①与功利论所主张的观点不同,在判断行为道德与否以及是否具有道德价值方面,道义论所强调的不是行为的"功用"效果,而是因其自身而善的"道德善",强调动机是否善良和出于义务心。在道义论看来,只有符合道德原则、为道义而道义的行为才是道德的、才是有道德价值的。所以,道义论主张"我应该努力地提高他人的幸福,并不是从他人幸福的实现中得到什么好处,不论是通过直接爱好,还是间接理性得来的满足,而仅仅是因为,一个排斥他人幸福的准则,在同一意愿中,就不能作为普遍规律来对待"②。很显然,志愿服务属于道义论的范畴,具有浓厚的道义论色彩。

　　一方面,志愿者所提供的志愿服务并不是其非做不可的,而且绝大多数的志愿服务是属于法律于人的义务要求之外的事情。义务是与权力相对应的概念,是伴随着权利的确立而得以确立的,没有无权利的义务,也没有无义务的权利,而且义务的内涵也并不是一成不变的,也会随着时代的变迁以及社会的不断发展而演进性地向前拓展。这种内涵的拓展通常在先期表现为道德层面的认知与实践,也正因为如此,所以道德相对于法律而言往往具有逻辑上的居先性。从一定意义上可以说,志愿服务是普遍意义上的义务或曰法律所规定的义务之外对社会道德所作的及时的积极的修复与善意补充,所蕴含其中的"先进的责任感实际上是以社会为对象的奉献的思想"③。这种奉献在精神与价值源泉上支撑着志愿者的具体志愿服务实践。

---

① 约翰·穆勒:《功用主义》,徐大建译,北京:商务印书馆,2014年,第46—47页。
② [德]康德:《道德形而上学原理》,苗力田译,上海:上海人民出版社,1986年,第95页。
③ 北京志愿者协会:《志愿者你准备好了吗》,北京:中国国际广播出版社,2006年,第13—14页。

另一方面,人又是作为社会存在物而存在的,因而必然要以社会组织的方式来维持其生存和发展,这就决定了每个社会成员都有义务和责任去维护、关切和促进社会这个生命共同体。换言之,每一个社会成员在参与社会公共活动、分享社会成果的同时还应积极分担社会职责,努力维护和促进社会的进步与发展,这是每个人作为社会成员所应承担的最基本的社会道义。正是人的社会存在物本性,内在地规定了每一个社会成员对社会公益的责任分担和承诺。而志愿服务,就其本质而言,即是一种基于社会道义而奉献于社会公益的活动,同时也是我们作为社会成员去履行应尽的社会责任的重要方式,它内在地要求我们自觉自愿地、不计报酬地投身到社会公益事业中去,这就决定了志愿服务应当是一种纯粹出于社会道义的社会伦理行为,或者说出于义务心的纯伦理行为。

作为一种纯粹出于社会道义的社会伦理行为,志愿服务理应是非权利动机性或无偿性的。康德曾指出,一切行为只有为义务而义务才具有道德价值,否则,就无甚道德价值可言。例如,我们平常讲人要讲诚信,但这并意味着只要讲诚信就一定是道德的或具有道德价值。按照康德的观点,只有出于道德义务感讲诚信才是道德的、才具有道德价值;如果出于追求名利欲望之类的动机讲诚信,或者由于天性诚信而讲诚信,那就毫无道德价值可言。再如,同情别人也是一样的,如果仅是出于个人偏好或好心,而不是出于道德义务,那就没有道德价值。在康德看来,道德行为只能出于义务感、为义务而义务,而不能出于偏好、天性等义务感以外的任何因素。我们之所以赞扬那些为履行职责而做出牺牲的行为,就是因为这种牺牲行为是出于义务感而并非一时的心血来潮。很显然,康德在这里所揭示的正是道德义务的非权利动机性或无偿性特征。

在现实生活中,有人认为没有道德权利就无所谓道德义务,因而不能离开道德权利来谈道德义务,所以志愿服务并非是无偿性的或非权利动机性的。显然这种观点是错误的,也是不利于志愿服务健康发展的。按照这种观点来分析志愿服务,就会得出这样的结论:你不给我权利或回报,我就没有必要参加志愿服务;或者别人不为我服务,我也没有必要参加志愿服务。这种思想和言行不仅与道德是人类自我完善的特殊价值这一本性是相违背的,也是与志愿服务的本质和精神相违背的。

首先,一种行为之所以称得上是道德的,就在于其动机不是为了获得某种报偿、某种权利,并以个人利益或多或少的牺牲为前提。当然,不可否认,一个人在履行一定的道德义务之后会在一定程度上享受到相应的权利,如一个尊重他人的人通常也会得到他人的尊重,一个乐于帮助别人的人通常也会在适当的时候得到别人的帮助,一个讲诚信的人往往也会获得他人的信任,等等。反之,一个人要想获得他人的尊重就得尊重他人,要想获得他人的帮助就得帮助他人,要想获得他人的信任就得讲诚信,等等。但仔细分析则可以看出,这两种情况总体上来说都不是以获得某种报偿或权利作为履行道德义务的前提和依据的,前一种情况是有德之人在一个公正理想的社会里所得到的正当报偿,属于道德主体德行之外的东西;后一种情况则是一个人在社会中生存和发展所应遵循的最为起码的道德条件,本身就属于道德命令的范畴。如果非要把道德义务和道德权利拉扯到一起,那么就只能合理地将这种"道德权利"理解为一种履行道德义务的要求或能力。①

其次,就志愿服务的本质和精神来说,志愿服务本身就是每一个现代公民所应有的责任担当。我们之所以应该参加志愿服务,其最基本的理据就在于我们作为社会的一员都担负着促进社会这个我们赖以生存的共同体和谐、发展和进步的使命,而正是这种使命和担当决定了我们应当不计报酬、不求回报地去参加志愿服务活动。《老子》云:"圣人不积,既以为人,己愈有;既以与人,己愈多。天之道,利而不害;圣人之道,为而不争。"②我们每一个人不能老是局限在自己的小圈子来思维和行动,每时每刻都只想着自己的个人利益,千

---

① 唐凯麟:《伦理学》,北京:高等教育出版社,2001年,第170—171页。
② 《老子》,孙雍长注译,广州:花城出版社,1998年,第163页。

方百计地去为自己积累财富、去做争名逐利之事，而应当超然于个人利益之外，去做一些有益于社会之事、有益于他人之事，在社会公益有需要时积极投身于社会公益，在他人有困难时尽量去给予和帮助。事实上也唯有如此，我们才能够在"赠人玫瑰，手有余香"中感受到善的力量，把握人生的真谛，不断完善自我，提升自己的精神境界。

在现实的志愿服务活动中，我们经常看到一些因未受到受助者报答而停止服务的现象。如据《楚天都市报》2007年8月22日报道，2006年8月，襄樊市总工会联合该市女企业家协会联合开展了一次"金秋助学"的志愿服务活动，以资助贫寒学子入学。在这次活动中，先后有19位志愿者与22名贫困大学生结成了帮扶对子，承诺给予这22名大学生以四年的资助，金额从1000元到3000元不等。入学前，该市总工会还向这22名受助的大学生及其家长发了一封函，函中希望这些受助的大学生抽空给资助他们的志愿者写写信，汇报一下自己在校的学习生活情况。但一年多过去了，约有三分之二的受助大学生从未给资助其读书的自助者写过一封信，而给资助者写过一封信的男生，在其信中除了一味强调自己经济如何困难、希望资助者再次慷慨解囊资助外，通篇都未对资助者所给予的资助表示感谢。这些受助大学生的表现，令志愿资助者们内心感到很不是滋味，也极大地影响到了他们的捐助热情。因此当该市总工会在2007年夏再次开展这样的活动时，有部分志愿者表示不想再资助那些"无情的贫困生"，于是22名贫困大学生中有5位因此而没有再度获得资助。再如，据《潇湘晨报》2007年8月30日报道，长沙温州商会于2006年8月16日组织了一次资助贫困大学生的志愿服务活动。在该次志愿服务活动中，有部分志愿者在与22名贫困大学生面对面、一对一交谈后选定了自己的资助对象，并承诺资助所定资助对象四年的全部学费，有的甚至承诺负责资助对象的其他费用。然而，在一年多的时间里，有4名贫困大学生不仅没有向资助其读书的志愿者写过一封信，连电话都没有打过一个。而正当长沙温州商会打算终止对这4名大学生的资助时，有两个大学生突然给其资助者打来电话,其中一个还特地登门拜访了自己的资助者,并因此得到谅解而获得再度资助。但是,另外两个受助者依然没有任何消息,因此也被终止资助。上述所报道的对未表示感谢的贫困大学生终止资助的行为,虽然在某种意义上有其合理性,也值得理解,但是从志愿服务伦理的角度来看,则是不值得提倡的,因为这与志愿服务的非权利动机性或无偿性本质相违背。本质地看,真正的志愿服务就应当是纯道义性的,只有纯粹出于道义或义务感的志愿服务行为才是有道德价值的、值得称道的。

三、充满人道主义情怀

所谓人道主义(humanism),亦称人文主义,"来自拉丁文 humannus 的一个含义十分广泛的概念,本义即人性的、人的、与人友善的"①,后被用于泛指一切强调和肯定人的地位与价值,维护人之为人的尊严与权利,尊重人的自由发展的思潮和理论。人道主义因其蕴含着浓厚的博爱精神和人道情怀而成为志愿服务兴起和发展的重要思想基础和价值根源。从一定意义上可以说,近代西方的志愿服务就是伴随着人道主义的兴起而发展起来的。

人道主义作为一种思潮,产生于欧洲文艺复兴时期。在欧洲文艺复兴时期,一些先进的思想家,为了反对否定人性而歌颂神性的神道主义,摆脱经院哲学以及教会神学思想的束缚,举起了人道主义的旗帜。在反对宗教禁欲主义、批判主张上帝主宰一切的神道主义的过程中,人道主义者们对人性问题以及人的地位、尊严、价值、幸福、解放等问题进行了深入探讨,提出要以人为中心,关注人的生命与价值,强调尊重人、关怀人、爱护人,维护人的尊严与权利,从而形成了一股蓬勃的思想文化潮流。到 18 世纪法国大革命时期,法国的一些启蒙思想家进一步提出了"天赋人权"的口号,将人道主义具体化为"自由、平等、博爱"等原则,强调人的平等、自主,认为所有的人都有得到社会关心、

---

① 邓安庆、蒋益:《伦理学上的诸种"主义"释义》,《云梦学刊》2021 年第 1 期。

尊重的平等权利,主张充分实现和发展人的天性。19世纪德国古典哲学家费尔巴哈在反宗教的斗争中提出了他的人本主义思想,将一切超人的东西归结为人,将人看作是一切社会活动的出发点。在费尔巴哈看来,人与人,"不论聪明与愚笨,不论有罪与无罪",应当一律平等、一视同仁、彼此"同情"。他主张将人与人的关系建立在爱的基础上,尽可能地增加人类公共福利。到了19世纪中叶,马克思主义的创始人马克思、恩格斯基于辩证唯物主义和历史唯物主义世界观的立场,从人的本质以及人类社会生活发展过程是由社会生产方式决定的观点出发,全面清算了抽象人性论及其对自己的影响,对那种建立在抽象人性论基础上的资本主义人道主义思想进行了深刻的批判,并在批判地继承和改造费尔巴哈等资产阶级思想家所提出的某些合理的人道要求的基础上,从"现实的历史的人"出发,创立了社会主义人道主义。社会主义人道主义作为一种伦理原则,肯定个人对社会所作出的贡献,主张尊重人的主体地位和人格尊严,维护人作为社会成员所应享有的基本权利,并促进人的自由而全面的发展,认为人与人之间应当相互尊重、关心和同情。

人道主义,就其一般本质来说,就是"对个人的生存和幸福的关注"①,它张扬人性的高贵,重视人的价值,维护人的尊严,主张遵循人的本性而生活,提倡关心人、爱护人,为"同情及帮助周围所有生命而努力"。②在人道主义看来,"受制于盲目的利己主义的世界,就像一条漆黑的峡谷,光明仅仅停留在山峰之上。所有的生命都必然生存于黑暗之中,只有一种生命能够摆脱黑暗,看到光明。这种生命是最高的生命,人。"③17、18世纪的政治道德哲学曾以人道主义作为武器来检验统治阶级和政府的政治合法性,并以此来挑战政府

①　[法]阿尔贝特·史怀泽:《敬畏生命》,陈泽环译,上海:上海社会科学院出版社,1995年,第29页。
②　[法]阿尔贝特·史怀泽:《敬畏生命》,陈泽环译,上海:上海社会科学院出版社,1995年,第36页。
③　[法]阿尔贝特·史怀泽:《敬畏生命》,陈泽环译,上海:上海社会科学院出版社,1995年,第20页。

的社会福利制度与国家的福利政策。当时的统治者也从调和阶级矛盾、维护自己的统治秩序出发,将对穷人实施有限救助和改善劳动者阶级的生活状况作为自己社会政策的重要内容和主要目标来推行。在这种历史背景下,立足于人道主义的道德理念,将人的平等与尊严视为不可剥夺的自然权利的人权理论,便成为19世纪以前社会福利制度与政策的主要依据。在这种自然权利观念的支配下,通过举办各种形式的公益慈善活动,对那些遭遇不幸或陷入贫困境地的穷人进行人道主义救济和帮助,便成为西方各国制定社会福利制度与政策的主要选择和关注点。到了19世纪初,随着人道主义的不断发展及其影响的不断扩大,随着人们对人道主义伦理价值认识的不断深化,现代志愿服务作为西方各国推行福利制度和实行公益救助的重要渠道和平台,也逐渐从西方国家的宗教性慈善服务中独立出来,并不断得到发展。到了19世纪末20世纪初,欧美等国在人道主义的影响下,不仅制定了一系列社会福利方面的政策以及法律法规,而且还根据社会福利事业发展的需要招募了大批志愿者投身于与之相关的各项服务工作之中,志愿服务也由此而逐渐受到政府层面的关注、重视、鼓励和支持。第二次世界大战以后,西方国家的志愿服务不仅其重要性和合法性地位被抬到前所未有的高度,而且逐渐走上组织化、规范化、专业化发展的轨道,并发展成为一种由政府或私人社团举办的广泛性的社会服务工作。当前,在一些西方国家,基于人道主义精神的志愿服务已经融入人们的生活之中,成为人们生活的一部分。例如,在美国,参与志愿服务被看作是公民应尽的义务,回报社会成为人们的重要信念之一,志愿服务精神的养成和传承也受到高度重视和关注,积极参与志愿服务且表现优秀者在升学、就业等方面会被优先考虑,等等。

志愿服务作为一种伴随着人道主义的兴起而发展起来的社会公益服务活动,充满着人道主义情怀。这种人道主义情怀集中体现在其所关注的焦点主要是人口问题、医疗卫生问题、残疾人士问题以及人道主义救援和人权问题等,而这些问题一般来说是主流社会所难以顾及甚至置之不顾的社会问题;其所指向的对象主要是陷于生存与发展困境且常常被主流社会所忽视或排斥的社会弱者。对社会弱者进行人道救援,既是志愿服务的重要宗旨,也是志愿服务之所以产生、存在并不断得到发展的重要社会条件。从一定意义上可以说,志愿服务产生的必然性存在于社会弱者的产生之中,没有社会弱者的产生,也就不可能有志愿服务的产生;离开了社会弱者的存在,志愿服务也会在很大程度上失去其存在的意义和必要性。而在为社会弱者提供志愿服务的活动中,始终贯穿人道主义的道德情怀,并在这种道德情怀中凝聚着如下两条具有普遍适用性且不被任何个人身份与角色所遮蔽的"绝对命令":

其一,你得这样行为,尊重社会弱者作为社会成员所应享有的自然权利,并尽可能地去帮助他们。所谓自然权利,即人之为人所应享有的基本权利,它是每个人作为人类的一分子获得人格定在的最为基本的条件。每个人都应该受到合乎人权的对待,弱势群体自然也不内外,这是人道的基本诉求。人的自然权利具有历史性,随着时代的不断发展和社会的不断进步,人的自然权利的具体范围和内容也会不断丰富和发展。从现代人权的角度来看,一个人所应享有的自然权利是甚为广泛的,按照《经济、社会及文化权利国际公约》,应包括以下几个方面:一是有机会凭其自由选择和接受的工作来谋生的权利;二是享受公正和良好的工作条件的权利;三是享受社会保障包括社会保险的权利;四是为家庭获得相当生活水准的权利;五是免于饥饿的权利;六是能够达到最高的体质和心理健康标准的权利;七是教育的权利;八是参加文化生活的权利;等等。《经济、社会及文化权利国际公约》所规定的这些权利源于人自身固有的尊严,是实现自由、正义与和平的前提和基础。与此同时,《公民权利和政治权利国际公约》也规定:人人有固有的生命权;人人有权享有人身自由和安全;人人有权享受思想、良心和宗教自由;儿童享有必要的保护权;每个公民享有参与公共事务的权利;等等。尽管在不同的国家,由各国国情所决定,人的自然权利的实现情况或程度会有所差别,甚至差别很大,特别是对发展中国家来说,上述人权在全社会范围内的全面确立尚需一个长期的过程,因而不宜笼统地完全以现代社会的人权标准来衡量所有国家的人权状况,但无论如何,生存权、就业权、受教育权、社会保障权等应是所有国家的每个社会成员都应拥有的,因为只有这些最基本的权利得到应有的保障,人的最基本的尊严方能得到应有的维护。就社会弱者来说,其之所以是社会弱者,从根本上说,就在于他们的上述自然权利没有得到应有的保证,其作为人应该具有的最基本的尊严没有得到应有的维护和尊重,不能过上合乎人类尊严的生活,这构成我们应对社会弱者进行人道主义关怀和救助的基本理据。社会弱者的自然权利要得到真正的保障、维护和实现,尽管主要取决于社会的发展,取决于国家层面的政策支持和采取强有力措施,但也离不开社会力量的支持,而志愿服务以其独有的优势在保护和实现社会弱者的自然权利方面起着独特的不可替代的作用。换言之,在保护和实现社会弱者的自然权利方面,志愿服务是不可或缺的重要力量,有着独特的优势。因此,我们每一个人都应本着志愿精神和人道主义情怀自觉自愿地去关注弱势群体的生存状况,及时地对其伸出援手、进行志愿救助,帮助其走出困境,过上合乎人类尊严的生活。一般来说,社会弱者的生活境遇是极为艰难的,生存处境也是甚为脆弱的,并且难以通过自己的努力走出其所处的弱势困境。换言之,社会弱者要摆脱弱势的困境与命运,过上与其他人一样体面的、合乎人类尊严的生活,没有外来的帮助与救援几乎是不可能的。没有外来的帮助和救援,社会弱者就可能永远是社会弱者,永远处于弱势境地,不仅其和其家庭成员的生活可能难以为继,甚至还可能失去继续生存下去的机会。正是在这个意义上,1993年维也纳国际人权会议认为:"贫困与违背人权之间存在必然联系。"针对社会弱者开展志愿救助活动,正是出于对社会弱者所受苦难的同情与感同身受,是对弱势群体痛楚与呻吟的积极回应,是对弱势群体生存境遇的人道关切与伦理眷顾。在这里,没有人性的冷漠和旁观,更没有道义责任的逃避与推脱,所充满的是"仁者爱人"的道德情感、"视人若己、爱人如己"的兼爱情怀以及见义勇为的道义担当。对社会弱者的志愿救助,就像一缕和煦的阳光,不仅可以驱散笼罩在社会弱者头上的沉重的生活愁云,还可以透射出赞美人性、温暖人生的绚丽色彩。在现实之功能上,出于人道情怀所做出的志愿救助行动,有助于阻止身处困境的社会弱者生存状态的继续恶化,帮助他们摆脱生存困境,过上作为人而应有的合乎人类尊严的生活,进而分享人的体面与光荣。如果说贫困即是对人权的损害,那么对社会弱者的志愿救助,就是在维护社会弱者的人权。

其二,你得这样行为,将社会弱者当作目的而不是当作工具或手段。康德曾将人看作是一种目的性存在,认为人都是"自在地作为目的而存在着"的,每个人在任何时候以及在自己的一切行为中都不能将"自己人身中的人性"以及"其他人身中的人性"只看作是手段,而应看作是目的。① 这就是说,"任何人都不应被视为或用为达到别人目的的手段,每个人本身就是独特的目的,——至少在道德上说来是如此"②。将尺当作目的而不是当作手段,是志愿服务的内在价值规定;志愿服务本身就是一种以人为中心开展的活动,人既是志愿服务的出发点,也是志愿服务的落脚点;离开了人,离开了对人的主体性的尊重,离开了对人的价值和命运的关注,离开了促进人的发展这一目标,志愿服务就失去了其存在的价值和依据。将人当作目的而不是当作手段,内在地要求我们将对社会弱者进行人道救助视作应尽的义务和责任,自觉自愿地参与到救助社会弱者的志愿服务活动中去;并且这种救助活动应当是单向度的、超功利性的,也就是说,在这种救助活动中,我们只能讲奉献而不能有任何"付出—得到"的功利性计较。我们之所以有义务对社会弱者伸出援手,就在于他们和我们同属于一个类,就在于他们和我们一样都是人,就在于他们基于人而应该享有的基本权利没有得到应有的保障,就在于他们尚未过上合乎人类尊严的生活,所以我们应当救助他们,此外别无他求。在志愿服务活动

① [德]康德:《道德形而上学原理》,苗力田译,上海:上海人民出版社,2005 年,第47—48 页。

② [美]J.P.蒂洛:《伦理学:理论与实践》,孟庆时等译,北京:北京大学出版社,1985 年,第72 页。

中,人就是目的,而且是唯一目的,这极大地彰显了志愿服务活动的人道意义和价值。

第三节　志愿服务的伦理结构

志愿服务,作为一种社会伦理行为,是一个由多种伦理要素构成的有机系统,是以系统结构的形式存在的。志愿服务的伦理结构,即指构成志愿服务的各伦理要素遵循某种关系结构有机组合而形成的相对稳定的形式。对于志愿服务的伦理结构,我们可以从要素结构和关系结构两个层面去分析和思考。

一、志愿服务的伦理要素结构

志愿服务的伦理要素结构,简而言之,指志愿服务是由哪些要素构成的。一般来说,志愿服务是一个由志愿服务伦理主体、志愿服务伦理客体、志愿服务伦理精神和志愿服务伦理行为等构成的有机整体或结构性组合体。

1.志愿服务伦理主体

志愿服务伦理主体,即指秉持志愿服务伦理精神开展志愿服务活动的所有组织和个人。志愿服务伦理主体,既包括志愿者组织主体,也包括志愿者个体主体。

志愿者组织主体,亦称志愿者组织或志愿服务组织,是指以组织形式开展志愿服务活动的非营利性公益组织。志愿者组织是伴随着志愿服务的兴起而产生的概念。最初,志愿者组织概念是混杂于"第三部门"(The third Sector)这个概念之中的。"第三部门"这个概念最早于1973年由美国学者Levitt在"The third Sector:New Tactics For A Responsive Society"一文中所提出和使用。继Levitt之后,许多类似于"第三部门"的概念在西方各国相继出现,而志愿者组织就是混杂于其中的概念之一。后来,随着志愿者组织概念的接受度不断提高以及使用越来越广泛,它逐渐从混杂的第三部门概念群中独立出来。第一个正式使用志愿者组织这个概念的国家是英国。自英国正式使用志愿者组织这个概念以后,志愿者组织就成为一个独立而明晰的概念而受到专门研究。自20世纪70年代以来,随着志愿者组织的发展以及人们对志愿者组织认识的不断深化,志愿者组织的概念与内涵也越来越清晰起来。按照Ziemek S.M的观点,志愿者组织须具备以下基本要件:一是正式性,也就是说,志愿者组织要拥有一定的"制度实存";二是独立性,也就是说,志愿者组织应与政府在制度上相分离;三是非利润分配性,也就是说,志愿者组织所获的利润不返还其拥有者;四是自我性,也就是说,志愿者组织能自我掌控自身的活动;五是志愿性,也就是说,志愿者组织应由志愿者自愿组建并自愿参与。[1]

一般来说,志愿者组织具有以下四个方面的特点:一是志愿性。"这是所有志愿者组织的首要特征。志愿者组织的主要成员均有清晰的、自我意识的对组织的承诺,他们完全是志愿参加这类组织,并要在志愿服务工作中坚持组织自身的价值观,形成和强化自主、志愿理念,将志愿这一理念贯彻在具体志愿行为之中,并被组织内外的公民所认同。"[2]二是组织性。志愿者组织是以组织形式存在的,并秉持志愿服务伦理精神,按照一定的规则,通过一定的机制有组织、有计划、有目的地开展志愿服务活动。"志愿者组织化的优势在于可以合理规划,志愿者可以有选择地、主动地参与志愿服务。有些志愿者尽管有意在某个时间段从事某项服务,但是由于缺乏组织和协调,往往不知道通过什么渠道来从事服务,而一旦有了志愿组织的协调,就可以根据其时间和专长进行安排。此外,有组织的另外一个好处就是可以进行长期性服务。"[3]三是非政府性或者说民间性。这不仅表现在志愿者组织的成员主要是从民间招募

① Ziemek S.M(2003).*The economics of volunteer labor supply:an application to countries of a different development level*.Frankfurt am Main:Peter LANG.
② 王忠平:《志愿服务管理理论与实务》,北京:北京交通大学出版社,2015年,第135页。
③ 叶边、罗洁、丁元竹等:《中国志愿者:进步与差距》,《世界知识》2008年第14期。

的,而且还表现在志愿服务的组织方式也具有民间性。当然,这并不是说志愿者组织完全独立于政府之外,事实上,在很多国家,如我国,不仅志愿者组织要依法登记,并在法律所许可的范围内开展活动,而且在实际的运营过程中或多或少也会得到政府的支持或赞助。所谓志愿者组织的非政府性,主要是指志愿者组织不直接隶属于任何政府部门,是一个具有相对独立性的组织。可以说,当代世界大多数志愿者组织都是非政府性的。志愿者组织的这种非政府性特点,对志愿者组织的发展及其功能的发挥有着非常重要的意义,有助于志愿者组织更好地开展志愿服务活动。四是非营利性。这是志愿者组织最本质的特征。志愿者组织的非营利性,即指其所从事的活动是纯公益性的,不以营利为目的,并且其获得的所有利润都不能向组织成员返还。例如,《北京志愿者协会章程》规定,"本协会经费必须用于本章程规定的业务范围和事业的发展,不得在会员中分配";"协会如果解散,经费必须用于与其宗旨相关事业的发展"。这些规定很好地体现了志愿者组织的非营利性特征,把志愿者组织与那些营利性组织从根本上区分开来了。近年来,我国志愿者组织发展很快,据民政部有关报告,截至 2019 年 11 月底,我国注册登记的志愿者组织有13157 万家,占到社会组织总数的 1.54%。①

志愿者个体主体,是指以自己的时间、知识、技能及体力等自觉自愿参与志愿服务的自然人。当然,并非所有自然人都可以获得志愿服务伦理主体资格,一般来说,只有具有完全民事行为能力的自然人才有可能获得志愿服务伦理主体资格。如在年龄方面,国外一般要求志愿者的年龄不低于 18 岁,我国的许多青年志愿服务条例大都要求志愿者的年龄应在 18 岁以上。另外,由于各种因素的影响,志愿者个体主体也会呈现出不同的状况。根据 SRI 国际组织(SRU international)的一项研究,志愿者个体主体可能呈现的状况主要有以

---

① 杨团、朱建刚:《中国慈善发展报告(2020)》,北京:社会科学文献出版社,2020 年,第51 页。

下三种①:一是需求驱使状况。这就是说,有些人之所以参加志愿服务,主要源于其本身生活状况不是很理想,基本生活需要不能得到很好地满足,只能勉强维持生计。处于这种状况的志愿者个体不可能成为很好的志愿者。二是追求外在认同状况。也就是说,处于这种状况的人虽然生活上已经达到丰衣足食的状态,但其生活目标甚为迷茫、不明确,缺乏坚定的信念,从众心理甚强。处于这种生活境况的人属于可以引导的志愿者。三是内在需求状况。也就是说,处于有内在需求状况的人,其之所以从事志愿服务工作,主要是为了追求人生价值与目标的实现。这类志愿者个体属于志愿队伍中认同感最高的一类,他们会孜孜不倦、忠贞不渝地去从事志愿事业,是最优秀、最可靠的志愿者资源。近年来,伴随着我国志愿服务的不断发展以及我们党和政府对志愿服务工作越来越重视,特别是随着志愿服务在化解社会矛盾与冲突以及提升人的综合素质、促进人的自由全面发展等方面所发挥的作用越来越大,人们参与志愿服务的积极性和热情越来越高,志愿者资源越来越丰富,志愿者队伍的规模也越来越大。据有关资料统计,截至 2020 年 3 月 16 日,全国注册类志愿者数量已达到 16944.17 万人,非注册类志愿者数量达到 4015.77 万人,活跃志愿者数量达到 7181.96 万人。在注册类志愿者中,中国志愿服务网和志愿汇有活动记录的志愿者数量达到 3166.19 万人,相较于 2018 年,增加 861万人。②

2. 志愿服务伦理客体

志愿服务伦理客体,是相对于志愿服务伦理主体而言的,即志愿服务所直接指向的对象,既可以是个人,也可以是集体或社会公共利益。就个人的角度

---

① [美]盖拉特:《21 世纪非营利组织管理》,邓国胜等译,北京:中国人民大学出版社,2003年,第 207 页;佘双好:《志愿服务概论》,武汉:武汉大学出版社,2013 年,第 59 页。

② 杨团、朱建刚:《中国慈善发展报告(2020)》,北京:社会科学文献出版社,2020 年,第57—58 页。

来看,并不是任何人都可以成为志愿服务伦理客体,只有那些凭自身能力不能走出生存与发展困境、确实需要帮助的对象才能成为志愿服务伦理客体。在志愿服务的诸多伦理客体中,弱势群体是最为主要的客体。弱势群体依其形成的原因不同可以大致分为以下三类:一是生理性弱势群体,即由生理原因所造成的弱势群体,如残疾人、老年人等;二是自然性弱势群体,即由自然因素所造成的弱势群体,如灾民及生态脆弱地区人口等;三是由社会条件所造成的弱势群体,如下岗或失业人员、问题青少年以及由于社会发展不平衡不充分所导致的贫困人口等。

从我国目前的弱势群体现状来看,尽管改革开放40多年来,伴随着我国经济社会的快速发展,人民生活水平在整体上有了较大提高,已有相当规模的人群在很大程度上摆脱了贫弱,但是弱势群体现象不仅没有消减,甚至还呈现出不断增长的趋势,其中以贫困人口最为突出。据统计,2017年我国的绝对贫困人口尚有900多万,相对贫困人口尚有6900多万。正因为如此,所以党的十九大报告强调,"必须多谋民生之利、多解民生之忧,在发展中补齐民生短板,促进社会公平正义,在幼有所育、学有所教、劳有所得、病有所医、老有所养、住有所居、弱有所扶上取得进展,深入开展脱贫攻坚,保证全体人民在共建共享发展中有更多获得感,不断促进人的全面发展、全体人民共同富裕"①。党的十九大报告为我们如何进一步解决弱势群体问题指明了方向。2020年,我国脱贫攻坚战取得全面胜利。党的二十大报告指出,着力解决好人民群众急难愁盼问题,健全基本公共服务体系,提高公共服务水平,增强均衡性和可及性,扎实推进共同富裕。

要从根本上解决我国的弱势群体问题,无疑离不开政府的努力和各方面社会力量的支持,广大志愿者则是解决我国弱势群体问题的重要力量。在解决弱势群体问题方面,志愿服务有着独特的优势,可以发挥独特的作用。目前

---

① 《党的十九大报告辅导读本》,北京:人民出版社,2017年,第23页。

我国所开展的以送温暖、献爱心为主题的援助性志愿服务活动,实际上就是围绕弱势群体问题展开的,其根本宗旨就是为弱势群体服务。其活动内容主要有以下两个方面:一是秉持人道主义精神和"行善立德"的伦理理念,为鳏寡孤独老人尤其是残疾人送去温暖和爱心,切实解决他们在生活中所遇到的实际困难,改善他们的生存境遇。据调查,我国的残疾人接近1亿,占我国总人口7%左右。残疾人属于特殊困难群体,且自身维权能力甚为脆弱,关爱和帮助残疾人,切实解决他们的生存之忧、生活之困,帮助他们平等参与社会生活,不仅是政府义不容辞的责任,也是全社会的共同义务。正因为如此,《中华人民共和国残疾人保障法》将每年5月第三个星期日定位"全国助残日"。所以,我们每一个人都应本着人道精神积极参与助残志愿服务活动。二是秉持无私奉献的精神,积极投身于扶贫攻坚之中,深入老、少、边、穷地区开展志愿服务活动。事实上,在我国近些年所开展的脱贫攻坚活动中,志愿者已经成为一支不可忽视的重要力量,在教育、科技、文化、健康、生态、产业等扶贫战线上发挥着极为重要的作用。如重庆市2016年开展的"我们一起奔小康"扶贫活动,组织了1.3万余个志愿者组织和爱心企业、69万余名志愿者集中开展各种形式的扶贫志愿服务活动5.3万余场次,结对帮扶贫困对象36万余户,取得了较为明显的扶贫成效。还如,据不完全统计,上海青年志愿者协会于2018年开展的"携程·梦想教室"活动,通过援建电脑教室和提供远程技术支持,帮助云南文山、禄劝和临沧以及西藏日喀则、新疆喀什、青海果洛、贵州遵义等地近5000名乡村小学孩子和数百名乡村教师掌握了互联网技术,为他们及时了解外面的信息提供了较好的互联网基础和技术保障。等等。

志愿服务伦理客体,一般来说,至少享有以下两个方面的道德权利:其一,接受志愿服务的权利。志愿服务伦理客体之所以具有这项权利,其理据主要有两个方面:一是一个人之所以能成为志愿服务伦理客体,就是因为其基于人而应享有的基本道德权利,如生存权、发展权以及自由权等,凭自身的条件和能力而难以得到应有的维护和保障;二是志愿服务在一定意义上就是基于维

护和保障志愿服务对象基于人而应该享有的基本道德权利而产生的,离开了
对志愿服务对象基本道德权利的维护和保障,志愿服务就失去了其存在的意
义和价值。其二,权益与尊严不受侵害或侵犯的权利。一方面,志愿服务伦理
主体在志愿服务的过程中既必须遵守相关法律法规和伦理规范,不得侵害志
愿服务对象的正当权益,同时又必须与侵害志愿服务对象正当权益的行为作
斗争;另一方面,志愿服务伦理主体在志愿服务过程中应当维护和尊重志愿服
务伦理客体的尊严,确保志愿服务伦理客体的尊严不受侵犯。

3. 志愿服务伦理精神

志愿服务伦理精神,是指贯穿于整个志愿服务过程、支配志愿服务价值取
向的伦理意识或理念。志愿服务伦理精神究竟是什么呢？关于这一点,不同
的学者有着不同的理解,有的理解为利他主义,有的理解为无私奉献,有的理
解为仁爱慈善,有的理解为服务大众,不一而足。按照联合国志愿者服务组织
的理解,志愿服务伦理精神即是"一种在自愿的、不计报酬或收入条件下参与
推动人类发展、促进社会进步和完善社区工作的精神"。依据前联合国秘书
长科菲·安南在 2001 年国际志愿者年启动仪式上的讲话中所说的,可将志愿
服务伦理精神理解为"服务、团结的理想和共同使这个世界变得更加美好的
信念"[1]。国内许多学者认为,志愿服务伦理精神是指自觉自愿为促进社会进
步与完善而努力工作的精神,其所体现的是"一种有利于社会发展的积极的
价值取向"及"个人对生命价值、社会、人类和人生观"的积极态度。[2] 中国青
年志愿者协会将志愿服务伦理精神概括为"奉献、友爱、互助、进步",等等。
由此可见,尽管人们对志愿服务伦理精神的理解各有不同,但基本上是从利他
的维度来理解的。尽管从利他的维度来理解志愿服务伦理精神抓住了其本质
和基本内核,但也存在着一定程度的片面性,忽视了志愿服务还有为己的一

---

[1] 《社区志愿者手册》,北京:中国社会出版社,2010 年,第 132 页。
[2] 《社区志愿者手册》,北京:中国社会出版社,2010 年,第 132 页。

面。换言之,对于志愿服务伦理精神,我们应当从利他和为己两个维度去理解,将其视之为利他与为己的有机统一体。

志愿服务伦理精神首先是一种利他精神,这是志愿服务伦理精神最核心的内容和最本质的规定。作为一种利他精神,志愿服务伦理精神所体现的是一种服务于社会公益的无私奉献精神,体现的是个体基于社会责任感而服务他人、奉献社会的伦理理念。志愿者,就其社会本质而言,是作为社会存在物而存在的,而作为社会存在物,任何人必然要为维护社会成员的公共利益、促进社会共同体的发展而承担一定的社会责任,这是不以任何人的意志为转移的,是任何人在社会中生存和发展所无可逃之必然。"作为确定的人,现实的人,你就有规定,就有使命,就有义务,至于你是否意识到这一点,那都是无所谓的。"①伴随着人们对自己所应承担的社会责任的深刻体认,就会逐渐在其内心形成一种强烈的社会责任感和使命感,而志愿服务伦理精神正是这种社会责任感和使命感的升华和体现。从这个意义上说,志愿服务伦理精神,就是志愿者作为理性的社会存在物的精神规定。其次,志愿者不仅是作为社会存在物而存在的,而且也是作为个体存在物而存在的,这就要求我们不仅要从社会共同体的视角去理解志愿服务伦理精神,强调志愿服务伦理精神利他的一面,还应站在个体的视角来思考志愿服务伦理精神,强调志愿服务伦理精神为己的一面。事实上,志愿服务作为一种道德行为只可能建立在互利的基础之上,因为"寻求互利是人类道德行为最经常、基本的动机","只有在相互有利的情况下,相关行为主体的道德行为才会付诸实践"。② 当然,我们强调志愿服务是建立在互利的基础之上的,并不是说志愿服务是以自利为基本价值取向的,而是强调志愿者通过服务他人、奉献社会来追求自我价值的实现。对于志愿者个体而言,志愿服务伦理精神"所体现的是一种人文关怀,即表现为对个体独立人格的尊重和追求自我实现的肯定";在这里,志愿服务伦理精神

① 《马克思恩格斯全集》第3卷,北京:人民出版社,1960年,第329页。
② 彭柏林:《道德需要论》,上海:上海三联书店,2006年,第77页。

"不是某种抽象精神,而是志愿者在其志愿服务中的一种人性的超越诉求,即追求自我的精神成就和境界提升"①。更进一步,我们强调志愿服务建立在互利的基础之上,并不意味着任何人都是基于互利而参与志愿服务的。事实上,人们既有可能是基于互利而参与志愿服务的,也有可能是出于崇高的价值追求和人生理想,在无私无畏的纯粹道义责任驱使下参与志愿服务的,相比较而言,后者比前者更能体现志愿服务伦理精神的真谛和本质,凸显志愿服务行为的圣洁与崇高。

4. 志愿服务伦理行为

志愿服务伦理行为,是指作为志愿服务伦理主体的志愿者基于自觉意识而自愿做出的服务于志愿服务伦理客体的行为。黑格尔曾在《法哲学原理》中指出:"意志作为主观的或道德的意志表现于外时,就是行为。行为包含着下述各种规定,即(甲)当其表现于外时我意识到这是我的行为;(乙)它与作为应然的概念有着本质的联系;(丙)又与他人的意志有着本质的联系。"②在这里,黑格尔深刻地揭示了道德行为的本质特征。一般来说,道德行为具有三个基本特征:一是基于自觉意识;二是出于意志自决;三是与他人的意志有着本质的联系。志愿服务伦理行为,作为一种道德行为,同样具有这三个基本特征。

首先,志愿服务伦理行为是志愿者基于自觉意识而作出的,这既是志愿服务伦理行为的一个重要特征,也是志愿服务伦理行为之所以为道德行为的一个最基本的规定。换言之,没有自觉意识的志愿服务行为,不能构成志愿服务伦理行为。这里的自觉意识包含着两层含义:一是志愿者对自己所从事的志愿服务活动本身有着自觉意识;二是志愿者对自己所从事的志愿服务活动的

---

① 曹刚、任重远:《为己与利他的中道——志愿精神的伦理解读》,《广西民族大学学报(哲学社会科学版)》2009 年第 3 期。

② [德]黑格尔:《法哲学原理》,范扬、张企泰译,北京:商务印书馆,1961 年,第 116 页。

意义、价值有所意识。这就是说,志愿服务伦理行为是志愿者基于一定的动机、目的并发自内心的行为,是志愿者自知的行为。

其次,志愿服务伦理行为是意志自决的行为。所谓意志自决,即出于自愿和自择。这里也包含着两个层面的含义:一方面,志愿服务伦理行为要出于志愿者的意志自主、自愿;另一方面,志愿服务伦理行为是依据志愿服务伦理精神和志愿服务伦理要求作出的,是建立在对志愿服务伦理精神和志愿服务伦理要求的"应当"的理解基础之上的。概言之,志愿服务伦理行为是依据志愿服务伦理精神或志愿服务伦理要求自主选择并体现着志愿服务伦理精神和志愿服务伦理要求的应有价值的行为。

最后,志愿服务伦理行为并不是志愿者孤立的个人意志的表现,而是与志愿服务伦理客体有着本质联系的行为。这就是说,志愿服务伦理行为作为一种社会伦理行为,是在为志愿服务伦理客体服务的过程中发生的,是与志愿服务伦理客体的利益紧密联系在一起的。换言之,志愿服务伦理行为是一种基于利他动机而以自己的财物、知识、技能、时间、体能等无偿为志愿服务伦理客体提供服务的行为,无偿利他是志愿服务伦理行为最为本质的特征。

二、志愿服务的伦理关系结构

志愿服务的伦理结构本质上是一种关系结构,也就是说,它是依据一定的伦理关系而形成的,也须通过一定的伦理关系运转起来。志愿服务的伦理关系,即在长期的志愿服务活动中形成的人际"应然"关系。由于志愿服务本身具有复杂性的特点,从而决定了志愿服务的伦理关系具有多元性。在多元的志愿服务伦理关系中,最基本的是志愿服务伦理主体与志愿服务伦理客体之间的关系。但由于志愿服务伦理主体既包括志愿者个体主体,也包括志愿者组织主体,因此又可将志愿服务伦理关系细分为如下三个方面的关系:志愿者个体主体与志愿者组织主体的伦理关系,志愿服务客体与志愿者组织主体的伦理关系,志愿者个体主体与志愿服务客体的伦理关系。

1. 志愿者个体主体与志愿者组织主体的伦理关系

志愿者个体主体与志愿者组织主体的伦理关系的确立,首先在于志愿者个体主体对志愿服务基本伦理价值的接受与认同,在于志愿者个人有着奉献志愿服务事业的愿望和扶危济困的良善动机。在这种伦理关系中,志愿者个体主体希望能够通过志愿者组织主体的协助实现自己的慈善动机和服务社会公益的愿望,并因此而使他们的人生价值与社会理想追求得到满足。同时,志愿者组织主体的建立和工作原则是基于某种平等、公平、人道和正义价值的考虑,通过自己的努力工作来实现志愿者个体主体的公益伦理追求和奉献社会公益的道德理念。所以,在这种伦理关系中,必须建立志愿者个体主体和志愿者组织主体的相互信任机制,要求双方本着坦诚、认真的态度来实施某一具体的志愿服务行为。就二者的实际关系看,志愿者组织主体,作为志愿者个体主体参与志愿服务的重要平台和阵地,担负着培训、组织、引导、管理、协调等任务,不仅应该健全和完善内部管理机制或制度,树立良好的社会公益形象,吸引更多的人参与到志愿服务中来,并根据志愿服务的现实需要,依托行业协会、专门学会等机构,借助各方面的力量,通过各种各样的宣传教育阵地和渠道,有针对性地对志愿者个体主体进行培训,帮助志愿者个体主体了解和掌握志愿服务的相关知识、政策、法律法规和道德要求,提高志愿者的志愿服务意识、服务技能和服务水平,而且还应加大管理与监督力度,并根据志愿服务所要达成的目的或目标为志愿者个体主体合理地安排服务的时间与任务,实现志愿者个体主体与志愿服务客体的有效对接,为有仁爱情怀和公益精神的志愿者个体主体完成心愿提供有效和畅通的渠道,同时又要避免那些借志愿服务名义牟取私利的行为出现。志愿者个体主体则应该积极主动地接受志愿者组织主体的志愿服务技能培训,并在志愿者组织主体的组织和引导下,有目的、有计划、有步骤地开展志愿服务活动。

2. 志愿服务客体与志愿者组织主体的伦理关系

志愿服务客体与志愿者组织主体良好关系的建立,对于实现参与志愿服务的志愿者个体主体的善良愿望有着直接的影响。在这种伦理关系中,应当根据二者的不同身份与地位明确其责任,并有针对性地提出用以范导两者行为的伦理规范与道德要求。对于志愿服务客体来说①,其所提供的关于自己所处境遇的信息应该真实客观,并确保自己所接受的所有援助用于改善自己的窘迫境遇、帮助自己走出困境上,而不能用于有违公益慈善精神、志愿服务精神及社会道德法律的事情上,甚至在可能的情况下,特别是在自己已经摆脱困境并有能力参与志愿服务的情况下,还应该发扬志愿服务精神,积极参与志愿服务活动,造福社会和他人。对于志愿者组织主体来说,它应本着对参与志愿服务的志愿者个体主体高度负责的态度和精神,努力做到使其所提供的服务用于公益救助上,并在可能的条件下对志愿服务客体实行必要的监督和跟踪调查。这样做,有助于克服借志愿服务之名牟取个人利益或小团体利益等志愿服务异化现象,维护志愿服务的严肃性、公正性,促进志愿服务朝着有利于促进社会进步与和谐的方向健康发展。

3. 志愿者个体主体与志愿服务客体的伦理关系

在志愿服务活动中,志愿者个体主体与志愿服务客体之间有时候可以建立直接的关系,有时候并不一定发生直接的关系,甚至二者可能终生不会相见或来往。但是,从伦理学的视角来看,他们之间的伦理关系还是客观存在的。这种伦理关系之所以能够建立,就在于志愿服务活动要得以展开,除了志愿者组织主体作为中介环节发挥作用外,也必须有志愿者个体主体与志愿服务客

---

① 有的研究者认为,志愿服务客体既包括人或组织,也包括其他非人类生命体,如环境、植物、稀有动物等(参见田军:《志愿服务理论与实践》,上海:立信会计出版社,2007年,第6页),而这里的志愿服务客体主要指身陷困难、需要帮助的人或组织。

体的在场,没有志愿者个体主体的参与和履行义务,所谓志愿服务就会沦为空谈;同样,没有身陷困境、需要援助的志愿服务客体,志愿服务也就失去了其存在的必要性、价值和意义。再进一步,如果志愿者个体主体所提供的志愿服务不能满足身陷困境的志愿服务客体生存和发展的基本需要、不能帮助志愿服务客体走出困境,那这种志愿服务就不可能获得应有的伦理价值和意义;同样,如果志愿服务客体不是真正陷于困境、需要帮助的对象,或者说在应当接受志愿服务的范围之外,或者志愿服务客体将接受志愿服务视为理所当然,且违背志愿服务伦理之规定而不将所受援助用于满足自己生存和发展的需要、用于自己摆脱当前的生存与发展困境,那这种志愿服务就失去了应有的道德意义。因此,在这种伦理关系中,志愿者个体主体与志愿服务客体都应本着平等和互信的原则进行协商和对话,都应遵守有关法律法规与道德要求,任何一方都不得进行道德上的欺骗或抱有道德上的优越感。对于志愿者个体主体来说,在具体的志愿服务过程中,既要切实维护志愿服务客体的合法权益免受侵害,又要切实保障志愿服务客体的合法利益(包括财产性和非财产性的)免受损害,还要切实尊重和维护志愿服务客体的人格尊严。对于志愿服务客体来说,不仅要尊重志愿者个体主体的人格尊严、权利与劳动,主动协助和配合志愿者个体主体开展工作,以确保志愿服务工作的顺利开展,而且要谨守诚信之德,在接受志愿服务的过程中,不得通过欺诈等手段恶意骗取或阻碍志愿者个体主体的服务,也不得超出法定范围任意支使志愿者个体主体为自己服务,更不得浪费志愿服务资源。

第二章　传统文化中的志愿服务伦理思想及其当代意义

毛泽东同志曾指出:"我们这个民族有数千年的历史,有它的特点,有它的许多珍贵品。对于这些,我们还是小学生。今天的中国是历史的中国的一个发展,我们是马克思主义的历史主义者,我们不应当割断历史。"①习近平总书记指出:"不忘历史才能开辟未来,善于继承才能善于创新。优秀传统文化是一个国家、一个民族传承和发展的根本,如果丢掉了,就割断了精神命脉。我们要善于把弘扬优秀传统文化和发展现实文化有机统一起来,紧密结合起来,在继承中发展,在发展中继承。"②研究新时代中国特色社会主义志愿服务伦理,必须重视对中国传统文化中所蕴含的志愿服务伦理思想进行挖掘和阐发,并根据新时代中国特色社会主义志愿服务发展的需要进行创造性转化和创新性发展。唯其如此,我们才能发挥和发扬中国伦理文化长期发展过程中积累起来的优秀成果,增强文化自信,构建具有中国特色、与新时代中国特色社会主义建设相协调的志愿服务伦理文化,并为世界志愿服务伦理文化的发展贡献中国智慧、中国方案和中国力量。

传统文化中的志愿服务伦理思想,在此指蕴含在传统文化中的与志愿服

---

① 《毛泽东选集》第二卷,北京:人民出版社,1991年,第533页。
② 《习近平谈治国理政》第二卷,北京:外文出版社,2017年,第313页。

务伦理相契合或对志愿服务伦理建设富有启迪意义的伦理思想。传统文化中是否蕴含着志愿服务伦理思想呢？有学者对此持否定意见,认为志愿服务是一个现代性概念,在中国传统文化包括儒家文化中不可能蕴含着志愿服务伦理思想。笔者认为,这种观点是值得商榷的。其一,志愿服务虽是一个现代性概念,但不能因此而说具有志愿服务特征的民间活动在现代社会才出现。事实上,志愿服务作为一种以社会弱者为主要服务对象的民间活动现象早在古代社会就已存在。在中国传统社会中,受差序社会结构和伦理本位的影响,虽然人与人的互助主要局限于"熟人社会",但不能据此而认为在中国传统社会中没有以陌生人为帮扶对象的民间志愿服务活动现象,最多只能说在中国传统社会尚未抽象出志愿服务这一范畴以及这种民间志愿服务活动现象在中国传统社会尚未成为社会的自觉并形成规模或成为主流。事实上,在中国古代的许多典籍中零散记载着不少民间志愿服务活动的典型事例。如据《魏书·文帝本纪》记载,北魏太和七年(483),当冀、定二州遭遇饥荒灾害时,就有许多地方贤良人士自发"为粥与路以食之",救活灾民达数十余万人。还如据[宋]董煟《救荒活民书》记载,仪凤年间(676—679)肃州等地发生蝗灾时,刺史方翼"乃出私钱""以济饥瘵",并"起舍数十楹居之,全活甚众";魏州饥荒时,民间人士张万福与其兄长"将米百车馕之"。诸如此类的记载尚有很多,在此不一一赘述,但由此可以看出,民间志愿服务活动现象在中国传统社会也是源远流长的。其二,我们说传统文化中蕴含着志愿服务伦理思想,并不是说传统文化中有直接的志愿服务伦理思想,这是两个不同的概念,不能混为一谈。虽然由于时代的局限,中国传统文化中既没有提及志愿服务概念,也没有直接论及志愿服务伦理问题,但中国传统文化中蕴含着与志愿服务伦理相契合并对当代志愿服务伦理建设具有启迪和借鉴意义的伦理思想则是毋庸置疑的。只要对中国传统文化中所蕴含的志愿服务伦理思想进行挖掘和分析,就可以发现中国特色社会主义志愿服务的诸多伦理理念、价值元素以及道德精神,均可从中国传统文化中找到思想根基和理论渊源。从这个意义上可以说,中国特色社会主义志愿服务伦理深深植根于中国传统文化之中。中共中央、国务院2019年颁布的《新时代公民道德建设实施纲要》强调指出,要"坚持在继承传统中创新发展,自觉传承中华传统美德",并"适应新时代改革开放和社会主义市场经济发展要求,积极推动创造性转化、创新性发展,不断增强道德建设的时代性实效性"。因此,充分挖掘中国传统文化中所蕴含的志愿服务伦理思想并从中吸取思想营养和伦理智慧,是建设新时代中国特色社会主义志愿服务伦理不可或缺的环节和方面,也是增强文化自信、构建新时代中国特色社会主义志愿服务伦理学术体系和话语体系所应有的视角。职是之故,本章拟以儒、墨、道、佛为重点,深入挖掘和阐发中国传统文化中所蕴含的志愿服务伦理思想,并立足新时代中国特色社会主义建设特别是新时代中国特色社会主义志愿服务发展的需要剖析其当代意义。

第一节　儒家文化中的志愿服务伦理思想及其当代意义

形成于春秋战国时期的儒家文化中蕴含着丰富的志愿服务伦理思想,其中又以《论语》《孟子》等文化典籍中所蕴含的志愿服务伦理思想最为丰富。具体而言,儒家文化中的志愿服务伦理思想最为突出的主要体现在两个方面:一是"仁者爱人"的志愿服务伦理理念;二是"仁义并举"的志愿服务伦理实践模式;三是"天下大同"的志愿服务伦理追求。在新的时代背景下,批判地继承和弘扬儒家的这些志愿服务伦理思想,对于推进中国志愿服务的发展乃至共同富裕目标的实现和人类命运共同体的构建有着十分重要的意义。

一、"仁者爱人"的志愿服务伦理理念

在儒家文化中蕴含着"仁者爱人"的志愿服务伦理理念。"仁"是儒家思想的核心范畴。在孔子那里,"仁"最为基本的含义便是"爱人"。在对"爱

人"进行具体阐释时,孔子一方面强调"孝弟也者,其为仁之本与"①,也即将"爱亲"视为"仁"之本始。另一方面,孔子又主张在"爱亲"的同时"爱人",强调"泛爱众而亲仁",从而使"仁"获得一种更高层次的道德规定。在"泛爱众"这一层次上,孔子尤重对社会弱者的关心和爱护,《论语·乡党》关于"厩焚"后孔子"不问马"而只问"伤人乎"的记载就有力地说明了这一点。另据《论语·雍也》记载,孔子特别强调"周急不继富"。所谓"周急不继富",在一定意义上就是指要为社会弱者提供志愿服务,孔子将其视为君子所应有的道德情怀。不仅如此,孔子还主张行"仁"德于天下,强调"恭、宽、信、敏、惠",其中的"惠"虽包含有多种含义,而"博施于民而济于众"则是其中最为基本和最为重要的含义之一。所谓"博施于民而济于众",无疑包括为那些处于困境中的社会弱者伸出援手,对其进行道义救助和伦理关怀。当然,这里的社会弱者既可能是熟人圈子的,也可能是陌生人圈子的,而为陌生人圈子中的社会弱者提供帮扶就已具有朴素的志愿服务特性。

孔子在以"爱人"释"仁"的同时,还提出"忠恕"作为行"仁之方"②。罗国杰曾指出:"仁这个道德范畴包含了多种道德要求,在这些道德要求中贯穿着'爱人'的道德原则,贯穿着忠恕之道。"③《论语·里仁》云:"子曰:参乎!吾道一以贯之。曾子曰:唯。子出,门人问曰:何谓也?曾子曰:夫子之道,忠恕而已矣。""忠",即"己欲立而立人,己欲达而达人"④;"恕",即"己所不欲,勿施于人"⑤。这也就是说,"要把其他人当作自己的同类,当作与自己同样的人看待,并以自己的愿望、欲求去理解别人的愿望和欲求;当我自己有什么欲望和要求的时候,总要想着我周围的人以至于所有的人也都有这样的欲望和要求,因此,在满足自己的要求和欲望的时候,就应该想着也使别人满足同样的

---

① 《论语》,杨伯峻、杨逢彬注译,长沙:岳麓书社,2000年,第1页。
② 朱贻庭:《中国传统伦理思想史》,上海:华东师范大学出版社,2003年,第40页。
③ 罗国杰:《中国伦理思想史》上卷,北京:中国人民大学出版社,2008年,第109页。
④ 《论语》,杨伯峻、杨逢彬注译,长沙:岳麓书社2000年,第57页。
⑤ 《论语》,杨伯峻、杨逢彬注译,长沙:岳麓书社2000年,第107页。

欲望和要求;同样,如果我不喜欢不愿意别人所加于我的一切,就绝不要以这类事情去强加于别人"①。"忠恕之道"在孔子那里乃是个人为仁成圣之法,强调的是通过内心反省引导人们领悟与人为善、仁爱他者的价值和意义,履行扶贫济弱的道义责任。此"忠恕之道"所要告知者,即是仁爱他者、扶贫济困、关怀社会弱者,不仅是一种责任和义务,"更是一种推己及人的利他风尚和助人为乐的精神"②。

继孔子之后,孟子对"仁者爱人"的志愿服务伦理理念作了进一步的阐释和发挥,对仁爱他者、扶贫济弱的内在道德动机作了深入分析和思考,提出了著名的"四心"说:"人皆有不忍人之心者,今人乍见孺子将入于井,皆有怵惕恻隐之心——非所以内交于孺子之父母也,非所以要誉于乡党朋友也,非恶其声而然也。由是观之,无恻隐之心,非人也;无羞恶之心,非人也;无辞让之心,非人也;无是非之心,非人也。恻隐之心,仁之端也;羞恶之心,义之端也;辞让之心,礼之端也;是非之心,智之端也。人之有是四端也,犹其有四体也。"③从志愿服务伦理的意义上说,孟子此处所欲肯定者,即是对社会弱者的帮扶和关爱应发自内心之自觉,或为自觉心所本有,而人所本有之"恻隐、羞恶、辞让、是非"之心乃是引导人们关心、同情和帮助弱者的力量之源。在此"四心"之中,"恻隐之心"乃"仁之端","仁"是这种"恻隐之心"的向外扩充和发展,大凡仁爱之行、慈善之举皆发自于人之内心:"仁者以其所爱及其所不爱,不仁者以其所不爱及其所爱。"④正是基于此种道德价值观,孟子主张"乡田同井,出入相友,守望相助,疾病相扶持"⑤,将人与人之间的守望相助视为"仁爱"的重要诉求。汉朝时期以董仲舒为代表的儒家,不仅借助天之意志对孔孟所倡导的"爱人"之"仁"作了进一步强化,而且认为"仁之法在爱人,不在爱

---

① 罗国杰:《中国伦理思想史》上卷,北京:中国人民大学出版社,2008年,第107页。
② 周秋光、曾桂林:《中国慈善简史》,北京:人民出版社,2006年,第30页。
③ 《孟子》,杨伯峻、杨逢彬注译,长沙:岳麓书社,2000年,第56页。
④ 《孟子》,杨伯峻、杨逢彬注译,长沙:岳麓书社,2000年,第245页。
⑤ 《孟子》,杨伯峻、杨逢彬注译,长沙:岳麓书社,2000年,第85页。

我。……人不被其爱,虽厚自爱,不予为仁"。① 宋代以降的儒家倡导以爱己之心爱人,强调以博施济众为己任。张载云:"尊高年,所以长其长;慈孤弱,所以幼其幼。圣,其合德;贤,其秀也。凡天下疲癃残疾茕独鳏寡,皆吾兄弟之颠连而无告也。'于时保之',子之翼也;'乐且不忧',纯乎孝者也。"②在他看来,扶贫济弱、救人于难乃是天经地义之事,是我们每一个人应尽的责任与义务;"以爱己之心爱人则尽仁","大人所存,盖必以天下为度"③。从一定意义上说,在儒家所倡导的这种扶贫济弱之仁中已包含着志愿服务伦理思想的萌芽。

秉持"仁者爱人"的伦理理念,儒家强调关心民众疾苦和社会公益,为社会谋福利。孔子云:"有君子之道四焉:其行己也恭,其事上也敬,其养民也惠,其使民也义。"④孟子认为施仁政于民须有"仁爱之心"、慈善之心,做到"老吾老,以及人之老,幼吾幼,以及人之幼"⑤。孟子还认为"民为贵,社稷次之,君为轻"⑥,主张"制民之产":"无恒产而有恒心者,惟士为能。若民,则无恒产,因无恒心。苟无恒心,放辟邪侈,无不为己。及陷于罪,然后从而刑之,是罔民也。焉有仁人在位罔民而可为也?是故明君制民之产,必使仰足以事父母,俯足以畜妻子,乐岁终身饱,凶年免于死亡;然后驱而之善,故民之从之也轻。今也制民之产,仰不足以事父母,俯不足以畜妻子;乐岁终身苦,凶年不免于死亡。此惟救死而恐不赡,奚暇治礼义哉?"⑦荀子云:"有社稷者,而不能爱民,不能利民,而求民之亲爱己,不可得也。"⑧他主张"收孤寡,补贫穷"⑨,

---

① 董仲舒:《春秋繁露》,张世亮、钟肇鹏、周桂钿译注,北京:中华书局,2020年,第314页。
② 张载撰,王夫之注:《张子正蒙》,上海:上海古籍出版社,2000年,第231页。
③ 张载撰,王夫之注:《张子正蒙》,上海:上海古籍出版社,2000年,第163页。
④ 《论语》,杨伯峻、杨逢彬注译,长沙:岳麓书社,2000年,第41页。
⑤ 《孟子》,杨伯峻、杨逢彬注译,长沙:岳麓书社,2000年,第13页。
⑥ 《孟子》,杨伯峻、杨逢彬注译,长沙:岳麓书社,2000年,第250页。
⑦ 《孟子》,杨伯峻、杨逢彬注译,长沙:岳麓书社,2000年,第17页。
⑧ 张法祥、柯美成编著:《荀子解说》(上),北京:华夏出版社,2009年,第203页。
⑨ 张法祥、柯美成编著:《荀子解说》(上),北京:华夏出版社,2009年,第128页。

强调"节用裕民,而善藏其余"①,"兼而覆之,兼而爱之,兼而制之,岁虽凶败水旱,使百姓无冻馁之虞"②。

儒者们的上述主张,从思想渊源来说,实质上是对商周时期特别是西周以降的民本主义思想的一种传承。自商代夏之后,"夷竞而积粟,饥者食之,寒者衣之,不资者振之"③。商汤此赈恤饥寒之举措,可视为中国古代慈善事业包括志愿服务活动之滥觞,尽管那时之慈善与志愿服务活动尚带有朴素的性质。及周朝,被尊为"元圣"的儒学先驱周公旦提出了"敬德保民"思想,强调"敬德"与"保民"在国家治理中的作用。周文王认为鳏寡孤独四者乃"天下之穷民而无告者",因此施行仁政"必先斯四者"④。换言之,周文王将对鳏寡孤独之人的关爱视为施政之核心,"怀保小民,惠鲜于鳏寡"⑤;"一曰慈幼,二曰养老,三曰振穷,四曰恤贫,五曰宽疾,六曰安富"⑥;等等。由此不难看出,儒家所倡导的"博施于民而济于众""扶贫济弱"等,与西周以来在社会治理中注重为社会弱者提供关爱和帮扶的传统有着不可分割的历史渊源关系。

二、"仁义并举"的志愿服务伦理实践模式

儒家不仅强调"仁",而且强调"义",主张仁义并举,按照"义"的要求去仁爱他者、帮助他人。孔子曾指出,"见义不为"乃是"无勇"的表现⑦,认为君子对于天下之事情"无适也,无莫也",然而必有所依,那就是"义"。⑧ 所谓"义",在孔子那里,主要指君子所应履行的道德义务和应遵守的道德应然或

---

① 张法祥、柯美成编著:《荀子解说》(上),北京:华夏出版社,2009 年,第 153 页。
② 张法祥、柯美成编著:《荀子解说》(上),北京:华夏出版社,2009 年,第 155 页。
③ 《诸子集成·管子校正》(6),长沙:岳麓书社,1996 年,第 463 页。
④ 《孟子》,杨伯峻、杨逢彬注译,长沙:岳麓书社,2000 年,第 26 页。
⑤ 马将伟:《尚书译注》,北京:商务印书馆,2015 年,第 175 页。
⑥ 许嘉璐主编:《十三经》(上),广州:广东教育出版社、陕西人民出版社、广西教育出版社,2005 年,第 499 页。
⑦ 《论语》,杨伯峻、杨逢彬注译,长沙:岳麓书社,2000 年,第 16 页。
⑧ 《论语》,杨伯峻、杨逢彬注译,长沙:岳麓书社,2000 年,第 30 页。

曰"道德律令"。孔子认为,君子应当"求仁而得仁",唯义是从,既不要注重道德的外在价值,也不要考虑个人的利害得失,而应当像颜渊那样,哪怕是"一箪食、一瓢饮、在陋巷""也不改其乐"①。这就是说,要以履行仁德为最高目的,即使"饭蔬食,饮水,曲肱而枕之"②,也要乐在其中。反之,虽有追求"仁"的志向,而又以"恶衣恶食"为耻,将个人的私利私欲掺杂其中,计较着个人的利害得失,那么这样的人是"未足与议"、不值一提的。

后来,孟子进一步发展了孔子的这种"贵仁"思想,并将仁义统一起来,提出了"居仁由义"的思想。一方面,孟子认为,"人皆有所不为"即不应该干的事情,如果能"达之于其所为"即干应当干的事情便是"义"③,否则便是"非义",对于"非义"的行为我们持之以羞恶或憎恶的态度,即所谓"羞恶之心,义也"④。另一方面,在孟子看来,"仁"是"人之安宅"或"人心","义"是"人之正路"或"人路",如果"旷安宅而弗居,舍正路而不由"⑤,或"舍其路而弗由,放其心而不知求"⑥,那将是很悲哀的事情!这就是说,凡人应当有仁爱之心,这是人之所以为人的本质所在,也是人心须居而勿失的为善的根本,但又不能不加区别地去爱一切人,爱人之心只能施于当爱者,因此需将"仁"与"义"有机统一起来,按照"义"的要求去爱人,即所谓"居仁由义"。换言之,"仁也者,人也"⑦,每个人都应有仁爱之心,但又不能不分善恶地去爱所有的人或所有的行为,因为人有善恶之分,人的行为也有应当与不应当之别,我们在实行仁爱的过程中必须注意加以区分,唯有如此,方能真正做到"能好人能恶人"⑧,爱所当爱、恶所当恶。是故,"义"是"人路也",是仁爱过程中所应遵循的基本

---

① 《论语》,杨伯峻、杨逢彬注译,长沙:岳麓书社,2000年,第51页。
② 《论语》,杨伯峻、杨逢彬注译,长沙:岳麓书社,2000年,第62页。
③ 《孟子》,杨伯峻、杨逢彬注译,长沙:岳麓书社,2000年,第258页。
④ 《孟子》,杨伯峻、杨逢彬注译,长沙:岳麓书社,2000年,第193页。
⑤ 《孟子》,杨伯峻、杨逢彬注译,长沙:岳麓书社,2000年,第124页。
⑥ 《孟子》,杨伯峻、杨逢彬注译,长沙:岳麓书社,2000年,第200页。
⑦ 《孟子》,杨伯峻、杨逢彬注译,长沙:岳麓书社,2000年,第251页。
⑧ 《论语》,杨伯峻、杨逢彬注译,长沙:岳麓书社,2000年,第28页。

原则,而坚持这个原则,就必须正确处理好义与利的关系,"去利怀义","修其天爵"、保持"良贵",甚至做到"舍生取义"。

从孔子、孟子的这些思想主张不难看出,儒家是主张按照"仁义并举"的实践模式实行仁爱的,从志愿服务伦理的视角来看,这实质上是提出了一种"仁义并举"的志愿服务伦理实践模式。按照这种模式去开展志愿服务活动,就是要把仁与义有机统一起来,也就是说,既要有仁爱他者的道德情怀,又要顺"理"而行,遵守相关法律法规和道德规范,做其所当做,行其所当行,"达之于其所为"。

三、"天下大同"的志愿服务伦理追求

除"仁爱"伦理理念外,儒家还提出了"天下大同"的志愿服务伦理追求。儒家大同理想的提出是与孔子所倡导的均贫富思想密切相关的。孔子认为"闻有国有家者,不患寡而患不均,不患贫而患不安"①,希望在物质生活水平低下、物质生活资料不是很充裕甚至较为匮乏的条件下不要出现贫富悬殊现象。他认为人不应该"独亲其亲""独子其子",而要让"老有所终,壮有所用,矜寡孤独废疾者,皆有所养"②,唯其如此,社会才能安定有序。毋庸置疑,孔子的这种均贫富思想明显带有空想的性质,不仅在当时的历史条件下是不可能实现的,而且在当今社会历史条件下也是一种应当加以批判的平均主义思想。然而值得肯定的是,在当时社会物质生活水平比较低下、社会物质生活资料总量比较匮乏而人们所付出的劳动总量或对社会财富所作出的贡献又大致相当的历史条件下,孔子提出均贫富的主张,无疑体现了一种关爱社会弱者的志愿服务伦理情怀和追求社会公平的志愿服务伦理价值诉求。

儒家将理想社会分为两个层次,即"小康"和"大同"。小康社会,法制设计合理,道德规范得到有效遵循,人们过着安居乐业的生活,但人们所奉行的

①　《论语》,杨伯峻、杨逢彬注译,长沙:岳麓书社,2000年,第157页。
②　藤一圣:《礼记译注》,北京:商务印书馆,2015年,第118页。

是合理利己原则，"各亲其亲，各子其子，货力为己"①，缺乏仁爱利他情怀。到了大同社会，则"大道之行也，天下为公。选贤与能，讲信修睦，故人不独亲其亲，不独子其子，使老有所终，壮有所用，幼有所长，矜寡孤独废疾者，皆有所养。男有分，女有归。货，恶其弃于地也，不必藏于己；力，恶其不出于身也，不必为己。是故谋闭而不兴，盗窃乱贼而不作，故外户而不闭。"②由此可见，儒家所设想的大同社会具有以下四个方面的特点：一是"天下为公"、人人为公；二是凡有劳动能力者均应自觉参加劳动，能劳而不劳、劳而不尽其力、劳而为己都是可耻的；三是无劳动能力或失去劳动能力的人皆有所养；四是人与人之间讲信修睦，社会秩序稳定和谐。儒家的大同社会理想，在一定意义上可以说是世界上有文字可查的最早表达志愿服务伦理的思想，其所主张的"人不独亲其亲，不独子其子；使老有所终，壮有所用，幼有所长，矜寡孤独废疾者有所养"等充分体现了儒家致力于关爱和扶助社会弱者的志愿服务伦理追求。

儒家"天下大同"这一志愿服务伦理追求在后世的许多政治家和思想家那里得到了进一步的发挥。东晋时期的诗人和文学家陶渊明将儒家的"天下大同"理想凝聚在《桃花源记》之中，展现出了一幅自由平等、同耕共织、安宁和乐的世外桃源的生活画卷。及至近代，康有为著《大同书》，以丰富的想象勾勒了一个"破除九界"即"去国界，合大地""去级界，平人民族""去种界，同人类""去形界，保独立""去家界，为天民""去产界，公生业""去乱界，治太平""去类界，爱众生""去苦界，至极乐"的"大同"理想社会图景。在这个"至公、至平、至仁、至治"的大同世界里，天下为公，人人平等，人人相亲，社会保障系统高度发达，人们独立自主、自由自在、舒适安逸地生活着，"其乐陶陶，不知忧患"，不仅"老有所长，幼有所恃"，而且"鳏寡孤独废疾者皆有所养"。孙中山认为孔子所设想的"大同世界"是"人类进化之目的"。③ 他指出："大

① 藤一圣：《礼记译注》，北京：商务印书馆，2015年，第119页。
② 藤一圣：《礼记译注》，北京：商务印书馆，2015年，第118页。
③ 《孙中山全集》第六卷，北京：人民出版社，1981年，第196页。

同世界即所谓'天下为公',要使老者有所养、壮者有所营、幼者有所教"①。与此同时,孙中山又认为"大同"理想即是"民生主义",亦即"社会主义",而"社会主义"即是"人道主义",其"真髓"就是"博爱、平等、自由"。在孙中山看来,中国古代尧舜等所提倡的"博施济众"、孔子所倡导"仁爱"以及墨子所倡导的"兼爱",虽与博爱近似,但仍属于"狭义之溥爱"范畴,因为其爱不能普及于所有的人。而"社会主义之博爱"则"得博爱之精神",是"广义之博爱也",它"为人类谋幸福,普遍普及,地尽五洲、时历万世,蒸蒸芸芸,莫不被其泽惠"。②

四、当代意义

儒家"仁者爱人"的志愿服务伦理思想为中国传统具有朴素志愿服务性质的济贫扶弱事业提供了强有力的道德支撑和深厚的价值底蕴。"中华民族文化自古以来具有极强的生命力和感召力,这是由诸多原因所致,但其根本原因是道德精神及其永不褪色的价值。"③蕴含在儒家文化中的这种基于仁爱的具有志愿性质的伦理精神,对中国传统社会的济贫扶弱观念与行为,乃至济人危难、助人为乐等中华民族传统美德的形成产生了积极的影响。在中国漫长的历史发展过程中特别是明清时期涌现出了不胜枚举的致力于济贫扶弱的民间志愿者群体以及连绵不绝具有志愿服务性质的济贫扶弱活动。据日本学者夫马进统计,有清一代,由地方社会主持创设的旨在为流丐孤贫者提供志愿服务的民间社会慈善组织普济堂在河南 109 个州县建有 129 所,在山东 101 个州县建有 131 所。④ 这些济贫扶弱活动连绵不断地出现,尽管是各方面因素共同作用的结果,但也与儒家文化中所蕴含的"仁者爱人"志愿服务伦理思想

---

① 《孙中山全集》第六卷,北京:人民出版社,1981 年,第 36 页。
② 《孙中山全集》第六卷,北京:人民出版社,1981 年,第 510 页。
③ 王小锡:《建设社会主义文化强国的道德维度》,《云梦学刊》2021 年第 4 期。
④ 周秋光、曾桂林:《中国慈善简史》,北京:人民出版社,2006 年,第 154 页。

所产生的影响是密不可分的。

诚然,儒家的志愿服务伦理思想具有"爱有差等"的特点。儒家所讲的"仁爱"与墨家所讲的"兼爱"有所不同,虽然它强调"泛爱众",但这种"泛爱众"是建立在"亲亲"之爱的基础上的。换言之,儒家所倡导的是一种"差等之爱",是按照"爱亲—爱众"即"推己及人"的价值逻辑建构起来的。正如梁漱溟所指出,中国传统社会中的各种关系是以家庭为基础建构起来的,每一个人都在其伦理关系范围内对与其有伦理关系的人负有相应的伦理义务,当一个人遇到困难或问题时基本上就只能在自己所属的伦理关系范围内去寻找关系和想办法,而"由于其伦理组织,亦自有为之负责者",这样"有待救恤之人恒能消纳于无形"。① 也正如费孝通所指出,中国传统社会就是一个由无数私人关系组成的网络,此网络上的每一个结"都附着一种道德要素,因之,传统的道德里不另找一个笼统性的道德观念来,所有的价值标准也不能超越于差序的人伦而存在"②。在费孝通看来,基于这种"差序的人伦"建立起来的社会关系"不像团体中的分子一般大家立在一个平面上",而犹如投入水中的石子所激起的波纹一样是以"己"为中心一圈圈推出去的,"愈推愈远,也愈推愈薄"。③ 这样,不仅在我们的传统道德系统里没有基督教般的不分差序的博爱观念,而且也难以找到"个人对于团体的道德要素"④。正是这种"差等之爱"使得志愿服务所需要的普遍主义的爱在中国传统社会中缺乏可以依附的基础。

与此同时,由于儒家的"义"就其本质来说,是"对等级区分、等级权益的自觉维护和尊重"⑤,是"遇事按照等级制的精神原则,作正确决断,采取适宜、

① 刘梦溪:《中国现代学术经典》(梁漱溟卷),石家庄:河北教育出版社,1996 年,第 311 页。

② 费孝通:《乡土中国》,北京:北京出版社,2005 年,第 49 页。

③ 费孝通:《乡土中国》,北京:北京出版社,2005 年,第 34 页。

④ 费孝通:《乡土中国》,北京:北京出版社,2005 年,第 47 页。

⑤ 张锡勤:《中国传统道德举要》,哈尔滨:黑龙江教育出版社,1996 年,第 24 页。

适当的行为"①,从而使得其"仁义并举"的实践模式具有宗法性特征和确定的界限,而基于这一模式而开展的济贫扶弱等活动往往具有官办的性质,官吏被称为父母官,老百姓被称为子民,济贫扶弱也通常被认为属于官方应当承担的职责。因而,自古以来中国历代王朝均将济贫扶弱视为政府的责任和义务,从而较早地介入和干预。这种情况虽然在相当程度上推动了中国传统济贫扶弱活动的开展,但也导致人们将济贫扶弱仅仅看作是官或绅的道德义务,而对普通老百姓缺乏这方面的道德要求,从而导致民间的志愿服务组织难以兴起,直至明末清初时期才有所改善。因此,虽然在儒家文化中蕴含着丰富的志愿服务伦理思想,在中国历史上特别是明清时期涌现了不少具有志愿服务性质的济贫扶弱民间组织及其活动,但在中国传统社会中并未产生真正意义上的志愿服务,最多可以说真正意义上的志愿服务在中国古代主要是明清时期尚处于萌芽状态。

儒家文化中的志愿服务伦理思想尽管存在着这样或那样的局限性,但不可否认的是,在新的时代背景下,批判地继承和弘扬儒家文化中的志愿服务伦理思想仍然有着十分重要的意义。

首先,在一定的意义上可以说,儒家所倡导的"仁者爱人"伦理理念是志愿服务最为深层的道德心理基础。一方面,有没有"仁者爱人"的伦理理念对一个人能否自觉自愿、积极主动地参与志愿服务有着重要影响。没有"仁者爱人"伦理理念的人,既不会同情他人的苦难,也不会有无偿救助他人的动机和热情,从而也不会有参与志愿服务的积极性和主动性。从这个意义上说,具有"仁者爱人"的伦理理念是激发人们参与志愿服务的热情、调动人们参与志愿服务的积极性和主动性的前提和基础。另一方面,"仁者爱人"伦理理念是否能够得到普及以及普及程度如何,对一个社会志愿服务的发展有着重要影响。无数的事实表明,一个社会的志愿服务发展得如何,与这个社会有没有形

---

① 张锡勤:《中国传统道德举要》,哈尔滨:黑龙江教育出版社,1996年,第25页。

成仁爱的社会氛围以及仁爱氛围浓厚与否有着密切的关系。一个缺乏仁爱氛围或仁爱氛围不浓厚的社会,不仅其志愿服务事业不可能真正得到发展,甚至可能没有真正的志愿服务事业。而一个社会的仁爱氛围越浓厚,就越有利于这个社会志愿服务的发展。因此,在新的时代背景下,要推进我国志愿服务的发展,我们很有必要根据新时代中国特色社会主义志愿服务发展的需要批判地继承和弘扬儒家的这种"仁者爱人"志愿服务伦理理念。

其次,批判地继承和弘扬儒家"仁者爱人"的伦理理念,对推进国际志愿服务的发展、促进人类命运共同体的构建有着重要意义。构建人类命运共同体虽然是一项非常艰巨而复杂的工程,需要各方面力量的协同推进方可实现,但无论如何志愿服务是推进人类命运共同体构建不可或缺的重要力量,它可以凭借独有的优势在构建人类命运共同体中发挥积极有效的作用。志愿服务的价值追求与人类命运共同体思想所倡导的价值理念是紧密地联系在一起的。从一定意义上说,志愿服务既是基于构建人类命运共同体而产生的,也是基于构建人类命运共同体而发展的。志愿服务本质上是一种社会互助行为,而社会互助行为自人类社会产生以来就一直存在并发展着。社会互助行为对人类社会的存在和发展来说之所以必要,就在于自人类社会产生以来,所有的人都处于一个命运共同体中,并凭借共同体的力量去同自然界发生关系和从事生产实践。正如马克思所说,人们"只有以一定的方式共同活动和互相交换其活动,才能进行生产。为了进行生产,人们相互之间便发生一定的联系和关系;只有在这些社会联系和社会关系的范围内,才会有他们对自然的影响,才会有生产"①。处于此命运共同体中,"从他者的视角看,我的存在就是为他的。我接受他者的存在,我回答他者的要求,我就是为他者负责任的主体"②。志愿服务产生之初,其主要目的是为了救助陷于困境中的弱势群体。而之所以要对弱势群体进行救助,除了弱势群体依靠自己的能力无法走出困境、过上

---

① 《马克思恩格斯选集》第1卷,北京:人民出版社,1995年,第344页。
② 郭菁:《基于他者伦理的责任主体》,《云梦学刊》2021年第2期。

合乎人类尊严的生活外,更重要的在于弱势群体也是人类命运共同体的一员,与其他人的命运是紧紧地联系在一起的。志愿服务也是世界各个国家和地区均存在的具有国际性的社会现象,是世界各个国家、地区和民族之间相互交流和友好往来的桥梁和纽带,是化解人类所面临的共同问题与挑战的重要力量。不过,尽管志愿服务可以在构建人类命运共同体中发挥积极有效的作用,但并不意味着志愿服务就一定能够在构建人类命运共同体中发挥积极有效的作用。志愿服务能否在构建人类命运共同体中发挥积极有效的作用要受到诸多因素的影响和限制,而其中一个甚为重要的方面便是人们能否秉持"行仁德于天下"的伦理理念积极参与到国际志愿服务中去。所谓"行仁德于天下",从现代志愿服务伦理的角度来讲,就是要秉持"仁者爱人"之心积极参与国际志愿服务活动。只有每一个人树立了"行仁德于天下"的伦理理念和道德志向,秉持着仁爱之心积极参与各种形式的国际志愿服务活动,才能够有力地推动着志愿服务朝着国际化的方向发展,从而凝聚起国际志愿服务活动的磅礴力量,促进世界各个国家和地区之间的交流与合作,有力推进人类命运共同体的构建,进而化解"和平赤字""发展赤字""治理赤字"所带来的严峻挑战,使世界朝着"持久和平、普遍安全、共同繁荣、开放包容、清洁美丽"[1]的方向健康发展。

再次,批判地继承儒家"仁义并举"的伦理实践模式对如何开展志愿服务工作有着重要现实启迪意义。首先,儒家强调"义以为上",不应当将私利私欲掺杂于仁爱的行为之中,否则便是不足为道、不值一提的。很显然,这与现代志愿服务伦理所主张的"志愿服务应当是超功利性的或非权利动机性的"这一道德要求是相契合的。志愿服务作为一种基于公益的仁爱他者的社会伦理行为,应当始终秉持"义与之比"、唯义是从的道德理念,而不能掺杂有任何功利的计较与自私自利的欲望和要求,否则志愿服务就将不成其为志愿服务,

---

① 习近平:《决胜全面建成小康社会　夺取新时代中国特色社会主义伟大胜利——在中国共产党第十九次全国代表大会上的报告》,人民出版社 2017 年版,第 58—59 页。

失去其本真的价值和意义,从而异化为人们谋取私利私欲的工具。其次,儒家主张不能不分区别地去爱一切人,而应当将仁爱之心施于当爱着。将这一观点应用于志愿服务领域,那就是不能不加区别地去为所有的人提供志愿服务,而只能将志愿服务施于那些深陷困境、确实有志愿服务需要的人。最后,儒家强调要按"义"的要求即行为的当然之则去行事,这一点也是值得我们在志愿服务工作中予以借鉴和吸取的。志愿服务虽然是一种出于自觉自愿的行为,但这并意味着志愿服务没有约束,可以随意为之。换言之,志愿服务也有其所遵循的当然之则或"道德律令"。在新的时代背景下,习近平总书记曾在不同场合就志愿服务工作作出了一系列重要指示。2016 年 3 月 16 日第十二届全国人民代表大会第四次通过的《中华人民共和国慈善法》和 2017 年 6 月 7 日国务院第 175 次会议通过的《志愿服务条例》都对应如何开展志愿服务活动做了详细的规定,如后者第三条规定"开展志愿服务,应当遵循自愿、无偿、平等、诚信、合法的原则,不得违背社会公德、损害社会公共利益和他人合法权益,不得危害国家安全";等等。所有这些都是我们在新的时代背景下开展志愿服务所应遵循的当然之则,而且只有按照这些当然之则去开展志愿服务工作,才能保证我国志愿服务事业在合义的轨道上运行,朝着有利于新时代中国特色社会主义建设的方向健康可持续发展。

最后,儒家对"天下大同"的志愿服务伦理追求与新时代背景下志愿服务致力于推进共同富裕的价值追求有着内在的一致性。"天下大同"的社会理想是中国古人对"至公、至平、至仁、至治"理想社会的企盼,反映了古人们对一个有保障、无饥寒、尽人伦的社会的朴素憧憬,尽管具有空想的性质,但其所倡导的诸多理念,如天下为公、人人平等、老有所终、幼有所长、鳏寡孤独废疾者皆有所养等,与党和政府所倡导的共同富裕观有着诸多契合与相通之处。从一定意义上说,党和政府所倡导的共同富裕观是在新的时代背景下对儒家这种"天下大同"观的创造性转化和创新性发展。而推进共同富裕目标的实现则是我国志愿服务在新时代的应有使命和价值追求。之所以如此,就在于如上面所说,志愿服务是第三次分配不可或缺的形式和途径,在推进共同富裕的实现中有着独特的优势和不可替代的作用。无数的事实表明,在全面建设社会主义现代化国家的征程上,志愿服务已经成为一道亮丽的风景,正在而且也必将在推进共同富裕的过程中发挥着越来越重要的作用。

第二节　墨家文化中的志愿服务
伦理思想及其当代意义

墨家包括墨子及其后学。战国时期,墨家与儒家因影响最大而被并称为显学。正如韩非子所云:"世之显学,儒、墨也。"①墨子本"学儒者之业,受孔子之术",后因对儒学不满,"以为其礼繁扰而不悦,厚葬靡财而贫民,(久)服伤生而害事,故背周道而用夏政",另立门户,创立了自己的学派。② 墨家之所以能够成为显学而与儒家分庭抗礼,甚至后来居上,以致"墨翟之言盈天下",主要在于墨子适应当时社会发展的需要,在对儒学进行批判和反思的基础上,提出了诸多有别于儒家的社会政治学说,引起了上至诸侯、下至黎明百姓的强烈兴趣。③ 墨家文化中蕴含着比较丰富的志愿服务伦理思想,在新的时代背景下,挖掘和批判地继承墨家文化中的志愿服务伦理思想,有着十分重要的理论意义和现实意义。

一、"兼相爱"的志愿服务伦理理念

《吕氏春秋·不二》云:"墨翟贵兼。"这就是说,"兼相爱"是墨子伦理思想的核心,从而也是墨家最基本的志愿服务伦理理念。所谓"兼相爱",就是要不分差等地爱一切人,无分人我、亲疏,不别贵贱、强弱、智愚、众寡。从志愿

---

① 《诸子集成·韩非子集解)》(7),长沙:岳麓书社,1996年,第336页。
② 《诸子集成·淮南子注》(8),长沙:岳麓书社,1996年,第370页。
③ 李亚彬:《中国墨家》,北京:宗教文化出版社,1996年,第1—2页。

服务伦理的视角来说,不分差等地爱一切人,就是要尊重每一个人作为人所应该享有的权利,让每一个人都能过上合乎人类尊严的生活。为此,用墨子的话来说,我们应该视人若己,"为其友之身,若为其身;为其友之亲,若为其亲"①;要"爱人若爱其身"②,在他人身陷困境需要救助时应当及时伸出援手,"饥则食之,寒则衣之,疾病侍养之,死丧葬埋之"③。

墨子之所以倡导"兼相爱"的伦理理念,主要是针对当时的"别相恶"现象而言的。所谓"别相恶",也就是只知爱己、利己,不知爱人、利人。《兼爱下》云:"分名乎天下,恶人而贼人者,兼与?别与?即必曰别也。"④"别相恶",就其实质来说,是一种自私自利的道德价值观,必然导致人际疏离,使人与人之间处于一种彼此对立、彼此不能容纳的状态。"别士之言曰:吾岂能为吾友之身,若为吾身,为吾友之亲,若为吾亲?是故退睹其友,饥即不食,寒即不衣,疾病不待养,死丧不葬埋。"⑤很显然,"别相恶"这种"只知爱己、利己,不知爱人、利人"的自私自利观念,是与志愿服务所倡导的友爱互助、乐于奉献等伦理精神格格不入的,也是墨家所坚决反对的。

"墨子事先习儒而后非儒",虽然其说"保留了儒家的某些思想资料",⑥但他不赞成儒家的"差等之爱"。墨子之所以不赞成儒家的"差等之爱"而提出"兼相爱"的伦理理念,是有其特定的历史背景的。"墨子明确地提出,他所提出的这种无差别的对一切人都要施以同等的爱的思想,是社会发展所必需的,是维护人类生存所不可缺少的。"⑦墨子所处的时代,天下正处于乱世,大国侵扰小国、大家族欺压小家族、强者劫掠弱者、人多势众的欺负势单力薄的、

① 《诸子集成·墨子间诂》(5),长沙:岳麓书社,1996年,第89页。
② 《诸子集成·墨子间诂》(5),长沙:岳麓书社,1996年,第77页。
③ 《诸子集成·墨子间诂》(5),长沙:岳麓书社,1996年,第89页。
④ 《诸子集成·墨子间诂》(5),长沙:岳麓书社,1996年,第87页。
⑤ 《诸子集成·墨子间诂》(5),长沙:岳麓书社,1996年,第89页。
⑥ 朱贻庭:《中国传统思想史》(上卷),上海:华东师范大学出版社,2004年,第55—56页。
⑦ 罗国杰:《中国伦理思想史》(上卷),北京:中国人民大学出版社,2008年,第133页。

奸诈的算计老实的、高贵的鄙视低贱的等"交相恶"现象层出不穷。墨子认为,此乃"天下之大害"。在他看来,凡天下祸篡怨恨之所以会发生,主要在于国与国、家与家、人与人"交相恶""不相爱"。"诸侯不相爱,则必野战;家主不相爱,则必相篡;人与人不相爱,则必相贼;……。天下之人皆不相爱,强必执弱,富必侮贫,贵必敖贱,诈必欺愚。"①既然"交相恶""不相爱"是导致"天下之大害"的根本原因,那么为了"除天下之害""兴天下之利",就得倡导"兼"。在墨子看来,"兼即仁矣、义矣"②。"今吾将正求与天下之利而取之,以兼为正,是以聪耳明目相与视听乎,是以股肱毕强相为动宰乎。而有道肆相教诲;是以老而无妻子者,有所侍养以终其寿;幼弱孤童之无父母者,有所放依以长其身。"③墨子认为,只有以"兼"取代"别",人与人才会彼此相爱,各种灾祸怨恨才可避免。在他看来,只要人们像对待自己的国家那样去对待别人的国家,像对待自己的家族一样去对待别人的家族,像对对待自己的身家性命一样去对待别人的身家性命,那么诸侯之间就必然不会相互侵扰、家主之间就必然不会相互篡夺,人与人之间就必然不会相互伤害;只要"天下之人皆相爱",就不会出现强执弱、众劫寡、富侮贫、贵敖贱、诈欺愚等"交相贼"现象。很显然,墨子所倡导的"天下之人皆相爱"包含着保护和关爱社会弱者的内涵,而这与志愿服务的宗旨是相一致的。志愿服务的宗旨,主要在于为身陷困境、需要帮助的社会弱者如鳏寡孤独废疾者提供关怀和帮助。换言之,身陷困境、需要帮助的社会弱者,是志愿服务的重点关怀对象。

对于墨子的"兼相爱"理念,当时有人提出质疑,觉得"若兼则善矣",但"天下之难物于故也"。面对时人的质疑,墨子回应道:"天下之士君子,特不识其利,辨其故也。"④一方面,墨子借助天志的神秘权威,强调"兼相爱"的重

---

① 《诸子集成·墨子间诂》(5),长沙:岳麓书社,1996年,第78页。
② 《诸子集成·墨子间诂》(5),长沙:岳麓书社,1996年,第92页。
③ 《诸子集成·墨子间诂》(5),长沙:岳麓书社,1996年,第88—89页。
④ 《诸子集成·墨子间诂》(5),长沙:岳麓书社,1996年,第79页。

要性,认为"兼相爱"是天意所在。"天必欲人之相爱相利,而不欲人之相恶相贼也。"①在他看来,"当天意而不可不顺",顺从天意"兼相爱,交相利"则"必得赏",而违背天意"别相恶,交相贼"则"必得罚"②;"爱人利人者,天必福之;恶人贼人者,天必祸之"③。另一方面,墨子认为爱人与爱己并不是截然对立的,而是相辅相成、相互影响的,"夫爱人者,人必从而爱之;利人者,人必从而利之;恶人者,人必从而恶之;害人者,人必从而害之"④。为了说明"兼相爱"是可行的,墨子还以夏禹治水、周文王治理西土、周武王行祀泰山的事情为例作了详细说明,认为应当像夏禹、周文王、周武王那样去实行兼爱。在他看来,兼爱他人,不仅不会使自己的利益受到损害,反而有利于实现自己的利益,认为"欲天下之富""欲天下之治",就得"兼相爱、交相利"⑤,此乃"圣王之法,天下之治道也,不可不务为也"⑥。

墨子死后,"墨离为三",即"相里氏之墨""相夫氏之墨""邓陵氏之墨",史称后期墨家。⑦ 后期墨家不仅继承了墨子的"兼相爱"思想,还对其作了进一步的阐释和发挥。

首先,后期墨家赋予"兼爱"新的内涵,提出"周爱人"的观点。所谓"周爱人",就是不分厚薄地、广泛地、普遍地爱世间所有的人。在后期墨家看来,如果不是广泛地、普遍地去爱世间所有的人,而只是爱某些人或某部分人,那就是"不爱人"。《小取》云:"爱人,待周爱人,而后为爱人。不爱人,不待周不爱人;不周爱,因为不爱人矣。"⑧对于后期墨家"周爱人"的主张,时人有人提出诘难,认为广袤世界地域无穷、人口众多,不仅不知道人数到底有多少,而且也

① 《诸子集成·墨子间诂》(5),长沙:岳麓书社,1996年,第17页。
② 《诸子集成·墨子间诂》(5),长沙:岳麓书社,1996年,第149页。
③ 《诸子集成·墨子间诂》(5),长沙:岳麓书社,1996年,第17页。
④ 《诸子集成·墨子间诂》(5),长沙:岳麓书社,1996年,第82页。
⑤ 《诸子集成·墨子间诂》(5),长沙:岳麓书社,1996年,第79页。
⑥ 《诸子集成·墨子间诂》(5),长沙:岳麓书社,1996年,第87页。
⑦ 《诸子集成·韩非子集解》(7),长沙:岳麓书社,1996年,第336页。
⑧ 《诸子集成·墨子间诂》(5),长沙:岳麓书社,1996年,第333页。

不知道人之所在,因而不可能做到周爱世间所有的人。对此,后期墨家批驳道:"无穷不害兼,说在盈否。"①"或者遗乎其问也,尽问人,则尽爱其所问。"②"不知其所处,不害爱之,说在丧子者。"③尽管后期墨家的这些批驳有些牵强附会,也不无偷换概念之失,但其强调"周爱人"的伦理学意义是明确的,并且这种"周爱人"的伦理理念与志愿服务所倡导的"博爱"精神也是相通的。

其次,在如何处理爱己与爱人的关系上,后期墨家进一步发展了墨子"夫爱人者,人必从而爱之"的观点,将人与己视为一体,主张爱人如己,即所谓"体爱"。《经上》云:"仁,体爱也。"④在后期墨家看来,爱人不能怀有功利目的,即为了个人私利去爱人,否则就是"利爱"。"利爱"与"体爱"是对立的。"利爱"是以个人私利作为爱人的出发点和目的,就像爱马就是为了使用马一样。后期墨家认为这种爱人的行为是不道德的。"体爱"强调"仁而无利爱",主张像爱己不是为了使用自己一样,不能基于利己的动机和目的去爱人。当然,后期墨家虽然强调不能基于利己而去爱人,但并不排斥爱己,认为"爱人不外己,已在所爱之中,己在所爱,爱加于己"⑤。同时,后期墨家又强调不能因此而把爱己与爱人同等对待,主张"义可厚,厚之;义可薄,薄之"⑥。也就是说,对他人的爱应该厚于对自己的爱,即所谓"伦列之爱己,爱人也"⑦,当个人利益与他人利益发生矛盾和冲突时,应当将他人利益放在第一位,甚至为了他人利益而不惜牺牲自己的利益。《经上》云:"士损己而益所为也。"⑧《经说上》云:"为身之所恶,以成人之所急。"⑨在后期墨家看来,如在爱己与爱人的

---

① 《诸子集成·墨子间诂》(5),长沙:岳麓书社,1996年,第246页。
② 《诸子集成·墨子间诂》(5),长沙:岳麓书社,1996年,第283页。
③ 《诸子集成·墨子间诂》(5),长沙:岳麓书社,1996年,第246页。
④ 《诸子集成·墨子间诂》(5),长沙:岳麓书社,1996年,第236页。
⑤ 《诸子集成·墨子间诂》(5),长沙:岳麓书社,1996年,第322页。
⑥ 《诸子集成·墨子间诂》(5),长沙:岳麓书社,1996年,第322页。
⑦ 《诸子集成·墨子间诂》(5),长沙:岳麓书社,1996年,第322页。
⑧ 《诸子集成·墨子间诂》(5),长沙:岳麓书社,1996年,第236页。
⑨ 《诸子集成·墨子间诂》(5),长沙:岳麓书社,1996年,第258页。

关系上不分厚薄,甚至将爱己置于爱人之上,为了利己、誉己而去爱人,那就不是贤人,而是不道德的人。《大取》云:"爱无厚薄,举己,非贤也。"①后期墨家所倡导的这种"体爱为仁"的观点与志愿服务伦理所倡导的无偿利他价值观和无私奉献精神具有内在的一致性。

二、"交相利"的志愿服务伦理实践路径

从"兼相爱"的志愿服务伦理理念出发,墨家提出了"交相利"的志愿服务伦理实践路径,认为"兼相爱"的志愿服务伦理理念必须通过"交相利"的行为方式来实现。

"交相利",就其实质而言,所涉及的是行为的价值指针问题,也即义与利的关系问题。在如何处理义与利的关系问题上,儒家主张重义轻利、贵义贱利。在儒家那里,"义"指合乎"礼",也即"义从礼出",而"利"主要指个人私利。与儒家不同,墨家以"利"释"义",视"利"为"义"的内容、目的和标准,主张"爱""利"并举,既贵义,又尚利。在墨家那里,"利"指他人之利、"天下之利",而"义"即是有利于他人、有利于天下。换言之,凡有利于天下、有利于他人的行为即是"义",有害于天下、有害于他人的行为即是"不义"。墨子视"义"为"天下之良宝"②,认为"万事莫贵于义"③。而"义"之所以可贵,就在于它强调的是利于天下、利于他人。"交相利",就是指人与人之间应当守望相助,而不能只顾自己不顾别人,更不能为了自己的利益而去损害天下之利、他人之利。如"入人园圃,窃其桃李""攘人犬豕鸡豚"均是"亏人自利"的行为,属于"不义"的范畴,是以"天下之君子皆知而非之"④。与将"兼相爱"归于天意一样,墨子也将"义"视为天意,认为"天欲义而恶其不义者也","今天

---

① 《诸子集成·墨子间诂》(5),长沙:岳麓书社,1996年,第323页。
② 《诸子集成·墨子间诂》(5),长沙:岳麓书社,1996年,第342页。
③ 《诸子集成·墨子间诂》(5),长沙:岳麓书社,1996年,第350页。
④ 《诸子集成·墨子间诂》(5),长沙:岳麓书社,1996年,第99页。

下之士君子欲为义者,则不可不顺天之意矣"①。同时,墨子还提出了"三利"说,即所谓"上利天""中利鬼""下利人",认为"三利而无所不利,是谓天德","是故聚敛天下之善名而加之";"三不利而无所利,是谓天贼","是故聚敛天下之恶名而加之"。②　墨子这里所讲的"三利",就其实质而言,就是"利人","利鬼""利天"不过是"利人"之神圣化、对象化而已。也就是说,在墨子看来,判断"义"与"不义"或善与恶的标准只有一个,即是否"利人"。《非乐上》云:"利人乎,即为;不利人乎,即止。"③由此,墨子认为,作为"贤者",应当尽自己所能去帮助他人,"有力者"应当"疾以助人","有财者"应当"勉以分人","有道者"应当"劝以教人"。④　不仅如此,墨子还认为,能否做到"利人"是区分人与动物的标志之一。在他看来,有余力而不去帮助别人的人,财产有多宁愿让之腐臭而不愿意分给别人的人,以及有好的道理宁愿藏在心里而不愿意教给别人的人,都"若禽兽然"⑤。很显然,墨子"有力者疾以助人、有财者勉以分人、有道者劝以教人"的主张中已蕴含着乐善好施、扶危济困的志愿服务伦理观。所谓志愿服务,也就是要自觉自愿地奉献自己的能力、财产、知识等去帮助那些处于困境中的社会弱者。

墨子主张"交相利"的义利观,在后期墨家那里得到了进一步阐释和发挥。后期墨家认为,利即是"所得而喜",害即是"所得而恶"。⑥　这就是说,"利"与"害"是基于"所得"感受到喜或恶而作出的一种价值评价。《经上说》云:"利,得是而喜,则是利也。""害,得是而恶,则是害也。"基于关于"利"与"害"的此种理解,后期墨家以"利"释"义",认为"义,利也"⑦。《经说上》云:

---

①　《诸子集成·墨子间诂》(5),长沙:岳麓书社,1996年,第160页。
②　《诸子集成·墨子间诂》(5),长沙:岳麓书社,1996年,第162页。
③　《诸子集成·墨子间诂》(5),长沙:岳麓书社,1996年,第191页。
④　《诸子集成·墨子间诂》(5),长沙:岳麓书社,1996年,第53页。
⑤　《诸子集成·墨子间诂》(5),长沙:岳麓书社,1996年,第57页。
⑥　《诸子集成·墨子间诂》(5),长沙:岳麓书社,1996年,第237页。
⑦　《诸子集成·墨子间诂》(5),长沙:岳麓书社,1996年,第236页。

"志以天下为芬,而能能利之,不必用。"①这就是说,"义"就是将天下事视作分内之事,并能给天下的人带来利益,而自己是否能够得到利益则没有必要考虑。在后期墨家看来,判断一个行为是否有道德价值不能以个人利益作为依据,即所谓"害之中取小,求为义,非为义也"②,而应当以是否能给他人、天下人带来利益为依据。换言之,只有那些能够给他人、天下人带来利益而又不图报的行为才是符合"义"的,才是有道德价值的。从志愿服务伦理的角度来看,就是指在志愿服务活动中要思量如何为那些处于困境、需要帮扶的人提供贴心的服务,让他们得到实实在在的帮助,至于自己是否能够得到回报则不应予以考虑。"无偿利他、不图回报"是志愿服务最为根本的道德行为准则。

三、"志功统一"的志愿服务伦理评价观

墨家从"兼相爱"的志愿服务伦理理念和"交相利"的志愿服务伦理实践路径出发,提出了"志功统一"的志愿服务伦理评价观。所谓"志",即指行为的动机;所谓"功",即指行为的实际功效。按照墨子的观点,在对志愿服务活动进行伦理评价时要"合其志功而观焉",即既要考察参与志愿服务的动机,也要考察志愿服务行为所带来的实际效果,二者不可偏废。据《耕柱》记载,有一个叫巫马子的人问墨子道:"子兼爱天下,未云利也;我不爱天下,未云贼也",既然都是"功皆未至",你为什么"独自是"而"非我"呢?对此,墨子反问道:现在有一个人在这里放火,一个人端着水想去浇灭它,另一个人手持火苗想让火烧得更旺,但二者均"功皆未至",你认为哪个人的行为更值得肯定呢?巫马子答道:那个端着水要浇灭火的人的心意是值得肯定的,那个手持火苗想让火烧得更旺的人的心意是值得否定的。墨子接着说道:"吾亦是吾意,而非子之意也。"③根据墨子的观点,在对志愿服务进行伦理评价时,虽然考察志愿

---

① 《诸子集成·墨子间诂》(5),长沙:岳麓书社,1996年,第257页。
② 《诸子集成·墨子间诂》(5),长沙:岳麓书社,1996年,第321页。
③ 《诸子集成·墨子间诂》(5),长沙:岳麓书社,1996年,第341页。

服务的动机是必要的,但是志愿服务就其本质而言并非一个理论层面的问题,而是一个实践层面的问题,其道德价值需要通过人们实实在在的志愿服务活动及其实际效果来体现,因而在对志愿者的志愿服务行为进行道德评价时要注重考察其志愿服务行为的实际效果。为了说明考察行为功效的必要性和重要性,墨子还以"瞽不知黑白者"为例进行推论。他认为,瞽者之所以用眼睛无法辨别东西的黑白,不是因为他不知道什么是黑的、什么是白的,而是因为他眼睛看不见而无法分辨。在后期墨家看来,爱人与利人是有着区别的,懂得爱人的道理并不意味着利人,要真正做到爱人,就必须给他人带来实实在在的利益,否则爱就会落空,就会变得毫无实际意义。因此,考察一个人是否做到了"爱人",不能仅看他是否懂得什么是"爱人"以及是否有"爱人之心",更重要的要看他是否能秉持"爱人之心"去行动并给他人带来实际利益。同样的道理,在对志愿者的志愿服务行为进行道德评价时,不能仅看其是否懂得什么是志愿服务以及是否有志愿服务的动机和愿望,更重要的要看其能否真正参与到志愿服务活动之中并给服务对象带来实实在在的利益。换言之,一个人参与的志愿服务活动越多,给服务对象带来的实际利益越多,其志愿服务行为的道德价值就越大,反之亦然。

墨子"合其志功而观焉"的志愿服务伦理评价观也在后期墨家那里得到了进一步阐释和发挥。首先,后期墨家进一步强调动机善的重要性,将动机善视作行为善的前提,认为要有善的行为首先得有善的动机,动机不善不可谓善行。在后期墨家看来,"所为不善名",如果"所为善名",那就跟投机取巧、欺世盗名者一样不可能有善的行为。① 从志愿服务伦理的视角来说,参与志愿服务首先要有好的动机,是真正发自内心地想去帮助那些需要帮助的人。如果没有好的动机,或者仅是为了一己之私利去参与志愿服务活动,那么这样的志愿服务是没有什么道德价值可言的。其次,后期墨家提出了"志工(功),正

---

① 《诸子集成·墨子间诂》(5),长沙:岳麓书社,1996年,第258页。

也"①的观点。在后期墨家看来,一个真正具有道德价值的行为应当是"志功合一"的,即不仅要有善的动机,也要有好的功效,能给人带来实际利益。这就像夏衣鹿裘、冬穿葛衣一样,要适合时令季节,必须让人得到实实在在的利益。故《经上》云:"功,利民也。"最后,后期墨家强调要将"志"与"功"区别开来,即所谓"志功为辨"。在后期墨家看来,"志功不可以相从也",不能将行为的动机与效果混为一谈,这就像"意楹非意木""意指非意人"一样。这也就是说,我们不能只有"富人"的愿望和动机,更应当有"利人"的行动。"利人"是就行为的效果而言的,强调的是"为其人也",也即能够使人得到实实在在的利益;"富人"是就行动的动机而言的,而仅有良好的动机"非为其人也",即并不能使人真正富起来,只有在良好动机的驱动下努力作为,才能真正使人富起来,使人得到实实在在的利益,故"实,荣也"②"志行,为也"③。按照后期墨家的观点,判断一个志愿者所做出的志愿服务行为是否具有道德价值,不仅要看其是否有利他的志愿服务动机,更要看其是否有利他的实际行动。如果一个人有利他的志愿服务动机,但仅将其停留在口头上,而没有实实在在的志愿服务行动,那就不过是"金声玉服"、哗众取誉而已,"未足与议也"④。

四、当代意义

墨家的志愿服务伦理思想有一个最根本的特点,那就是倡导具有平等性、普遍性的"仁爱"理念。尽管墨子自小受到儒家伦理文化的熏陶,其志愿服务伦理思想与儒家的志愿服务伦理思想有着不可割断的渊源关系,但其伦理思想经历了一个从尊儒、学儒到非儒、反儒的转变过程,正是在这个转变过程中,墨子提出了有别于儒家的志愿服务伦理思想。儒家虽然倡导"仁者爱人"的

① 《诸子集成·墨子间诂》(5),长沙:岳麓书社,1996年,第259页。
② 《诸子集成·墨子间诂》(5),长沙:岳麓书社,1996年,第237页。
③ 《诸子集成·墨子间诂》(5),长沙:岳麓书社,1996年,第259页。
④ 《论语》,杨伯峻、杨逢彬注译,长沙:岳麓书社2000年,第30页。

志愿服务伦理理念,主张"泛爱众而亲仁""老吾老以及人之老,幼吾幼以及人之幼",但其仁爱是以"爱亲"作为"本始"而推及他人的差等之爱。《孟子·尽心上》云:"仁者无不爱也,急亲贤之为务。"与儒家所倡导的"差等之爱"不同,墨家主张"兼爱",尤其是后期墨家主张"周爱人",认为"爱人"就应该平等地、"为彼犹为己"地、"远施周遍"地爱世间所有的人。换言之,"爱人"应当是平等的、不分远近亲疏贵贱的、不受地域限制的,否则便是"不爱人矣"。在墨家看来,儒家所倡导的差等之爱无法祛除人的利己之心,而人的利己之心不祛除,那就难以真正去爱人、利人,甚至还有可能干出害人的事情来,从而使天下处于一种永无安宁的状态。

为了说明"兼相爱、交相利"的必要性和重要性,墨家假天行道,将"兼相爱、交相利"视为天之意志,认为倡导"兼相爱、交相利"是顺天意而为,从而使其志愿服务伦理思想涂上了一层浓厚的神秘的宗教色彩。同时,墨家的这种"兼相爱、交相利"的主张和理想不仅在当时的历史条件下是不可能实现的,即使是在当今时代也难以成为现实,因此带有明显的乌托邦性质。尽管如此,墨家的志愿服务伦理思想也在中国历史上产生了极其深远的影响。首先,在漫长的历史发展过程中,和睦相处一直是中华民族处理民族关系的基本准则,为中华各民族所推崇。这不仅表现在作为中华民族主体的汉族能够始终秉持宽厚仁爱的精神与兄弟民族和睦相处,而且表现在其他兄弟民族的优秀代表能够秉持"以和为贵"的原则与汉族休戚与共、携手共进。正是中华各民族的和睦相处、携手共进,使得中华民族能够在漫长的历史长河中一次又一次地转危为安、衰而复振,傲然屹立于世界的东方。不仅如此,而且在数千年的历史发展进程中,中华民族始终本着"协和万邦"的基本原则与世界各个国家、各个民族和平共处、友好往来,被誉为"文明古国""礼仪之邦"。中华各民族之所以能在漫长的历史发展过程中始终秉持和睦相处、协和万邦的原则处理好民族关系,并与世界各国各民族友好往来,其因素固然是多方面的,但无疑与墨家所倡导的"兼相爱、交相利"的志愿服务伦理思想不无关系。其次,在墨家"兼相爱、交相利"的志愿服务伦理思想以及墨家摩踵而利天下的"兼爱"精神的深刻影响下,在中国漫长的历史发展过程中,友善互助、扶危济困、扶贫济弱的行为从未停止过,并涌现出了数以万计的急公好义、慷慨解囊之士。

墨家的志愿服务伦理思想不仅在中国历史上产生了极其深远的影响,而且在当今时代仍有其重要价值。在中国特色社会主义已经进入新时代的今天,立足于新时代中国特色社会主义志愿服务发展的需要,批判地继承和弘扬墨家的志愿服务伦理思想有着非常重要的意义。

首先,批判地继承和弘扬墨家的志愿服务伦理思想有助于促进新时代中国特色社会主义志愿服务的发展。改革开放以来,特别是近年来,尽管中国的志愿服务获得了较快发展,参与志愿服务的人数越来越多,但总体而言,人们参与志愿服务的自觉性和积极性还是不够高的,与西方许多发达国家相比还存在相当大的差距。所以如此,其中一个重要原因就在于儒家"爱有差等"的观念在人们头脑中根深蒂固。儒家"爱有差等"的观念是与中国传统社会的伦理本位和差序格局相适应的。伦理本位和差序格局的社会结构决定了中国的传统伦理道德系统只能建基于差序的人伦之上,"事亲"被视为"仁之实",所谓"老吾老以及人之老,幼吾幼以及人之幼"不过是在"恻隐之心"的驱动下,以"亲亲"为始基而推衍开来的。在这样一种伦理道德系统中,人们所仁爱的对象主要是那些与自己有着伦理关系的人,所谓互帮互助、济困扶弱主要局限于熟人社会来考虑,很难扩展到陌生人社会,从而使得民间的帮扶活动带有浓厚的家族乡里情结,人们所在乎的主要是熟人之间的守望相助,对那些与自己没有伦理关系的陌生人则缺乏一种人道主义的关爱之情,这在很大程度上阻碍着中国志愿服务事业的发展。尽管新中国成立以来,伴随着社会主义人道主义的确立以及雷锋精神的弘扬,特别是近年来随着社会主义核心价值观的深入人心,这种情况有了很大改观,但"爱有差等"的仁爱观念仍很大程度上支配着人们的道德价值取向和道德行为选择。这是当前许多人参与志愿服务不够主动、不够积极、不够热情的重要原因之一。因此,在新时代中国特色社会主义志愿服务发展的过程中,要充分调动人们参与志愿服务的积极性、主动性和能动性,就必须打破这种"爱有差等"观念的束缚,打破熟人圈子的限制而走向社区、走向社会、走向国际。在这种情况下,根据新时代中国特色社会主义志愿服务发展的需要,批判地继承和弘扬墨家的"兼爱"思想,尤其是后期墨家的"周爱人"思想,显然有着非常重要的意义。"兼爱",包括后期墨家的"周爱人",就其实质而言,所倡导的是一种博爱的伦理情怀和无私奉献的伦理精神,而这种博爱的伦理情怀和无私奉献的伦理精神也是中国特色社会主义志愿服务所极力倡导的。在一定意义上可以说,每一个中国公民是否具有博爱的伦理情怀和无私奉献的伦理精神,决定着新时代中国特色社会主义志愿服务事业能否得到可持续发展。换言之,新时代中国特色社会主义志愿服务事业能否可持续发展以及发展程度如何,从根本上取决于我们每一个人能否秉持博爱的伦理情怀和无私奉献的伦理精神自觉自愿、积极主动地参与到志愿服务活动中去。尽管在新时代中国特色社会主义建设过程中,我们会遇到这样或那样的问题与挑战,并且由于这样或那样的原因,对诸多社会问题,我们也许无能为力,但只要我们站在时代发展的高度,秉持博爱的伦理情怀和无私奉献的伦理精神,积极主动地参与到志愿服务活动中去,必然有助于推动新时代中国特色社会主义志愿服务朝着有利于化解新时代社会矛盾的方向健康发展,从而使志愿服务在新时代中国特色社会主义建设中的作用得到充分彰显。

另外,墨家"志功统一"的志愿服务伦理评价观对我们在新的时代背景下如何构建志愿志愿服务伦理评价机制、开展志愿服务伦理评价也有着重要启迪意义。构建志愿服务伦理评价机制、开展志愿服务伦理评价是志愿服务治理不可缺少的一个重要环节,对志愿服务朝着本真的方向发展具有极其重要的意义。志愿服务具有浓厚的道义论色彩,本质上是一种纯粹出于社会道义而无偿为他人、为社会提供服务的社会伦理行为,因而应当是超功利性的或非权利动机性的。换言之,参与志愿服务的动机应当是纯粹的,不应带有任何功利性目的,正如后期墨家所说,"所为不善名"。如果志愿服务仅是出于个人的某些功利目的而做出,即如后期墨家所言,"所为善名",那就不仅失去了志愿服务本真的意义,而且也无甚道德价值可言。尽管有人认为只要人们愿意参与志愿服务,动机纯粹与否并不重要,动机不纯粹并不意味着不能提供好的志愿服务,但是:其一,只有动机善的行为才具有道德价值,决不能把那种出于不良用心而做出的志愿服务行为称为有道德价值的行为,即使其能在客观上取得暂时好的效果;其二,志愿服务就其本真意义来说是纯粹出于社会道义的伦理行为,其动机应当是纯粹的;其三,无数事实表明,动机纯粹的志愿者相比于动机不纯粹的志愿者,其所提供的志愿服务不仅更贴心、更到位,而且更具有可持续性。因此,在开展志愿服务伦理评价时,考察人们参与志愿服务的动机不仅是必要的,而且是非常重要的。当然,动机毕竟是主观层面的东西,在对志愿服务进行伦理评价时,我们又不能唯动机论。换言之,我们不仅要考察志愿服务的动机,还要考察志愿服务的效果,"合其志功而观焉"。志愿服务之所以为志愿服务,在一定意义上说,就在于其能"为其人也",即有助于解决某些社会问题,能为他人、为社会提供实实在在的帮助。如果只有志愿动机,没有实实在在的志愿服务行为,不能取得好的志愿服务效果,那么即使志愿服务的动机再纯粹也没有什么意义。因此,在对志愿服务进行伦理评价时还应注重考察其效果,只有把对志愿服务动机的考察和对志愿服务效果的考察有机统一起来,才能构建出一个科学合理的志愿服务伦理评价体系,从而也才能对志愿服务做出客观公正的伦理评价。

其次,批判地继承和弘扬墨家的志愿服务伦理思想有助于促进共同富裕目标的实现。改革开放以来,伴随着我国经济的快速发展,广大人民群众的物质生活水平有了极大提高,特别是近年来,随着稳增长、惠民生政策的实施,低收入阶层的生活状况有了明显改善,居民收入差距也呈现出逐步缩小的趋势,但由于发展得不平衡不充分,我国的社会贫富分化现象仍较为严重。就我国的基尼系数来说,虽然近些年来呈现出持续下降的趋势,但其绝对数值仍处于较高水平,超过国际公认的警戒线 0.4,如 2017 年的基尼系数为 0.467。在 2020 年 12 月 24 日的国是论坛上,刘元春教授指出,我国的基尼系数在"十三五"期间不仅没有延续"十二五"期间持续回落的态势,而且出现了反弹,目前已达到世界中上水平。同时,他还援引统计局按收入等分的城镇人均可支配收入数据称,2018 年中等偏下收入户的增速达到 15 年来的最低水平,已下滑到 1.2%,也是五类群体中最低的;中等收入户的收入增速自 2014 年后持续下降,2018 年为 4.2%,而高收入户、中等偏上收入户的收入增速则在小幅攀升,2018 年分别达到了 10.1%和 8.9%。① 这种情况表明,贫富分化问题仍是一个我们在新时代必须予以高度关注的重要现实问题。一方面,贫富分化问题的存在会使低收入群体内心产生较为严重的相对剥夺感,再加上其经济承受力低,抗压抗风险的能力极其脆弱,政治参与程度处于严重受抑状态,以及通过正常渠道表达利益诉求和情绪怨言的概率不高,从而"极易因为社会道德的水桶效应而成为社会动荡的火药桶"②。另一方面,低收入群体作为一个特殊的社会阶层,在社会分层中长期处于底层,很难向上层社会流动,呈现出一种固化的倾向。正如英国社会学家吉登斯所说:"因物质匮乏而导致不良的教育,不良教育又导致低档的职业,低档职业接着又导致连续的物质匮乏。"③ 这种阶层固化的倾向很容易使处于社会底层的低收入群体对社会产生不满甚至仇恨的情绪,从而引发社会冲突,影响社会的和谐与稳定。正因为如此,所以我们党和政府特别强调要缩小收入差距,防止两极分化,促进共同富裕。2021 年 8 月 17 日召开的中央财经委员会第十次会议强调"共同富裕是社会主义的本质要求,是中国式现代化的重要特征,要坚持以人民为中心的发展思

---

① 《中国的基尼系数大约是多少,2020 年世界各国基尼系数排名介绍》,http:/s.www changchenghao.cn,2020 年 7 月 1 日。

② 彭柏林、卢先明、李彬等:《当代中国公益伦理》,北京:人民出版社,2010 年,第 135 页。

③ [英]帕特里克·贝尔特:《二十世纪的社会理论》,瞿铁鹏译,上海:上海译文出版社,2002 年,第 114 页。

想,在高质量发展中促进共同富裕"①。党的二十大报告强调要扎实推进共同富裕。而要在高质量发展中扎实推进共同富裕,就必须完善分配制度,把初次分配、再分配和第三次分配有机结合起来,构建初次分配、再分配和第三次分配协调配套的基础制度性安排。也就是说,要在初次分配和再分配的基础上通过第三次分配来促进共同富裕。所谓第三次分配,从一定意义上说,就是要引导和鼓励高收入群体在自觉自愿的基础上,通过公益慈善活动对社会资源和社会财富进行再分配,以缩小贫富差距、防止两极分化,让社会发展成果更多更公平地惠及全体人民特别是低收入群体。而志愿服务是公益慈善活动的重要形式,它是由社会成员秉着无私奉献的伦理精神自觉自愿参与的以扶贫济困为主要价值目标的社会伦理行为或活动,这就决定了它是推动第三次分配不可或缺的重要形式,在第三次分配实现中有着不可替代的独特的作用。而要使志愿服务在推动第三次分配、促进共同富裕中的这种独特的作用得以充分地发挥和彰显出来,就需要有一批又一批的社会成员特别是那些高收入群体奉献爱心,积极参与到志愿服务中来,使志愿服务活动获得常态化和可持续发展。这就需要在全社会不断弘扬爱心善意,因为社会的爱心善意是志愿服务稳步和可持续发展的基础。批判地继承和弘扬墨家"兼相爱"的志愿服务伦理思想,则有助于培养人们的爱心善意,激发人们参与志愿服务的热情,激励更多的人特别是高收入群体参与到志愿服务活动来,这样就不仅有助于推动先富帮后富、先富带后富,从而从整体上扩大第三次分配,提高第三次分配在整个社会分配体系中的比重,缩小收入差距,而且可以在全社会张扬兼爱的志愿服务伦理理念和志愿服务伦理文化,彰显第三次分配的道德力量,不断满足人们的精神文化需求,从而从物质富裕和精神富足两个层面促进共同富裕目标的实现。

---

① 中华人民共和国中央人民政府:《习近平主持召开中央财经委员会第十次会议》,http://www.gov.cn/xinwen/2021-08/17/ content_5631780.htm。

最后,批判地继承和弘扬墨家的志愿服务伦理思想有助于促进人类命运共同体的构建。志愿服务作为一种国际性的公益活动,在构建人类命运共同体中有着独特的优势,可以发挥积极有效的作用。随着人类社会的发展,特别是随着世界多极化、经济全球化的深入发展和社会信息化、文化多样化的持续推进、世界各国的相互联系与依存程度的空前加深以及人口问题、环境问题、资源问题、金融问题、政治问题、恐怖主义问题、能源安全问题、核安全问题、网络安全问题、粮食安全问题、毒品泛滥问题、移民潮问题、公共卫生问题、贫困问题等全球性问题的日益凸显,人类正处于一个挑战更加严峻、风险与威胁日益增多的时代,"没有哪个国家能够独自应对人类面临的各种挑战,也没有哪个国家能够退回到自我封闭的孤岛"[1]。在这种情况下,批判地继承和弘扬墨家"兼相爱、交相利"的志愿服务伦理思想,有助于培养广大志愿者博爱的道德情怀,激发其参与国际志愿服务活动的热情和干劲,推动国际志愿服务事业的发展,这不仅有助于在世界意义上传播中国文化,讲好中国故事,让世界读懂中国,提升中国特色社会主义志愿服务的国际话语权,而且有助于缓解国际矛盾、地区冲突和化解民族隔阂,消解经济全球化带来的负面影响,"促进中国梦和各国人民的梦相通相融"[2],从而有力地推进人类命运共同体的构建。

第三节 道家文化中的志愿服务伦理思想及其当代意义

道家是由春秋时期著名的思想家、哲学家老子开创的一个重要学派,后经庄子、稷下道家的阐释和发挥而获得进一步发展,及至东汉末年又产生了道教。尽管现代学者将道家与道教严格区分开来,在讨论道家时大都将道教撇

---

[1] 《党的十九大报告辅导读本》,北京:人民出版社,2017年,第57页。

[2] 参见2014年7月习近平总书记给南京青奥会志愿者回信,http://edu.people.com.cn/n1/2018/0504/c1053-29965131.html。

在一旁,而只论老、庄、稷下,但是,道教与道家之间的历史渊源关系则是不容否定的。正如有的学者所指出,事实上,道教和道家不仅有着密切的联系,而且道教就是在道家的基础上发展起来的,是道家的分支或转型,其"在根本理论上与道家血脉相通,而道家在魏晋之后,也是借助道教而延续和发展"①。因此,从广义上来说,道教也应包含在道家之内,只不过它是"以宗教的形式延续和发展着道家文化"②。

在道家文化中是否蕴含着志愿服务伦理思想呢?这是一个当前学界尚未涉及与思考的问题。我们认为,尽管受着历史条件的限制(志愿服务是一个现代性概念),在道家文化诸典籍中尚未出现志愿服务以及志愿服务伦理的概念,但不可否认的是,道家文化中也蕴含着丰富的志愿服务伦理思想。在志愿服务迅速发展的今天,充分挖掘蕴含在道家文化中的志愿服务伦理思想并赋予其时代内涵,无疑有着重要的理论意义与现实意义。

一、"无为"而善的志愿服务伦理理念

老庄是道家学派的主要代表人物,而老子则是道家学派的创始人,当前学界大多数学者认为道家就是指老庄学派或以老庄之学为根本而发展起来的学术流派。道家志愿服务伦理思想一个最为根本的特点即是强调"无为"而善。道家这种"无为"而善的志愿服务伦理理念主要蕴含在道家创始人老子所著《老子》一书中,而其中的若干观点又在庄子那里得到进一步阐释和发展。

"道,所行道也。"③"一达谓之道路。"④"道",就其本义而言,是指具有一定指向的道路,后经引申便有了规律、规范等含义。早在春秋时期,人们就已开始用"道"来表示自然运行的规律,即所谓"天道",以及社会行为准则或规

---

① 陆玉林、彭永捷、李振纲:《中国道家》,北京:宗教文化出版社,1996年,第201页。
② 陆玉林、彭永捷、李振纲:《中国道家》,北京:宗教文化出版社,1996年,第203页。
③ 《说文解字》。
④ 《尔雅·释宫》。

范,即所谓"人道"。后来,老子从哲学的视角对"道"作了最高抽象,将其视为宇宙的本体、世界万物的本质或本原。老子认为,"道之为物,惟恍惟惚",其中"有精""有信"①,但"视之不见""听之不闻""博之不得","其上不皦,其下不昧","迎之不见其首,随之不见其后"。② 这就是说,"道"并不是某个具体的物质形态,而是一种"惚兮恍兮"、"恍兮惚兮",不可捉摸的存在,它看不见、听不到、摸不着,处于一种不分上下、不辨明暗、不见前后的混沌未分的虚无状态。但它"先天地生","寂兮寥兮! 独立而不改,周行而不殆,可以为天(下)[地]母"③,"渊兮,似万物之宗"④。换言之,"道"是"天地之始""万物之母"。"天下万物生于有,有生于无。"⑤"道生一,一生二,二生三,三生万物。"⑥"道"就是这样由"无"到"有"、由"一"到"多"生育世界万物的。

《老子》在对"道"作了最高哲学抽象,将其视作宇宙万物的本体或本原之后,进一步对"道"的性质("德")作了规定,认为道虽生育万物,但"生而不有,为而不恃,长而不宰"⑦。这就是说,"道"是"无为而无不为"的,"无为"乃是"道"之常,即"道"作为宇宙最高法则的最高规定。什么是"无为"? 关于"无为"这个概念,孔子也提及过,据《论语·卫灵公》记载,孔子说:"无为而治者其舜也!"不过,《老子》所说"无为"与孔子所讲"无为"在含义上是根本不同的。孔子所说"无为"强调的是依照礼、乐、仁、义来治理国家;而《老子》所讲"无为"则是对自然界无意志、无目的之特性的一种哲学抽象和概括,所强调的是自然而然、无意而为,不要有自己的目的与追求,也即"道法自然"。"希言自然。故飘风不终朝,骤雨不终日。"⑧"'道'之尊,'德'之贵,夫莫之命

① 《老子》,孙雍长注译,广州:花城出版社,1998 年,第 41 页。
② 《老子》,孙雍长注译,广州:花城出版社,1998 年,第 25 页。
③ 《老子》,孙雍长注译,广州:花城出版社,1998 年,第 48 页。
④ 《老子》,孙雍长注译,广州:花城出版社,1998 年,第 7 页。
⑤ 《老子》,孙雍长注译,广州:花城出版社,1998 年,第 81 页。
⑥ 《老子》,孙雍长注译,广州:花城出版社,1998 年,第 85 页。
⑦ 《老子》,孙雍长注译,广州:花城出版社,1998 年,第 17 页。
⑧ 《老子》,孙雍长注译,广州:花城出版社,1998 年,第 45 页。

而常自然。"①在老子看来，"无为"是"道"的德性，即所谓"玄德"，应为包括人在内的天地万物所效法。"道大，天大，地大，人亦大。域中有四大，而人居其一焉。人法地，地法天，天法道，道法自然。"②若人能效法"道"的这种德性，做到"无为"，那就是法"道"而有所得。换言之，人应效法"道"的德性，顺乎"无为"之自然本性，像圣人那样"欲不欲，不贵难得之货，学不学，复众人之所过，以辅万物之自然而不敢为"③。

从"道常无为"出发，老子提出了"无为"而善的志愿服务伦理理念。这主要体现在以下三个方面：

首先，老子主张"损有余而补不足"。在老子看来，"物或损之而益，或益之而损"④，"损有余而补不足"乃是"天之道"，这就像张弓射箭一样，若弓张得高了就应调整放低一些，若低了就应调整放高一些。据此，老子深刻地批判和抨击了现实社会生活中所存在的那种"损不足以奉有余"的不公平现象。《老子·七十七》指出："人之道则不然，损不足以奉有余。孰能有余以奉天下？唯有道者。"⑤这就是说，现实社会生活中所存在的那种"损不足以奉有余"，从而使"富者愈富，贫者愈贫"的不公平现象，是与"天之道"相违背的，应当加以矫正，按照"天之道"行事，"损有余而补不足"。这一观点后来在庄子那里得到进一步阐释和发挥。《庄子·天地》云："富而使人分之，则何事之有？"⑥

"损有余而补不足""富而使人分之"，就其实质而言，就是要人们将自己多余的时间、精力、财物等奉献出来，去帮助那些尚处于困境、需要帮助的人。这与现代志愿服务的道义要求是高度契合、内在一致的。《老子·二十七》

---

① 《老子》，孙雍长注译，广州：花城出版社，1998年，第101页。
② 《老子》，孙雍长注译，广州：花城出版社，1998年，第49页。
③ 《老子》，孙雍长注译，广州：花城出版社，1998年，第128页。
④ 《老子》，孙雍长注译，广州：花城出版社，1998年，第85页。
⑤ 《老子》，孙雍长注译，广州：花城出版社，1998年，第155页。
⑥ 《庄子》，孙雍长注译，广州：花城出版社，1998年，第155页。

云,"圣人常善救人,故无弃人"①,这从一定意义上说,应当像圣人那样善于尽自己所有、所能去帮助那些需要帮助的人。在老子看来,唯有如此才合乎"天之道",只有这样才能成为"有道者"。老子这一"损有余而补不足"的道德观后经进一步地引申与升华,成为人们力行慈善、热心助人的精神基础和价值源泉,激励着数以万计的人投身于济困扶弱的慈善活动之中,对中华民族形成"乐于助人、济贫扶弱、雪中送炭"等传统美德产生了积极影响。

其次,老子将"德"分为"上德"和"下德","上德"即作为"道之常"的"无为",而"下德"即与"无为"相对立的"有为"。老子之所以将"德"分为"上德"和"下德",是为了将合乎自然的"无为"助人行为与不合乎自然的"有为"助人行为区分开来。《老子·五》云:"天地不仁,以万物为刍狗;圣人不仁,以百姓为刍狗。"②这其实就是要提醒人们以无为的心态合乎自然地去行善济人。如果在行善济人的过程中夹带私意、有失偏颇、有所执着,那就谈不上"仁"了。《老子·三十八》云:"上德不德,是以有德;下德不失德,所以无德。上德无为,而无以为;下德为之,而有以为。"③这就是说,我们应该秉持"上德"的本性,顺乎自然地去广行善事、济贫扶弱、救人于危难,既要像水那样"善利万物而不争,处众人之所恶"④,又要像圣人那样无偏无私、为而不恃、功成而不居、行善而不自矜。这也就是《老子·四十一》所说的"上德若谷"⑤。老子还指出:"上仁为之,而无以为。"⑥其意思是说,行善济人应当发自天性或内心且不图回报,唯有如此才能成为"上仁"之人。在老子看来,"大成若缺""大盈若冲"⑦,"圣人不积,既以为人,己愈有;既以与人,己愈多"⑧,"非以其

① 《老子》,孙雍长注译,广州:花城出版社,1998年,第52页。
② 《老子》,孙雍长注译,广州:花城出版社,1998年,第9页。
③ 《老子》,孙雍长注译,广州:花城出版社,1998年,第75—76页。
④ 《老子》,孙雍长注译,广州:花城出版社,1998年,第13页。
⑤ 《老子》,孙雍长注译,广州:花城出版社,1998年,第82页。
⑥ 《老子》,孙雍长注译,广州:花城出版社,1998年,第75页。
⑦ 《老子》,孙雍长注译,广州:花城出版社,1998年,第90页。
⑧ 《老子》,孙雍长注译,广州:花城出版社,1998年,第163页。

无私耶？故能成其私"①。如果人们能像圣人那样本着"无为""无私"的心态去行善济人，那么帮助别人越多、给予别人越多，自己所得到的就会越多，自己的德性也会随之不断增长，从而最终成就自己，达到"大成""大盈"而与"道"合一的境界。

再次，老子赋予"道"赏善罚恶的功能，以引导人们行善济人。老子认为，"道"作为世间万物的总根源虽看不见、听不到、摸不着，但能赏善罚恶，使善人得到福报、恶人遭受灾殃。《老子·二十三》云："同于道者，道亦乐得之；同于德者，德亦乐得之；同于天者，天亦乐得之。"②在老子看来，"天之道，利而不害"③，"天道无亲，常与善人"④。这就是说，利人而不害人是"天道"的性质和要求，"天道"没有偏爱之心，永远只赏赐那些乐于行善、乐于助人的人。因此，人应该顺应天道，向善避恶，常行善事，济贫扶弱、济困扶危，不管是什么人，在其陷入困境需要帮助时都应及时给予援手，既要做到"善者吾善之"，又要做到"不善者吾亦善之"，即所谓"德善"⑤。在老子看来，如果我们每一个人都能够善待芸芸众生，尽自己所能去帮助别人，社会就能走向至善，"甘其食，美其服，安其居，乐其俗"⑥的社会理想也能最终得到实现。老子的这一赏善罚恶观，就其思想渊源来说，不过是对殷商以来就有的善恶报应观的继承和发挥而已。《易传·坤·文言》云："积善之家，必有余庆；积不善之家，必有余殃。"《尚书·商书·伊训篇》云："惟上帝无常，作善降之百祥，作不善降之百殃。"

老子的这一赏善罚恶观在庄子那里得到了进一步诠释。庄子在解释什么

---

① 《老子》,孙雍长注译,广州:花城出版社,1998年,第12页。
② 《老子》,孙雍长注译,广州:花城出版社,1998年,第145页。
③ 《老子》,孙雍长注译,广州:花城出版社,1998年,第163页。
④ 《老子》,孙雍长注译,广州:花城出版社,1998年,第158页。
⑤ 《老子》,孙雍长注译,广州:花城出版社,1998年,第97页。
⑥ 《老子》,孙雍长注译,广州:花城出版社,1998年,第161页。

是"道"时说："有天道,有人道。无为而尊者,天道也;有为而累者,人道也。"①在庄子看来,天道无为,因此人不应为私心所累,而应秉持无为的态度去"爱人利物"。《庄子·天地》云:"无为为之之谓天,无为言之之谓德,爱人利物之谓仁。""技兼于事,事兼于义,义兼于德,德兼于道,道兼于天。"②因此,人可以通过广行善事而得"道"升天,成为"真人"。同时,庄子认为,行善积德是保全生命、颐养天年的重要途径。在他看来,只要一个人顺应天道,多行善事,济物救世,就"可以保身,可以全生,可以养亲,可以尽年"③。

二、"周穷救急"的志愿服务伦理主张

道教,作为我国唯一的土生土长的宗教派别,大约产生于东汉时期。正如上面所说,道教是道家的分支和转型,尽管两者有着这样或那样的区别,但又存在着不可分割的源流关系,"道家之名,在起始之时,已是兼容并包,不但指老庄之学,也涵盖汉初黄老;道教兴起之后,古人言道也将道教包括在内,并将其当作道家之一派或几派来处理"④。事实上,道教与道家在根本理论上也是血脉相通的,是对道家文化的宗教式承续和发展,清代《四库全书》编纂时便是将二者合为一体加以编排的。因此,探讨道家文化中的志愿服务伦理思想,除了着重挖掘和探讨老庄之学中所蕴含的志愿服务伦理思想外,也有必要挖掘和探讨道教典籍中所蕴含的志愿服务伦理思想。

道教典籍甚多,除了《道德经》《南华经》以外,还有《太平经》《太上感应篇》等。在道教的诸多典籍中蕴含着甚为丰富的志愿服务伦理思想。究极而言,道教的志愿服务伦理思想主要体现在其"周穷救急"的主张上。道教的"周穷救急"主张是在继承老子"损有余而补不足"的志愿服务伦理观的基础

---

① 《庄子》,孙雍长注译,广州:花城出版社,1998 年,第 147 页。
② 《庄子》,孙雍长注译,广州:花城出版社,1998 年,第 149—150 页。
③ 《庄子》,孙雍长注译,广州:花城出版社,1998 年,第 37 页。
④ 陆玉林、彭永捷、李振纲:《中国道家》,北京:宗教文化出版社,1996 年,第 195—196 页。

上提出来的。道教认为,天下财物非私人之所有,乃"中和之有,使可推行,浮而往来"①,"以共养人也"②,"本非独以给一人也"③,是"天地所以行仁也,以相推通周足,令人不穷"④,唯有周流天地、普惠天下人才符合天道。因此,每一个人都应当顺从天道,将"周穷救急"视为"天职"和应尽的社会责任,尽自己所有去周济"不足者",而不能像仓中的老鼠那样"常独足食"。⑤ 如若不知手中财物乃是"天地中和所有,以共养人也"⑥,而将财物视为"终古独当有之"⑦,即使"积财亿万"也不肯"周穷救急",从而"使人饥寒而死"⑧,那就将是"天地之间大不仁人"⑨,"罪不除也"⑩。道教认为,"天生人,幸使其人人自有筋骨力,可以自衣食者"⑪,因此每个人都应当将上天所赋予的创造财富的能力充分地发挥出来,尽自己所能去参加劳动、创造财富,"各自衣食其力"。倘若我们"不肯力为之",有劳动能力却不去参加劳动,并因此而使自己陷入饥不得食、寒不得衣的贫困状态,那就有"负其先人之体"⑫。不过,道教主张人们通过正当手段去创造财富,反对妄取"非己之财""非义之财",强调"不得盗他物以自供给"⑬"不得欺凌孤贫,夺人财物"⑭"不得妄取人财"⑮"不得横求人物"⑯等。道教虽然倡导人们尽自己所能去创造财富,但又反对将所创造

① 《太平经》(上),北京:中华书局,2013年,第846页。
② 《太平经》(上),北京:中华书局,2013年,第834页。
③ 《太平经》(上),北京:中华书局,2013年,第849页。
④ 《太平经》(上),北京:中华书局,2013年,第834页。
⑤ 《太平经》(上),北京:中华书局,2013年,第849页。
⑥ 《太平经》(上),北京:中华书局,2013年,第849页。
⑦ 《太平经》(上),北京:中华书局,2013年,第849页。
⑧ 《太平经》(上),北京:中华书局,2013年,第834页。
⑨ 《太平经》(上),北京:中华书局,2013年,第849页。
⑩ 《太平经》(上),北京:中华书局,2013年,第837页。
⑪ 《太平经》(上),北京:中华书局,2013年,第836页。
⑫ 《太平经》(上),北京:中华书局,2013年,第837页。
⑬ [南朝·刘宋]陆修静:《受持八戒斋文》。
⑭ 《玉清经·本起贫》。
⑮ 《妙林经二十七戒》。
⑯ 《老君说一百八十戒》。

的财富据为己有、独自享用,反对囤积财富、为富不仁,主张人们用自己通过劳动所创造的财富去救济那些在贫困线、生死线上挣扎的贫弱之人。《太平经》云:"莫若善于施与,见人贫乏,为其愁新,比若自忧饥寒,乃可也。"①在道教看来,与其蓄积金银财物使之腐涂,还不如将那些多余的金银财物用来济贫扶弱,这样不仅可以给贫困者带快乐,而且也可以使自己获得仁爱之名,"名著万民,不复灭也"②。很显然,道教的这一思想,本质上不过是对老子"圣人不积"观的继承和发挥而已。

为了让"周穷救急"的主张能被接受和得到推广,一方面,道教借助具有赏善罚恶之能的神秘力量来宣扬善恶有报的观念。道教认为,人的行为无论善与恶都有专门的神明在监管,这些神明会根据人们所做善功之大小与多少给予程度不同的福报,或根据人们所犯过恶之大小与多少决定其所受刑罚灾祸之轻重,会"举善者为种民,学者为仙官,设科立典,奖善杜恶,防遏罪根,督进福业之人"③。《太平经》云:"凡大小甲申之至也,除凶民,度善人,善人为种民,凶民为混蕭。"④"积善不止,道福起,令人吉日。"⑤这就是说,但凡灾厄来临,凶恶的人就会被铲除掉,变成一堆烂泥;而良善的人就会得到超度,成为"种民"。一个人若能笃行善事,神明就会将福业降临于他,使其一天比一天吉利;如若犯有恶行,神明就会依其恶"所犯轻重,以夺人算,算减则贫耗"⑥。这就如《太上感应篇》所言:"善恶之报,如影随形。"基于这种善恶报应观,道教还提出了一种"承负说"。

所谓"承负说",就其思想渊源来说,主要来源于《周易·坤卦·文言》中的"积不善之家必有余殃",指一个人所做之恶,不仅会殃及自身,而且也会殃

---

① 《太平经》(上),北京:中华书局,2013 年,第 284 页。
② 《太平经》(上),北京:中华书局,2013 年,第 847 页。
③ 《太平经》(上),北京:中华书局,2013 年,第 18 页。
④ 《太平经》(上),北京:中华书局,2013 年,第 15 页。
⑤ 《太平经》(上),北京:中华书局,2013 年,第 43 页。
⑥ 《太上感应篇》。

及自己的后世子孙。正如《论衡·感类篇》所云："阴阳不和,灾变发起,或时先世遗咎。"在道教看来,现实生活中之所以有人"力行善反常得恶",有人"力行恶反而得善",全是因承受先人过失之责或功德之佑所致。《太平经》云:"承者为前,负者为后。"①这就是说,前辈人所留下的罪责和灾殃都会报应在后辈人身上,"负者,乃先人负于后生者也"②。在这种"承负说"看来,任何人的行为,无论善与恶,都会遭到报应,不仅会使自身遭到报应,而且也会累及后世子孙,人的今世祸福与先人所做善恶有着密切关系。是故"为人先生祖父母,不容易也,当为后生者计,可毋使子孙有承负之厄"③。如果一个人能够笃行善事而不止息,那就不仅可以避免被祖先余殃所累及,而且还可以为后代子孙造福积德;如果力行恶事且不知悔改,那就会遭到神灵的惩罚。因此,人应当力行善事,"积德累功,慈心于物;矜孤恤寡,敬老怀幼;悯人之凶,乐人之善;济人之急,救人之危;施恩不求报,与人不追悔";应当"措衣食周道路之饥寒,施棺椁免尸骸之暴露","家富提携亲戚,岁饥赈济邻朋","剪碍道之荆榛,除当途之瓦石","修数百年崎岖之路,造千万人来往之桥",④如此便会得到百神的呵护,使自己以及子孙获得福报。

另一方面,道教将"周穷救急"视为长生成仙的重要途径。《太平经》云:"如行善不止,过此寿谓之度世。行恶不止,不及三寿,皆夭也。"⑤这就是说,如若长期做善事且不间断,就可以度世成仙,达到上寿,活到120岁以上;反之,如若长期不断地做坏事,那就会短寿,就会早早死去。东晋道士葛洪《抱朴子·内篇》云:"欲求长生者,必欲积善立功,慈心于物,恕己及人,仁逮昆虫,乐人之吉,愍人之苦,赒人之急,救人之穷。"也就是说,一个人要想长生不老,就要有"乐人之吉,愍人之苦"的理念,视别人之苦难为自己之苦难,通过

---

① 《太平经》(上),北京:中华书局,2013年,第250页。
② 《太平经》(上),北京:中华书局,2013年,第250页。
③ 《太平经》(上),北京:中华书局,2013年,第286页。
④ 《文昌帝君阴骘文》。
⑤ 《太平经》(上),北京:中华书局,2013年,第93页。

周穷救急积累善功。在葛洪看来,要想长生不老,仅靠内炼丹术是不够的,更要积善行德;如果不积累善功,即使服了仙丹,也没有什么用;如果能够力行善事,即使没有服用仙丹,也可以避免猝死之祸。另外,葛洪还将仙分为地仙和天仙,认为要想成为地仙,就必须连续不断地做满三百件善事;要想成为天仙,就必须连续不断地做满一千二百件善事;"若有千一百九十九善,而忽复中行一恶,则尽失前善,乃复更起善数耳"。《晋真人语录》云:"若要真行,须要修仁蕴德。济贫拔苦,见人患难,常怀拯救之心,或化诱善人入道修行;所为之事,先人后己,与万物无私,乃真行也。"《净明宗教录》云:"凡得净明法者,务在济物,见他人之父,见他人之母,如我父母。矜老恤孤,怜贫悯病,如病危急,若在己身。"总而言之,在道教看来,周穷救急、积善行德是长生成仙的关键所在,大凡欲长生不老者,须如《吕祖全书·卷二十八》所云:"或行一善事,以济人之困穷;或出一善言,以解人之怨结;或施一臂力,以扶人之阽危。"为此,道教在具体操作方式上设计了一套"功过格"方法,以记录人们的善恶功过。"功过格",即记录善恶功过的小册子,"功格"记录人的善言善行,"过格"记录人的恶言恶行。同时,受道家哲学影响,道教还倡导所谓"阴功密惠"说,主张做了善事不要张扬,尤其不要让所帮助或救济过的人知悉,也就是要做到秘而不宣。

三、当代意义

很显然,老庄"无为"而善的思想与道教"周穷救急"的主张是有着一定的区别的。老庄,主要是老子,是从"道"这个"万物之母"来阐发其"损有余而补不足"的志愿服务伦理理念的,本质上属于自然主义志愿服务伦理观;道教则是从"天职"的角度来阐释其"周穷救急"的志愿服务伦理主张的,其志愿服务伦理思想带有神秘主义的性质。不过,尽管二者存在如此区别,但无论是老庄的"损有余而补不足"的思想,还是道教的"周穷救急"思想,本质上都属于道家文化的范畴,是一种旨在济贫扶弱、济危扶困的志愿服务伦理思想,二者在基本要求上具有内在一致性、在理论基础与思想渊源上具有血脉相通性。

道家文化中的志愿服务伦理思想在历史上的影响是极其深远的。首先，老子的"损有余而补不足"、庄子的"富而使人分之"以及道教的"周穷救急"等都是中国传统文化中宝贵的志愿服务思想资源。这些思想资源不仅作为中国传统慈善事业的思想道德基础深刻影响着中国古代慈善事业的发展，而且作为中国传统伦理思想的有机组成部分，在几千年的漫长历史发展过程中，不断浸润着中华民族与人为善的民族心灵，滋养着扶贫济困、乐济天下的民族性格，成为中华民族赖以生存和发展的重要道德基因和价值支撑。其次，蕴含在道家文化中的志愿服务伦理价值观在中国传统社会深刻地影响着人们的慈善行为选择，成为人们力行慈善的精神基础和价值源泉，不断激励着人们自觉自愿地投身于扶危济困、扶贫济弱的慈善活动之中，对中华民族形成周穷救急的慈善伦理传统以及"乐于助人、雪中送炭"等传统美德产生了极其深刻的影响。再次，道家文化中立足于"道"或神秘力量而建立起来的善恶有报的志愿服务伦理赏罚机制，尽管缺乏科学根据并带有鲜明的功利主义色彩，但在以宗法血缘关系为纽带而建立起来的中国传统社会，对注重现实利益、追求福寿安康的中国人来说有着特殊意义，它极大地激发了人们济贫扶困的慈善热情，有力地推动了中国传统慈善活动的开展。在民间社会，人们之所以倡导暗暗地做好事、积阴德、修阴功，究其思想渊源，即可上溯于此。"这种求善报的基本思想，随着明清时期善书的盛行，不仅成为中国民间思想的一种主流，而且成为民间慈善活动发展的基本动力"①。最后，道教作为一种民间信仰、民间宗教，主要植根于百姓的日常生活之中。与处于官方主流地位的儒家文化中的志愿服务伦理思想相比，道教文化所倡导的志愿服务伦理理念在主要流传、普及于民间的善书中得到了较好的宣传和体现。"特别是经过近千年来的历史荡涤，明清之际的善书大都将早自东汉时期反映简单零散的宗教道德观念的

① 余日昌：《中华传统美德丛书——慈善卷》，南京：南京大学出版社，2008年，第67页。

特点,改变成了一种以道教修生养息、善待生命的基本理念为主要线索,同时将儒家纲常伦理观念与佛教的善恶报应思想糅合在一起的思想体系。"①

不可否认,道家文化中的志愿服务伦理思想也存在着一定的历史局限性,不仅由于历史条件的限制而使其无法认识到志愿服务作为一种独特的社会伦理行为的本质以及其在化解社会矛盾、促进社会进步与和谐方面所具有的价值和意义,而且无论是老子将"损有余而补不足"归于天道,还是道教将"周穷救急"视为天职以及其所提出的"承负说",都带有非常神秘的性质,具有神秘主义的特性。尽管如此,批判地继承和吸取道家所提出的这些志愿服务伦理思想,对我们在新的时代背景下如何推进中国特色社会主义志愿服务事业的发展也有一定的启迪意义。首先,志愿服务作为一种志愿者自觉自愿的活动,应当排斥政府权力的干预,因为政府干预可能改变志愿服务的性质并背离志愿者的意愿,从而阻碍志愿服务的健康发展。对当代中国而言,尽管特定的社会背景和传统习俗使得志愿服务活动需要借助政府的直接支持,但政府扶持志愿服务,并让其沿着非政府性或民间性方向发展已显得十分必要。其次,按照道家"无为"而善的要求,我们应当本着"无为""无私"的心态去参与志愿服务,也即应当奉行无偿利他、扶危济困的原则,而不能带有任何功利性的目的。事实上,志愿服务并不是私人之间狭隘的恩赐与感恩,而是社会成员之间的一种社会化的自愿互助行为,"不图回报"是现代志愿服务应当倡导的最为基本的道德观念。再次,要引导和激励受助者参与志愿服务活动,传递爱心。在葛洪的《神仙传》中记载了一个故事:一个叫董奉的医者,"居山间为人治病,不取钱物,使人重病愈者,使栽杏五株,轻者一株,如此数年,计得十万余株,郁然成林……君异以其所得粮谷赈救贫穷,供给行旅,岁消三千斛。"这个故事启迪我们,志愿服务的可持续健康发展取决于爱心的不断传递,因而在发展志愿服务事业的过程中,我们不仅要积极主动地参与志愿服务活动,主动承

---

① 余日昌:《中华传统美德丛书——慈善卷》,南京:南京大学出版社,2008年,第66页。

担对社会公益的义务和责任,同时也要激励受助者在力所能及的情况下参与到志愿服务活动中来,为他人、社会奉献一份爱心。最后,道教为了激励人们力行慈善,设计了一种"功过格"做法。这种做法给我们的启迪是:志愿服务虽是一种自觉自愿参与的活动,但要得到真正的发展,也需要一套行之有效的激励机制。从伦理学的视角来说,关心社会公益、参与志愿服务是每个社会成员应当承担的道德义务,绝非少数人的专利,作为社会、作为组织者,适当采取一些面对志愿者的鼓励、奖励或激励机制,吸收更多的公民加入到志愿服务的行列中来,对促进志愿服务的可持续发展是十分重要的。另外,道教所倡导的"阴功密惠"说,在一定意义上与现代志愿服务所倡导的"不让受助者知道自己在受助"等道德理念也有契合之处。

第四节　佛家文化中的志愿服务伦理思想及其当代意义

佛家,亦称释家,自 1 世纪传入中土后,其慈悲观念、善恶报应观及福田思想,对中国人的社会行为产生了深刻影响。在佛家文化中,亦蕴含着丰富的志愿服务伦理思想。站在新时代的视角,挖掘和分析佛家文化中所蕴含的志愿服务伦理思想亦有着重要意义。

一、慈悲为本的志愿服务伦理理念

从儒家观点出发,中国传统中的慈善救济活动大多是自上而下的施予,也即主要是由政府或富人做出的一种施舍或救济;而具有平民化色彩的类似志愿服务的慈善救济活动或许更多地渊源于佛家的慈悲文化。自两汉之际(公元前后)佛家文化传入中国后,"慈善"二字便与之结下了不解之缘。

佛家的慈悲观所突出的是对众生的悲悯与同情,反映着其解除众生疾苦的人道胸怀和利益社会与他人的奉献精神。《观无量寿经》云:"佛心者大慈悲是。"也就是说,慈悲乃是佛心的根本。何谓慈悲呢? 本质而言,慈悲即是"爱","爱"可以说是慈悲的根本精神所在。所谓"慈",即是要关爱众生,以种种方便使其得到快乐;所谓"悲",即是要同情怜悯众生所受身心之苦,并积极主动地救助,使其免除痛苦。佛典《奉法要》云:"何谓为慈? 愍伤众生,等一物我,推己恕彼,愿令普安,爱及昆虫,情无同异。何谓为悲? 博爱兼拯,雨泪恻心,要令实功潜著,不直有心而已。"①在佛家看来,"慈"乃是"与乐之心",即予人以快乐的心态或意向;"悲"乃是"拔苦之心",即拔除众生疾苦的心态或意向。

佛家特别强调"大慈大悲"。佛典《大智度论·卷二十七》云:"大慈与一切众生乐,大悲拔一切众生苦。"这即是说,"大慈",就是要让一切生命得到快乐;"大悲",就是要让一切生命脱离痛苦。佛家慈悲观要求不分亲疏内外地爱一切人,同等地对待所有的生物或生命。佛家认为,我们不仅要关心和爱护自己的亲人和朋友,更要关心和爱护那些与自己素不相识的陌生他者,即所谓"无缘大慈"。这一点似与孟子所提倡的"老吾老以及人之老,幼吾幼以及人之幼"及《礼记·大同》所主张的"不独亲其亲、子其子"有着一致之处。佛家还强调"同体大悲",也就是说要视众生与己为一体,视众生之疾苦为己之疾苦,从而生起拔除众生之苦的心态或意向。

在佛家看来,慈悲,就是出于怜爱、怜悯与同情的慈悲之心与慈悲之行的统一。慈悲之心,即希望他人得到快乐或解除痛苦的意识与心态;慈悲之行,即帮助他人得到快乐或解除痛苦的行为。由此可见,佛家的慈悲观并不仅仅是一种心态的培养或心性的训练,而是更为强调通过实际行动帮助他人得到快乐或解除痛苦。因此,佛家甚为重视布施。布施可以说是佛家实现其慈悲观最为重要的方式。佛家的布施主要有三种,即财施、法施与无畏施。财施,是指用物质性的东西去帮助他人,使其免于贫困与匮乏之苦;法施,是指在精

---

①　郗超:《奉法要》。

神层面用语言、情感、思想等去安慰、激励他人,以使其解除情感、思想之苦;无畏施,是指菩萨为使众生免除畏惧或恐怖而给予众生以无上信心和帮助。所有这些布施均出于同情、怜悯和利他之心,不带有任何功利的动机或目的,具有纯粹利他的性质,属于无条件利他行为。由此不难看出,佛家的慈悲观所体现的是对众生的关心、怜悯与爱护,所彰显的是一种崇高的利他情怀与博爱精神。正是在这种慈悲观的感召与导引下,广大佛徒特别是高僧,均本着"能为众生作大利益,心无疲倦"①的理念"恒求善事"、广行善举,致力于赈济、养老、育婴、除疾等慈善救助活动。

基于慈悲观,佛家还提出了"四无量心"说。《大智度论·卷二十》云:"四无量心者,慈、悲、喜、舍。慈名爱念众生,常求安隐乐事以饶益之;悲名愍念众生受五道中种种身苦、心苦;喜名欲令众生从乐得欢喜。舍名舍三种心,但念众生不憎不爱。""无量"即无有限量之意,"四无量心"是佛家所提倡的普度众生时所应秉持的四个基本道德理念。

"慈无量心""悲无量心"乃佛道之根本,我们在寺庙所见释迦牟尼佛像之所以大多左手下垂结与愿印、右手上扬结施无畏印,究其根源即在于此,也即表示要与众生乐、拔众生苦。慈为与乐,"慈无量心"即希冀和帮助一切众生得到快乐的道德理念。《大宝积经·卷八十五》所云"善利众生""慈善众生如己身",即是强调通过广行善事以利众生,使其得到快乐和幸福。悲为拔苦,"悲无量心"即愿意帮助众生拔除种种身心之苦的道德理念。佛家修行,强调"大悲为上首"。在佛家看来,只有通过大悲行,方能积累自利利他的无边功德,从而成就佛道。《十二门论疏》云:"金刚但从金性出,不从余宝生。菩提心唯从大悲生,不从余善生。"这就是说,菩萨修行成佛之最重要处即在于怀有"大悲心",也即要感同身受,视众生之苦为己之苦,并尽力去解救他们。《维摩经义疏·卷四》云:"大悲之心救彼而起,所以悲生于我而天下同益也。"

---

① 《大宝积经》。

在佛家典籍中记载着很多菩萨为众生拔苦、与众生乐的典型事例,如佛在因地时以己之双目与人使之见到光明、大车王第三太子舍身饲虎以保小豹之生命、地藏王菩萨入地狱代众生受一切苦等。所有这些事例所折射的正是佛家所提倡的这种"慈无量心""悲无量心"。

　　"喜无量心""舍无量心"是"慈无量心""悲无量心"的进一步升华。喜即"随喜""庆他乐","喜无量心"即指见众生离苦得乐而倍感喜悦的道德理念。佛家认为,大凡修行成佛者,不仅要努力帮助众生离苦得乐,更要努力使众生"欢心内发,乐相外现,歌舞踊跃"①,这就需要有"喜无量心"。所以,佛家特别重视以"无量喜心"施与众生、以种种善巧方便引导众生积极向上,其目的即在于能令众生从种种身心之苦和烦恼忧愁中解脱出来,过上安乐、宁静、幸福的生活。佛家之所以强调佛庙一年四季要保持着和乐的气氛、弥勒佛佛像之所以笑口常开,其中一个最根本的原因就在于帮助来庙里朝拜的众生去除内心的烦恼和忧愁、获得精神上的慰藉与愉悦。舍为"亡怀平等",舍无量心即是去除一切分别妄想、心住平等、不求回报、不憎不爱的道德理念。《维摩经义记》将"舍"分为七层:一是"心性平等,亡怀称舍";二是"于众生舍离一切冤亲等碍";三是"舍一切贪嗔等过,名之为舍";四是"见生得脱,不复忧念,施舍名舍";五是"证空平等,离相名舍";六是"自舍己乐,施与他人,说之为舍";七是"益众生,无所希望,名之为舍"。这就是说,要去除一切私心杂念,打破"自""他""物""我"之界限与分别,"亡怀平等"、不求回报地慈济天下、利益众生。

　　"四无量心"虽类别为四,但本质上不过都是慈悲之心的具体体现和展开。《成实论·卷十二》云:"若能于一切众生中,深行慈心,如人见子遭急苦恼,尔时慈心转名为悲。""行者见一切众生得增益事,生欢喜心,如己无异。是名为喜。故知慈心差别为悲喜。""又慈心以下、中、上法故有三种。能令此

———————

① 《大智度论·卷二十》。

三平等。故名为舍。"这就是说,希望一切众生能得到快乐与幸福便生慈心;见到众生受种种身心之苦而不忍便生悲心;见到众生离苦得乐便生喜心;去除一切分别妄想、平等与乐、不求回报、不憎不爱,便生舍心。由此可见,慈悲乃是"四无量心"的核心,"四无量心"不过是"慈悲之心"的具体展开,所体现的是悲天悯人、利益众生的博爱情怀和慈善精神。

二、因果报应的志愿服务伦理赏罚机制

佛家的慈悲观,从一定意义上可以说,是主体基于对世界本质的认识或彻悟而形成的道德自觉,它会使人自然而然地产生一种悲天悯人的道德情怀。其因果报应论则是基于慈悲为本的志愿服务伦理理念,着眼于从人的行为规律出发,借助赏罚机制,引导世人致力于行善积德、慈善济世的志愿服务活动。《瑜珈师地论》卷三十八云:"已作不失,未作不得。"这就是说,倘若没有做出某种行为,决不会产生相应的结果;而已做出的言行,倘若尚未产生相应的结果,也绝不会自行消失。当然,要使原因能够产生结果,尚须有外缘的帮助,否则,结果便不能产生;但只要原因存在,产生结果的可能性和力量就会存在,当具备一定条件时就会产生相应的结果。佛家认为,善有善报、恶有恶报,因果报应毫厘不爽,这是不以人的意志为转移的铁的规律。当然,这种报应又可分为两种:一是现世报,也即现世造作的因,现世受果报;二是来世报,也即今生造作的因,下一世或许多世后受果报。正如《旃檀越国王经》所云:"罪福响应,如影随形,未有为善不得福,行恶不得殃者。"在佛家看来,普通人都会因无明、贪欲等而在"三世六道"轮回。所谓"三世",即过去世、现在世和未来世;所谓"六道",即天道、人道、阿修罗道、地狱道、饿鬼道、蓄生道,前三道为三善道,后三道为三恶道。佛家认为,善恶果报不仅会对现世发生作用,也会对来世发生作用;处于"天道、人道、阿修罗道"三善道的生命,若不注意广行善事、积功累德,最终会因福报享尽而堕入"地狱道、饿鬼道、蓄生道"这三恶道之中。人来到世上已是前世福报,若不趁着人生之大好机会去慈善济世、行

善积德,那将很难摆脱六道轮回之苦。

佛家因果报应论,主要是通过奖惩机制来引导人们广行善事。在佛家看来,善恶之报由自身业力所感召,"父作不善,自不代受;自作不善,父亦不受。善自获福,恶自受殃"①,因而每一个人都必须实践善行、抑制恶行。"夫生杀有因果,善恶有感应。其因善其果善,其因恶其果恶。夫好生之心善,好杀之心恶,善恶之感可不慎乎?人食物,物给人,昔相负而冥相偿,业之致然也。人与物而不觉,谓物自然天生以养人,天何颇耶?害性命以育性命,天道至仁,岂然夫哉?夫相偿之理,冥而难言也,宰杀之势,积而难休也。故古之法,使不暴夫物,不合围,不掩群也。子钓而不网,弋不射宿,其止杀之渐乎?佛教教人,可生而不可杀,可不思耶?谅哉!"②这就是说,今世成为人之食物的植物和动物,乃过去世各自所造业之果报;我等今生为人,享用它们虽为正当——这是它们应给予我们的报偿,但今生今世的"害性命以育性命"一旦成为习惯,岂不又造杀生恶业,将来必受此恶报吗?因此,我们应止杀好生,爱惜物命,对动物以至植物的生命都应爱惜,何况对人呢?

佛家的因果报应论,尽管像道教的善恶回报说一样缺乏科学依据并带有神秘主义的性质,但也有着一定的积极意义,它不仅有助于启迪人们善待一切生命、善待生态环境和大自然,而且有助于引导人们投身于济贫扶弱、济危扶困的志愿服务活动之中。

三、当代意义

佛家文化中所蕴含的上述志愿服务伦理思想,在中国历史上产生了极其深远的影响。其慈悲为本的志愿服务伦理理念所体现的解除众生疾苦的宽广胸怀、利益他人和社会的自我牺牲精神,渗透到中国传统社会的伦理生活之中,唤醒了无数人的慈悲情怀和乐善好施之心,对形成慈善助人、扶贫济困的

---

① 郗超:《奉法要》引《泥洹经》语。
② 契嵩:《辅教编·中·广原教》。

社会风尚和传统美德起到了积极的推动作用。其因果报应的志愿服务伦理赏罚机制,千百年来引导着人们趋善避恶,成为中国传统社会维护伦理道德、开展慈善救济活动的重要精神支柱和价值支撑。正是缘于对六道轮回之苦的恐惧,人们特别是佛教信徒注重完善道德修养,倡导广行善事、广结善缘,尽量积功累德,踊跃参加开渠凿井、植树造林、造桥架路、施医舍药等活动,这可以说是中国传统社会公益慈善事业之所以持续不衰的重要根源之一。在佛家慈悲观和因果报应说的影响下,中国历史上还曾产生过一种福田思想。《憨山老人梦游集·卷三九》云:"若明智之士,的信因果报应,不必计其前之得失,但称今生现前所有,以种未来之福田。如世之农者,择良田而深耕易耨,播种及时,则秋成所获,一以什佰计,此又明白皎然者,但在所种之田,有肥瘠之不同耳。"这就是说,行善积德犹如农民种田一般,只要辛勤耕耘就必有收获。这种福田思想,可以说是南北朝及唐宋佛教慈善事业的直接起因。另外,明清时期的善会、善堂,或者创设于寺庙、由僧人管理,或者由那些信佛的地方"善人"出面筹资创建,这也在一定程度上说明传统慈善事业的兴起和发展与佛家有着千丝万缕的关系。

佛家文化中所蕴含的志愿服务伦理思想不仅在历史上产生了极其长远而深刻的影响,而且也蕴含着可为我们在新时代中国特色社会主义志愿服务事业发展过程中予以借鉴和吸取的思想营养和伦理智慧。首先,"慈悲观"作为佛家的基本价值观,所体现的是关怀他人快乐与痛苦的人道精神。从个体的视角来说,这种人道精神更多地来源于"使自己处于另一个的地位,后者并不在场,但他曾经在经验中遇到过他,根据以前的经验解释这个个体"[①],来源于人的怜悯之心或将心比心的恻隐之心。"恻隐之心,仁之端也",关怀和同情他人的慈悲之心可以说是人们自觉自愿参与志愿服务的道德心理基础。从道德心理学的视角来说,一个缺乏慈悲之心的人,如果不是出于某种功利的考量

---

① [美]乔治·赫伯特·米德:《心灵、自我与社会》,赵月瑟译,上海:上海译文出版社,2006年,第233页。

或者外部的强制,是很难自觉自愿参与到志愿服务活动中去的。因为"积极的同情意味着该个体的确在另一个人身上唤起由他的援助所引起的反应并在他自身唤起同样的反应。如果没有反应,人不可能对他同情"①。卢梭曾指出,"怜悯心实际上也不过是使我们设身处地与受苦者起共鸣的一种情感"②,它"对于像我们这样软弱并易于受到那么多灾难的生物来说确实是一种颇为适宜的禀性;也是人类最普遍、最有益的一种美德"③。人类所谓的人道情怀无非是固定于某一特定对象上的持久的怜悯心的产物。

其次,佛家所倡导的"大慈大悲"精神也值得我们在志愿服务活动中借鉴和提倡。正如上面所述,"大慈大悲"包含有"无缘大慈"和"同体大悲"两层含义:"无缘大慈",即是要无条件、无要求地慈爱众生;"同体大悲",即是要超越时空的阻碍,悲爱一切众生。将之具体应用到志愿服务领域,一方面,要求我们不分亲疏内外地爱一切人,为一切需要帮助的人特别是陌生人提供志愿服务;除了要积极参与国内的志愿服务活动外,还应力所能及地参与国际志愿服务活动、献身于国际志愿服务事业;另一方面,要求我们应尽可能地将志愿服务扩展到力所能及的范围,除了为老、弱、病、残等社会弱者努力提供志愿服务外,还应当积极参与其他社会公益服务活动。事实上,现代志愿服务活动已渗透到社会生活的各个领域、各个方面,特别是在联合国的推动下,志愿服务精神已跨越国界,超越社会制度、意识形态、文化背景、宗教信仰,成为人类的普遍价值,能源危机、经济建设、环境污染、战争救护、人道主义灾难等国际性问题也被逐渐纳入志愿服务活动的范围,成为志愿服务的主题。志愿服务正以其独特的优势在人类命运共同体的构建中发挥着越来越重要的作用。

---

① 〔美〕乔治·赫伯特·米德:《心灵、自我与社会》,赵月瑟译,上海:上海译文出版社,2006年,第233页。
② 〔法〕卢梭:《论人类不平等的起源和基础》,李常山译,北京:红旗出版社,1997年,第88页。
③ 〔法〕卢梭:《论人类不平等的起源和基础》,李常山译,北京:红旗出版社,1997年,第86页。

第三章　中国特色社会主义志愿
服务的共享伦理意蕴

　　志愿服务虽是世界各国均有的普遍现象,但在不同的社会制度下,其伦理本质又有所不同,甚至是根本对立的。现代意义上的志愿服务虽然发端于西方,但在西方资本主义制度下,志愿服务基本上丧失了其纯伦理的本质,被异化为服务于资产阶级利益的工具,成为披着慈善外衣的"伪公益活动"。而中国特色社会主义志愿服务则是中国特色社会主义事业的重要组成部分,是以人民为中心开展的社会公益活动,具有人民性的特点,贯彻着共享发展的理念,具有丰富的共享伦理意蕴。

　　中国特色社会主义志愿服务的共享伦理意蕴,简言之,即指中国特色社会主义志愿服务所体现的共享伦理理念和价值诉求,或者说,是指中国特色社会主义志愿服务所具有的共享伦理意义、特征和情怀。共享伦理是在新时代中国特色社会主义建设过程中基于共享发展理念而产生、反映新时代的经济社会发展要求、主张以人民为中心的一种新的伦理价值形态。与共享发展理念是我们在新时代中国特色社会主义建设过程中应当"一以贯之"的根本理念一样,共享伦理也是我们在推进新时代中国特色社会主义道德文化建设过程中应当贯彻始终的道德理念和伦理精神。中国特色社会主义志愿服务,作为中国特色社会主义建设的有机组成部分,既是新时代中国特色社会主义道德文化建设不可或缺的一个重要领域,也是新时代中国特色社会主义道德文化建设的重要载体和力量,并且其伦理理念和精神与共享伦理有着内在一致性,因此研究新时代中国特色社会主义志愿服务伦理,很有必要探讨和揭示中国特色社会主义志愿服务的共享伦理意蕴。揭示中国特色社会主义志愿服务的共享伦理意蕴,无论是对理解和把握中国特色社会主义志愿服务伦理的本质、构建新时代中国特色社会主义志愿服务伦理话语体系、推进新时代中国特色社会主义志愿服务事业的发展,还是对深刻理解和把握共享发展理念、推进共享发展理念的贯彻落实,都有着十分重要的理论意义和现实意义。中国特色社会主义志愿服务的共享伦理意蕴,具体而言,主要体现以下三个方面:一是人民至上的共享伦理立场;二是尊重人民主体性的共享伦理本质;三是公平正义的共享伦理诉求。

第一节　人民至上的共享伦理立场

人民至上,即指一切为了人民,存心于"多谋民生之利、多解民生之忧",不断满足人民日益增长的美好生活需要,始终将人民的冷暖和利益摆放在心中最重要的位置,想人民之所想、急人民之所急。当个人利益和人民利益发生矛盾或冲突时,不能存心于利己,而要存心于为民,即将人民利益放在首要位置、放在第一位。换言之,若问人民至上之秉性,那便是不顾自己,专利于人民;不求利己,只为人民谋福利。正如习近平总书记所指出:"人民对美好生活的向往,就是我们的奋斗目标。"①

人民至上,是共享伦理的根本立场。伦理是适应调节人与人之间的利益关系而产生的,也是在不断调节人与人的利益关系中发展的,而在人与人的利益关系中最为根本的关系即是个人与社会的关系,从这个意义上说,个人与社

---

① 《习近平谈治国理政》,北京:外文出版社,2014 年,第 424 页。

会的关系问题是任何伦理形态包括共享伦理所要解决的最为根本的问题。但是,不同的伦理价值形态在如何解决这个问题上所持的立场是有所不同的,甚至是根本对立的,这主要是由决定伦理价值形态的社会制度不同所导致的。共享伦理属于社会主义性质的伦理价值形态,是建立在中国特色社会主义经济政治基础之上的,而中国特色社会主义制度与西方资本主义制度在性质上有着根本的区别,这就决定了我国在处理个人与社会的关系上所持的立场与西方资本主义国家有着根本的不同。西方资本主义制度是一种以资本主义私有制为基础的社会制度,是为少数人即资本家谋利益的,因而其在处理个人与社会的关系问题上所持的立场必然是站在少数人即资本家的立场上的,从而其所奉行的伦理价值形态必然是一种资本利益至上的伦理价值形态。虽然第二次世界大战以后,在凯恩斯主义的影响下,一些西方国家也提出了要在社会治理与发展过程中实现一定程度的经济社会发展成果共享,但其根本目的并不是为了绝大多数人的利益,不是为了满足广大人民群众对美好生活的需要,而只是为了缓和社会矛盾、降低社会风险,以维护和实现少数人即资本家的利益。与西方资本主义制度不同,中国特色社会主义是一种人民当家作主的社会制度,为最广大人民群众谋利益既是其根本价值目标,也是其和过去一切社会制度的根本区别所在。这就决定了建立在中国特色社会主义经济政治基础之上的共享伦理必然要站在最广大人民群众利益的立场上来处理个人与社会的关系,从而坚持和贯彻人民至上的伦理理念。从这个意义上说,坚持人民至上的伦理理念,所体现的是中国特色社会主义道德发展的必然性,也是作为新时代中国特色社会主义伦理价值形态的共享伦理的本质所在。

从另一个视角看,共享伦理可以说是中国共产党的执政伦理,共享伦理所主张的人民至上伦理理念是中国共产党的执政伦理理念,集中体现了中国共产党全心全意为人民服务的宗旨。按照历史唯物主义的观点,任何政党都是一定阶级的政党,有其阶级属性和阶级基础,都必然要代表一定阶级的利益。换言之,任何政党都是基于一定阶级利益而产生的,也都是为维护和实现一定阶级的利益服务的。中国共产党,自从其诞生起,就是中国工人阶级的政党,代表的是中国工人阶级、中国人民和中华民族的利益,既是中国工人阶级的先锋队,也是中国人民和中华民族的先锋队,为中国人民谋幸福、为中华民族谋复兴既是中国共产党的初心,也是中国共产党的使命。正因为如此,所以《中国共产党章程》规定,"党除了工人阶级和最广大人民群众的利益,没有自己的特殊利益",强调"坚持全心全意为人民服务"。坚持全心全意为人民服务,就是要"在任何时候都把群众利益放在第一位,同群众同甘共苦,保持最密切的联系,坚持权为民所用、情为民所系、利为民所谋",概而言之,就是要坚持人民至上。事实上,我们党的历代领导人都特别重视人民至上的执政伦理理念。毛泽东曾在《为人民服务》中指出,"我们这个队伍完全是为着解放人民的,是彻底地为人民利益工作的"①;在《论人民民主专政》中指出,"人民的国家是保护人民的"②。邓小平曾指出,各项工作"都要以是否有助于人民的富裕幸福,是否有助于国家的兴旺发达,作为衡量做得对或不对的标准"③;改革开放"判断的标准,应该主要看是否有利于发展社会主义社会的生产力,是否有利于增强社会主义国家的综合国力,是否有利于提高人民的生活水平"④。习近平总书记在党的十九大报告中强调要"明确新时代我国社会主要矛盾是人民日益增长的美好生活需要和不平衡不充分的发展之间的矛盾,必须坚持以人民为中心的发展思想,不断促进人的全面发展、全体人民共同富裕"⑤,这实际上就是要求我们始终将满足人民日益增长的美好生活需要放在首要位置,将人民对美好生活的向往作为我们矢志不渝的奋斗目标。

人民至上,不仅是共享伦理的根本立场,而且也是中国特色社会主义志愿服务的根本立场。中国特色社会主义志愿服务,作为中国特色社会主义事业

---

①　《毛泽东选集》第三卷,北京:人民出版社,1991年,第1004页。
②　《毛泽东选集》第四卷,北京:人民出版社,1991年,第1476页。
③　《邓小平文选》第三卷,北京:人民出版社,1993年,第23页。
④　《邓小平文选》第三卷,北京:人民出版社,1993年,第372页。
⑤　《党的十九大报告辅导读本》,北京:人民出版社,2017年,第19页。

这个有机系统不可分割的重要组成部分,本质上就是一种以人民至上为根本价值导向、以推进共享发展为根本目标而开展的服务于人民公益的伦理活动,必然要将人民至上的根本立场贯穿于其中。人民至上,既是中国特色社会主义志愿服务所特有的精神基因,也是中国特色社会主义志愿服务的核心价值理念。

首先,从志愿精神的形成和发展来看,尽管中国特色社会主义志愿服务萌芽和兴起于改革开放以后,并在其精神起源上受到西方志愿服务道德行为模式和道德理念的影响,但本质上是对以全心全意为人民服务为核心的雷锋精神的传承和弘扬。习近平总书记在 2014 年给"郭明义爱心团队"的回信中所说的雷锋精神,人人可学……让学习雷锋精神在祖国大地蔚然成风,以及在 2019 年致中国志愿服务联合会第二届会员代表大会的贺信中所说的,希望广大志愿者、志愿服务组织、志愿服务工作者立足新时代、展现新作为,弘扬奉献、友爱、互助、进步的志愿精神,继续以实际行动书写新时代的雷锋故事,也有力地说明了这一点。不可否认,志愿精神与雷锋精神,无论是在形成的社会背景上还是在伦理特征上都有着很大的不同,但两者在如何处理个人和社会的关系上所秉持的核心价值取向有着高度的一致性,即都主张以利他为价值旨归。"志愿精神在其诞生之初,即表现为具有利他倾向的人们在自己生活的社区积极奉献,以促进社区生活更加美好。人们在其所生活的社区范围内,自发地(非强制)、不求报偿地为慈善的、教育的、社会的、政治的或其他有价值的事业贡献自己的时间和才干。"①雷锋精神即是通过雷锋的言行和事迹而彰显出来的一种利他精神,这种精神用雷锋的话来表达,就是要"把有限的生命投入到无限的为人民服务中去"。正因为雷锋精神与志愿精神在核心价值取向上有着高度的一致性,所以在中国特色社会主义志愿服务兴起和发展的过程中,人们发现通过志愿服务活动可以使雷锋精神得到更好的传承和弘扬,

---

① 张仲国、聂鑫、刘淑艳:《雷锋精神与志愿者行动》,北京:中国财政经济出版社,2013 年,第 220 页。

从而以人民至上、为人民服务为核心的雷锋精神自然而然地被融入志愿服务活动中,成为一种具有中国特色的志愿精神。1994 年 2 月 4 日,共青团中央印发《关于"青年志愿者学雷锋奉献日"活动的安排意见》的通知,在全国掀起了"志愿者学雷锋做奉献"的热潮。2000 年,共青团中央又将每年的"学雷锋日"——3 月 5 日定为"中国青年志愿者服务日",使得学雷锋活动与志愿者行动更加有机地融合在一起。自此以后,"学习雷锋精神,参与志愿服务"成为我国开展志愿服务活动的一个时尚口号,人民至上、为人民服务也就成为我国志愿服务发展的价值基础和精神源泉。

其次,从志愿者行动本身来看,一方面志愿者行动具有典型的公益性特征,无论是济困扶贫、助孤扶残、支教扫盲、爱心助学、关爱孤寡老人、服务社区建设、保护生态环境,还是参与抢险救灾、服务大型社会活动等,都属于社会公益的范畴。而在我国,由人民当家作主的社会主义制度所决定,社会公益本身就是基于满足和实现人民的物质文化生活需要而形成的,也是基于满足人民不断增长的美好生活需要而发展的,换言之,社会公益本质上属于人民利益的范畴,是人民利益的题中应有之义,维护社会公益本质上就是维护人民利益。志愿服务无私奉献于增进社会公益的行动,本质上就是人民利益至上伦理价值理念的生动体现。另一方面,志愿者服务的对象是全社会的所有人,而且主要是亲朋好友以外与自己没有任何利益关系的陌生人。尽管在服务陌生人的过程中也可能存在个别居心不良的现象,但从主流来看,绝大多数服务于陌生人的志愿者都是出于关爱他人的善良动机和"急他人之所急,想他人之所想"的仁爱道德情怀。如 2018 年上海志愿服务发展状况显示,在志愿者参与志愿服务的诸多原因中排在前两位的分别是"帮助有需要的人""弘扬雷锋精神,践行社会核心价值观",其占比分别为 28.0% 和 25.4%,两者的总占比达到53.4%①。再如笔者 2019 年在湖南省所做的调查数据显示,在人们参与志愿

---

① 《上海志愿服务发展报告(2019)》,北京:社会科学文献出版社,2019 年,第 10 页。

服务的诸多动机中排在首位的是"帮助他人",其占比达到59.1%。这在一定程度上说明,绝大部分志愿者参与志愿服务是基于帮助他人的利他动机和为他人服务的道德理念。综上所述,人民至上、为人民服务的道德理念已经较好地体现在我国绝大多数志愿者的志愿服务活动中。随着中国特色社会主义志愿服务的不断发展以及社会主义核心价值观的不断深入人心,基于人民至上、为人民服务的道德理念而参与到志愿服务中的人数也必定越来越多,雷锋精神也必然会在新时代中国特色社会主义志愿服务事业的发展中得到更好的传承和弘扬。

第二节　尊重人民主体性的共享伦理本质

人民的主体性,即指人民群众在社会实践中由其角色定位、力量定位、地位定位等而获得的规定性,具体表现为人民群众的自主性、主动性、能动性、积极性和创造性等特性。人民的主体性是人民主体地位的确证和表现,尊重人民的主体性实质上就是要坚持人民的主体地位,"充分尊重人民所表达的意愿、所创造的经验、所拥有的权利、所发挥的作用。尊重人民首创精神,自觉拜人民为师,向能者求教,向智者问策,从群众中汲取无穷的智慧和力量。紧紧依靠人民,广泛动员和组织人民投身到党领导的伟大事业中来"①。

尊重人民的主体性是共享伦理的本质特征。换言之,共享伦理本质上是一种旨在让人民的主体性得到充分尊重和张扬的伦理价值形态。共享伦理之所以强调尊重人民的主体性,首先,这是由其赖以建立的哲学基础所决定的。任何伦理价值形态都有其赖以建立的哲学基础,而建立在不同哲学基础之上的伦理价值形态在是否尊重人民的主体性上所持的立场是不一样的。所有资产阶级哲学一般是站在维护资产阶级利益的角度来思考问题的,在谁是历史

---

① 　中共中央宣传部:《习近平总书记系列重要讲话读本》,北京:学习出版社、人民出版社,2014年,第128—129页。

的主体或历史的创造者上所奉行的是英雄史观,认为主宰历史的是少数杰出人物,而人民群众则被他们视为消极被动的"惰性物"或无定形的东西或"奴隶"和"畜群"。如黑格尔认为历史是由某种"客观精神"所决定并由代理"世界精神"的伟大人物创造的;布鲁诺·鲍威尔认为历史的创造者是那些具有"批判的头脑"的人;尼采认为主宰历史的是"超人",而平常人只不过是超人实现其意志的工具;等等。这种站在维护资产阶级利益的角度奉行英雄史观的资产阶级哲学,决定了以其为哲学基础或根据建立起来的资本主义伦理价值形态是不可能尊重人民的主体性的,是既看不到也不会承认人民群众作为历史的主体在推动历史发展与社会进步中的决定性作用的。与资本主义伦理价值形态不同,共享伦理作为中国特色社会主义的伦理价值形态是建立在马克思主义哲学基础之上的。而尊重人民的主体性,是贯穿于马克思主义哲学发展过程始终的中心思想。早在1843年所著的《〈黑格尔法哲学批判〉导言》中,马克思就已使用"人民"这一概念,认为"人就是人的世界,就是国家、社会",应当从现实世界、从人们的现实生活出发来批判宗教,"废除作为人民的虚幻幸福的宗教,就是要求人民的现实幸福","使人能够作为不抱幻想而具有理智的人来思考,来行动,来建立自己的现实"。① 在《1844年经济学哲学手稿》中,马克思提出了"类存在物"的概念,并认为人的类特性就是"自由的有意识的活动",人的生产区别于动物的生产之处就在于可以通过劳动实现自己的意志或使自己的意识现实化。在这里,马克思实际上已经初步阐述了人民主体性思想,揭示了人民主体性的内涵意蕴。尽管在这里马克思关于人民主体性的思想并不是立足于唯物史观的视角提出来的,而是通过费尔巴哈式的人本主义论证方式来阐释的,但也为后来马克思恩格斯唯物史观地阐释人民主体观奠定了思想基础。在《神圣家族》这部历史唯物主义的奠基之作中,马克思恩格斯指出,"批判的批判什么都没有创造,工人才创造一切"②,

---

① 《马克思恩格斯选集》第1卷,北京:人民出版社,1995年,第1—2页。
② 《马克思恩格斯全集》第2卷,北京:人民出版社,2005年,第22页。

"群众给历史规定了它的'任务'和它的'业务'"①,"历史上的活动和思想都是'群众'的思想和活动"②,"历史活动是群众的事业"③,"历史不过是追求着自己目的的人的活动而已"④。在《关于费尔巴哈的提纲》中,马克思指出,人的本质在其现实性上是"一切社会关系的总和","全部社会生活在本质上是实践的"⑤。在《德意志意识形态》中,马克思恩格斯以"现实的人"为逻辑起点,对人民主体性思想作了进一步阐述,充分肯定了人民群众作为历史创造者的地位和作用。在马克思恩格斯看来,"全部人类历史的第一个前提无疑是有生命的个人的存在"⑥,但是"人们为了能够创造历史,必须能够生活"⑦,从而必须从事物质生活资料的生产。一当人开始从事物质生活资料的生产的时候,"人本身就开始把自己和动物区别开来"⑧而成为"现实中的个人","这些个人是从事活动的,进行物质生产的,因而在一定的物质的、不受他们任意支配的界限、前提和条件下活动着的"⑨,而历史主体就是由这些"现实中的个人"及其活动构成的。人们在生产自己的生活资料的同时"间接地生产着自己的物质生活本身"⑩,也是"自己的观念、思想等等的生产者"⑪。社会历史本质上就是一部"现实中的个人"的活动史,正是一代又一代"现实中的个人"通过生产实践活动推动了社会进步和人类社会的发展。在《共产党宣言》中,马克思恩格斯在深刻剖析资本主义社会的基本矛盾的基础上运用唯物史观系统阐述了人民主体性思想,指出"无产阶级的运动是绝大多数人的、为绝大多

① 《马克思恩格斯全集》第 2 卷,北京:人民出版社,2005 年,第 101 页。
② 《马克思恩格斯全集》第 2 卷,北京:人民出版社,2005 年,第 103 页。
③ 《马克思恩格斯全集》第 2 卷,北京:人民出版社,2005 年,第 104 页。
④ 《马克思恩格斯全集》第 2 卷,北京:人民出版社,2005 年,第 118—119 页。
⑤ 《马克思恩格斯选集》第 1 卷,北京:人民出版社,1995 年,第 55—56 页。
⑥ 《马克思恩格斯选集》第 1 卷,北京:人民出版社,1995 年,第 67 页。
⑦ 《马克思恩格斯选集》第 1 卷,北京:人民出版社,1995 年,第 67 页。
⑧ 《马克思恩格斯选集》第 1 卷,北京:人民出版社,1995 年,第 67 页。
⑨ 《马克思恩格斯选集》第 1 卷,北京:人民出版社,1995 年,第 71—72 页。
⑩ 《马克思恩格斯选集》第 1 卷,北京:人民出版社,1995 年,第 67 页。
⑪ 《马克思恩格斯选集》第 1 卷,北京:人民出版社,1995 年,第 72 页。

数人谋利益的独立的运动"①,"代替那存在着阶级和阶级对立的资产阶级旧社会的,将是这样一个联合体,在那里,每个人的自由发展是一切人的自由发展的条件"②,并号召"全世界无产者,联合起来!"③,这可以说是对人民主体性最为鲜明和最为凝练的表达。总而言之,马克思主义哲学是以人民主体性为核心的哲学思想体系,人民主体性思想是其区别于一切资产阶级哲学的根本标志,这就决定了依据其建立起来的共享伦理必然是一种尊重人民主体性的伦理价值形态。

其次,这是由共享伦理据以建立的制度基础决定的。任何伦理价值形态都有其据以建立的制度基础,换言之,任何伦理价值形态都是基于一定的制度而产生和建立的。这里的制度既包括经济制度,也包括政治制度。经济制度,亦称为经济基础或经济结构,指生产关系的总和;政治制度属于政治上层建筑的范畴,是居于统治地位的阶级或社会集团为实现和维护其政治统治而采取的方式、方法的总和。马克思曾指出:"任何时候,我们总是要在生产条件的所有者同直接生产者的直接关系——这种关系的任何形式总是自然地同劳动方式和劳动社会生产力的一定的发展阶段相适应——当中,为整个社会结构,从而也为主权和依附关系的政治形式,总之,为任何当时的独特的国家形式,找出最深的秘密,找出隐蔽的基础。"④这就是说,一个社会的政治结构和文化结构是由其经济结构直接决定的,一个社会的经济结构是怎么样的,其政治结构和文化结构也必然是什么样的。伦理价值形态属于文化结构的范畴,因而也必然建基于一定的经济结构之上,并与由这种经济结构所决定的政治结构相适应。这就意味着建立在不同经济制度和政治制度基础上的伦理价值形态,其性质以及价值追求都是不相同的。资本主义的伦理价值形态据以建立

---

① 《马克思恩格斯选集》第 1 卷,北京:人民出版社,1995 年,第 283 页。
② 《马克思恩格斯选集》第 1 卷,北京:人民出版社,1995 年,第 294 页。
③ 《马克思恩格斯选集》第 1 卷,北京:人民出版社,1995 年,第 307 页。
④ 《马克思恩格斯全集》第 25 卷,北京:人民出版社,1974 年,第 891—892 页。

的制度基础是资本主义制度,生产资料资本主义私有制决定了在资本主义伦理价值形态下人民主体性不仅不可能得到尊重,反而会受到压印甚至扼杀。而共享伦理是建基于新时代中国特色社会主义经济政治状况之上的,其据以建立的制度基础是中国特色社会主义制度。尽管在社会主义主义市场经济条件下,由社会主义初级阶段发展不平衡、不充分的生产力状况所决定,我国还存在着多种所有制经济共同发展的情况,但是公有制经济始终是占据主体地位的经济形式,其他所有制经济都不过是公有制经济的有益补充,是为公有制经济的发展服务的。这种以公有制为主体的社会主义经济制度,决定了我国的政治制度必然是一种以人民当家作主为本质和核心的社会主义政治制度。这就意味着广大人民群众既是中国特色社会主义经济生活、政治生活的主体,也是中国特色社会主义文化生活的主体。事实上,"中国特色社会主义之所以能够不断前进,正是因为依靠了人民群众。谋划发展,最了解实际情况的,是人民群众;推动改革,最大的依靠力量,也是人民群众。改革开放在认识和实践上的每一次突破和发展,改革开放中每一个新生事物的产生和发展,改革开放每一个方面经验的创造和积累,无不来自亿万人民的实践和智慧"①。尊重人民的主体性,是中国特色社会主义的本质要求,也必然是建立在中国特色社会主义经济制度和政治制度基础上的共享伦理的本质要求。我们之所以倡导共享伦理理念,一方面是为了从人民主体地位出发更好地解决好发展不平衡、不充分的问题,满足人民不断增长的美好生活需要;另一方面是为了更好地发展和张扬人民的主体性,激发人民群众的积极性、能动性和创造性,凝聚起最广大人民群众的智慧和力量,为新时代中国特色社会主义建设、为中华民族伟大复兴的中国梦的实现厚植内在动力。

最后,这是由共享伦理据以建立和形成的根本指导思想所决定的。任何伦理价值形态都有其据以建立和形成的根本指导思想;根本指导思想不同,所

---

① 中共中央宣传部:《习近平新时代中国特色社会主义思想学习纲要》,北京:学习出版社、人民出版社,2019年,第42页。

据以建立的伦理价值形态也不一样。共享伦理,作为新时代中国特色社会主义的伦理价值形态,是以习近平新时代中国特色社会主义思想为根本指导思想建立起来的。而尊重人民主体性则是习近平新时代中国特色社会主义思想的根本立场。习近平总书记强调指出,人民是历史的创造者和真正的英雄,"波澜壮阔的中华民族发展史是中国人民书写的! 博大精深的中华文明是中国人民创造的! 历久弥新的中华民族精神是中国人民培育的! 中华民族迎来了从站起来、富起来到强起来的伟大飞跃是中国人民奋斗出来的!"①在他看来,没有广大人民群众的衷心拥护和积极参与,任何改革都是不可能取得成功的,"无论遇到任何困难和挑战,只要有人民支持和参与,就没有克服不了的困难,就没有越不过的坎"②,因而必须在推进中国特色社会主义建设的过程中坚持一切依靠人民的发展理念,充分尊重人民群众的首创精神,充分发挥人民群众的主体作用,最大限度地激发人民的创造活力。为此,我们必须将人民对美好生活的追求作为我们始终不渝的奋斗目标,最大限度地实现好、维护好、发展好广大人民群众的根本利益,"坚持把人民群众的小事当作自己的大事,从人民群众关心的事情做起,从让人民群众满意的事情做起"③,以群众满意不满意、拥护不拥护作为衡量我们一切工作的唯一标准,凡是"老百姓强烈反对的,我们就不能做"④。时代是出卷人、我们是答卷人、人民是阅卷人⑤,发展的好坏怎样、改革的成败如何,最终要由人民来裁决和评判,最终"要看人民是否真正得到了实惠,人民生活是否真正得到了改善,人民权益是否真正

---

① 《习近平谈治国理政》第三卷,北京:外文出版社,2020 年,第 139 页。
② 《习近平谈治国理政》,北京:外文出版社,2014 年,第 97 页。
③ 《党的十九大报告辅导读本》,北京:人民出版社,2017 年,第 49 页。
④ 中共中央文献研究室:《习近平关于党的群众路线教育实践活动论述摘编》,北京:党建读物出版社、中央文献出版社,2014 年,第 36 页。
⑤ 《习近平在学习贯彻党的十九大精神研讨班开班式上发表重要讲话》,《人民日报》2018 年 1 月 6 日。

得到了保障"①。

尊重人民主体性,作为共享伦理的本质要求,内蕴于中国特色社会主义志愿服务的本质要求之中。中国特色社会主义志愿服务本质上就是基于人民的主体性、本着共享发展理念而开展的伦理活动,以人民为中心、尊重人民的主体性是中国特色社会主义志愿服务的内在规定性和本质要求。具体而言,中国特色社会主义志愿服务对人民主体性的尊重主要体现在以下几个方面:

首先,中国特色社会主义志愿服务,是纯粹出于广大人民群众自觉自愿的伦理活动,这可以说是尊重人民主体性最为根本的体现。尽管人们对志愿服务的认识有一个逐步提升的过程,参与志愿服务的动机也可能是这样或那样的,参与志愿服务也要经历一个从不完全自觉到完全自觉、从不完全自愿到完全自愿的过程,但人们最终是否参与志愿服务,以何种方式参加志愿服务,参加哪些志愿服务活动,以及参与志愿服务时间的长短都完全是非强制性的,取决于志愿者的自觉自愿。正如有的学者所指出:"志愿者从事志愿服务,出自自愿,不以获得报酬为目的,他为推动人类发展和促进社会进步而工作,志愿服务是他参与社会生活的方式,可以是个人行为,也可以是集体行为。志愿精神的产生基于个人对社会和人类的爱心与责任感,而这种爱心与责任感又取决于个人的成长背景、教育和经验,也受到社会价值观的影响。所以,志愿服务也是个人表达其对人类和社会爱心与责任感的一种方式。"②自觉自愿意味着志愿者是作为主体、以主人翁的姿态参与志愿服务的,意味着志愿服务活动是志愿者在融入社会建构"为我而存在的关系"③过程中创造价值世界的活动。也正是在这种建构"为我而存在的关系"、创造价值世界的活动中,志愿者的主体性得以充分彰显出来。

---

① 中共中央文献研究室:《十八大以来重要文献选编》(上),北京:中央文献出版社,2014年,第698页。

② 叶边、罗洁、丁元竹等:《中国志愿者:进步与差距》,《世界知识》2008年第14期。

③ 《马克思恩格斯全集》第3卷,北京:人民出版社,1960年,第34页。

当然,不可否认,在中国特色社会主义志愿服务萌发后的很长一段时间内(1978—2008 年),人们参与志愿服务的主动性和积极性并没有充分地激发出来,人们参与志愿服务的自觉自愿性尚未充分彰显出来,绝大多数志愿者处于"被动"参与的状态,而主动寻找机会去参与志愿服务的人不是很多。据有的学者调查,在参与过志愿服务的受调查者中,因为"单位领导要求""单位统一安排""社区组织劝说"而"被动"参加的占了 40.9%,超过 2/5;因为受家人、熟人、朋友及同事等非正式社会关系影响而"比较主动地"参加的占 23.8%;自己"主动"寻找参与机会的占 20%;因媒体广告、街头劝说等公开招募而"较被动地"参与的占 5.5%。① 之所以如此,究其原因主要有以下几个方面:

一是历史背景使然。尽管我国有着源远流长的慈善传统,也尽管在传统慈善思想以及西方社会公益服务思想的影响下,我国近代历史上就已产生了一些具有志愿服务性质的社会组织并涌现了不少自觉自愿为社会提供志愿服务的人,但在新中国成立后近 30 年的时间内,"慈善"曾因被视作资产阶级的"糖衣炮弹"而一度遭到社会的抵制和排斥,人们对"慈善"之概念也是讳莫如深。在这种情况下,以自觉自愿为根本特征的现代意义上的志愿服务活动不仅没有兴起,反而处于停滞状态。尽管这一时期也兴起过一些带有志愿服务性质的社会活动,如青年志愿垦荒队、爱国卫生运动、中国援外医疗队以及学雷锋活动等,但是这些活动与现代意义上的志愿服务有着根本的不同,它们主要是在政府和党团组织的强力介入下开展的,具有鲜明的政治色彩和一定的强制性。尽管这些带有志愿服务性质的社会活动为以后我国现代意义上的志愿服务的兴起奠定了一定的基础,但并不是现代意义上的志愿服务。正是这种历史背景导致我国的志愿服务在萌发后的很长一段时间内仍然主要是依靠社会动员机制来推动的,也就是说,人们参与志愿服务不完全是基于对社会和人类的爱心与责任,不完全是基于自觉自愿,而主要基于政府和党团组织的号

---

① 张网成:《中国公民志愿行为研究(2011)——现状、特点及政策启示》,北京:知识产权出版社,2011 年,第 20 页。

召和发动,因而具有浓厚的行政色彩。

二是传统伦理及社会结构的影响。志愿服务作为一种公益慈善活动,在一定的意义上说,也是一种制度安排,要受到一定的伦理及社会结构的影响。正如前面所说中国传统社会是一种以伦理为本位的社会,"举整个社会各种关系而一概家庭化之,务使其情益亲,其义益重"①。在这种社会结构中,每个人都被置身于一定的伦理关系之中,并且也只有在伦理关系中才"负有其相当义务"②。在这种情况下,当一个人遇到困难需要寻找帮助时,只能"各自寻找自己的关系,想办法"③。正是这种伦理本位的社会结构,使所有人处于一种"差序格局"中,这种格局就如费孝通所说,"好像把一块石头丢在水面上所发生的一圈圈推出去的波纹。每个人都是他社会影响所推出去的圈子的中心。被圈子的波纹所推及的就发生联系"④。在这种"差序格局"中,所有的道德义务和价值标准都依据差序的人伦而设计,换言之,伦理关怀的范围主要限于有着私人关系的熟人社会,而很难波及陌生人社会,正如一句俗话所说,"熟人好办事"。陌生人因处于与"己"没有任何私人关系的"小圈子"之外,因而也就没有与这种私人关系相对应的道德要素,从而在遇到困难时很难得到与自己没有私人关系的人的帮助。这就意味着,在中国传统的社会结构中,虽然也存在着带有志愿服务性质的助人活动,但这种助人活动所奉行的不是普遍主义的仁爱原则,而是帕森斯的特殊主义原则,带有浓厚的家族乡里情结,所突出的主要是熟人之间的仁爱与互助,而不分差序的兼爱观念或者说波及陌生人的仁爱情怀很难在这种差序人伦结构中找到应有的位置。尽管在现

---

① 刘梦溪:《中国现代学术经典》(梁漱溟卷),石家庄:河北教育出版社,1996年,第309页。

② 刘梦溪:《中国现代学术经典》(梁漱溟卷),石家庄:河北教育出版社,1996年,第309页。

③ 刘梦溪:《中国现代学术经典》(梁漱溟卷),石家庄:河北教育出版社,1996年,第311页。

④ 费孝通:《乡土中国》,北京:北京出版社,2005年,第32页。

代社会这种局限于"熟人社会"的伦理情结有所改变,但并未从根本上消除,它极大地影响着人们参与以陌生人为主要帮助对象的志愿服务的主动性、积极性和能动性。这既是我国志愿服务兴起和发展初期主动参与志愿服务的人数不是很理想的根本原因之一,也是当前仍然有很多人对志愿服务无动于衷的重要根源所在。

　　三是社会行为取向的影响。志愿服务作为一种具有公益慈善性质的社会伦理行为,其所指向的领域主要是陌生人社会,而"个人是否愿意对陌生人行善、是否愿意帮助陌生人受其社会行为取向的影响"①。社会学研究表明,中国人的社会行为取向一般来说是依据权威、道德规范、利益分配和血缘关系这四个层面的因素来确定的②。其一,从权威层面来看,我国很多志愿服务活动或项目是基于自上而下的行政手段或权威来组织和发动的,而非出于人们的自觉自愿。这种组织和发动方式虽然可以在较短的时间里快速地筹集到更多的志愿服务资源,但长远来看,则容易挫伤人们参与志愿服务的热情和积极性,并容易使人们将志愿服务等同于公家之事,仅把其当作一种任务来完成,从而使志愿服务失去可持续的内生动力,甚至还有可能引起人们的反感。其二,从道德规范层面来看,中国人之于个体社会行为的道德诉求是基于角色定位设计的,志愿服务往往被认为是担当道德教化义务或道德规则制定者角色的政府职责范围内的事,是政府应尽的道德义务,而普通民众则被排除在此角色要求之外,也就是说缺乏参与志愿服务的道德要求,这是导致我国过去很长一段时间内主动寻找机会参与志愿服务的人数比较少的重要原因之一。其三,从利益分配层面来看,受传统价值观念的影响,中国人的道德意识中蕴含着根深蒂固的知恩图报观念,即所谓"投之以桃,报之以李",而通过志愿服务去帮助陌生人则不一定能得到回报,也就是说,施与报的关系无法建立起来,从而会导致利益分配上的不均,这样会使人们因为无法确定得到回报而产生

---

　　①　仲鑫:《中国公益慈善事业发展的宏观环境及微观环境》,《理论界》2008 年第 5 期。
　　②　翟学伟:《中国人的行动逻辑》,北京:社会科学文献出版社,2001 年,第 243—245 页。

一种会吃亏的感觉,以致影响人们参与志愿服务的积极性。其四,从血缘关系层面来看,我国传统的人际关系结构是一种以血缘情感为基础建立起来的具有差序格局的人际关系结构。这种人际关系结构使得人与人之间有着明显的内外之别与亲疏远近之分,以致人们在对待与自己有着血缘关系的亲人和对待与自己没有血缘关系的陌生人上有着截然不同的行为取向,对于前者往往表现出热忱、真诚、利他、重义与和谐,对于后者则表现出冷漠、虚伪、利己、重利与冲突。总而言之,中国人之于志愿服务的社会行为取向在权威、道德规范、利益分配以及血缘关系这个四个层面上是倾向于瓦解、失控、不均和冷漠的,这必然使个体在面对以陌生人为主要帮助对象、不以获取任何报酬为目的的志愿服务活动时难以上升到自觉自愿的层次。

尽管在我国志愿服务刚刚兴起的一段时间内,志愿服务的组织和发动主要依靠行政力量来推动,人们参与志愿服务的主动性和积极性尚未很好地激发出来,绝大多数志愿服务参与者处于"被动"状态,但是随着中国特色社会主义建设的不断推进,人民物质生活水平的不断提高,社会主义核心价值观的不断深入人心,以及人们对公民意识和社会责任感的不断增强及对志愿服务的价值和意义的认识的不断深化,"中国的志愿服务也日益转向追求个体兴趣爱好的满足、社会多元需求的满足,尤其注重参与者的自愿,充分尊重参与者的主体地位,进而调动了志愿者自身的积极性、主动性。志愿服务由'要我参加'转变为'我要参加',这样,中国的志愿行动就成了具有吸引性、魅力性的服务事业"。[1] 这些年来,自觉自愿参与志愿服务的人数越来越多就有力地说明了这一点。据《中国慈善发展报告(2020)》,我国志愿者的数量2013年只有8535万人,而到2019年则增长到20959.94万人,总增长率接近1.5倍,并且活跃志愿者的数量翻倍增长。[2] 特别值得注意的是,人们参与志愿服务

① 刘孜勤:《雷锋精神与中国》,沈阳:辽宁教育出版社,2011年,第177页。
② 杨团、朱建刚:《中国慈善发展报告(2020)》,北京:社会科学文献出版社,2020年,第61页。

的自觉自愿性得到党和政府的高度重视并通过法律法规给予保障。《志愿服务条例》第三条规定,"开展志愿服务,应当遵循自愿、无偿、平等、诚信、合法的原则";第十一条规定,"志愿者可以参与志愿服务组织开展的志愿服务活动,也可以自行依法开展志愿服务活动";第二十五条规定,"任何组织和个人不得强行指派志愿者、志愿服务组织提供服务";第四十条规定,对"强行指派志愿者、志愿服务组织提供服务"的将依法给予处分。本质地看,这些规定都是强调要尊重志愿服务参与的自觉自愿性。

其次,中国特色社会主义志愿服务是"最高力量的一种自信的生命活动"①。我们国家是人民当家作主的社会主义国家,志愿服务作为中国特色社会主义事业的重要组成部分,是依靠人民群众的力量来推动的,也是为满足人民不断增长的美好生活需要服务的。广大人民群众不仅是中国特色社会主义建设的主体,也是中国特色社会主义志愿服务事业的主体,正是作为人民群众有机组成部分的广大志愿者,在"奉献、友爱、互助、进步"志愿精神的感召下,通过自觉自愿为他人和社会提供公益性服务这种独特的创造价值的活动方式推动着中国特色社会主义志愿服务事业的发展,推动着中国社会的进步与发展。习近平总书记在 2019 年 7 月 23 日致信祝贺中国志愿服务联合会第二届会员代表大会召开时指出:广大志愿者、志愿服务组织、志愿服务工作者积极响应党和人民号召,弘扬和践行社会主义核心价值观,走进社区、走进乡村、走进基层,为他人送温暖、为社会作贡献,充分彰显了理想信念、爱心善意、责任担当,成为人民有信仰、国家有力量、民族有希望的生动体现。在中国特色社会主义志愿服务事业的发展过程中,广大志愿者在社会主义核心价值观的引领下,通过各种形式的为人民服务的志愿服务活动,积极建构有意义的价值世界,并在这种建构过程中彰显其对真善美的价值追求,实现其自我价值和社会价值。也就是说,中国特色社会主义志愿服务已成为"最高力量的一种自信

---

① 《马克思恩格斯全集》第 1 卷,北京:人民出版社,1995 年,第 344 页。

的生命活动",在这种生命活动中,人的主体性得到充分的尊重和张扬,人的自我价值和社会价值获得高度统一。

最后,中国特色社会主义志愿服务是基于维护人的尊严而开展的活动。维护人的尊严,从一定意义上说,就是指使人作为主体性存在所具有的地位和价值得到肯定、尊重和认可。这里逻辑地包含以下几层意思:第一,人始终是作为主体而存在的。作为一种主体性存在,人不仅是自由的,而且具有区别于动物的本质规定性。从这个意义上说,维护人的尊严就是尊重人之所以为人的规定性。第二,每个人不论其人种的差别和文明发达的程度,也不论其职位的高低、财富的多寡、相貌的美丑和健康状况的好坏,在作为主体性存在这一点上都是相同的、平等的,并且都有作为主体性存在所具有的地位和价值。从这个意义上来说,维护人的尊严就是要维护每一个人的主体性存在,使每一个人作为主体性存在所具有的地位和价值得到尊重和认可。第三,作为主体性存在,每个人都有基于人而应该享有的基本权利,都应过上体面的、合乎人类尊严的生活。"人的尊严是一种标志着现代化特征的价值立场的表达。这种价值立场来自于所有人的普遍权利。"①从这个意义上说,维护人的尊严,就是要维护每一个人基于人而应所有的基本权利,让每一个人都能过上体面的、合乎人类尊严的生活,"它体现了一种核心的道德顾及,展示了人权的一个重要方面"②。第四,作为主体性存在,人自在地是作为目的而存在着的,而不"单纯是这个或那个意志所随意使用的工具"③。在我们的一切行为中,人必须被当做目的,而永远不能只被看做手段。从这个意义上说,维护人的尊严就是要维护人的目的性存在,"肯定每个人本身就是独特的目的,——至少在道德上

---

① Hill Haker: *Ein in jeder Hinsicht gafaehrrliches Verfahren*, in: Christian Geyer (Hg.): Biopolitik,Frankfurt am Main 2001,S.148.

② 甘绍平:《人权伦理学》,北京:中国发展出版社,2009 年,第 161 页。

③ [德]康德:《道德形而上学原理》,苗力田译,上海:上海人民出版社,2005 年,第 47 页。

说来是如此"①。由此可见,维护人的尊严与尊重人的主体性在本质上是同一的,换言之,尊重人的主体性就必须维护人的尊严,维护人的尊严是尊重人的主体性的题中应有之义。

中国特色社会主义志愿服务,本质上就是一种基于维护人的尊严而开展的活动。在一定意义上说,中国特色社会主义志愿服务本身就是因维护人的尊严的需要而产生的,也必然为满足人的尊严的需求而存在,并以保障和实现人的尊严权为归宿。中国特色社会主义志愿服务追求的最高目标就是要建造一个所有生命相互依存的理想社会,在这个社会中每个人都能有尊严地生活。从改革开放以来我国志愿服务发展的情况来看,其所服务的对象是非常广泛的,但主要有以下几类②:城镇下岗失业人员,农村特困人口,优抚对象,妇女,未成年人,残疾人,老年人,流动人员。我们之所以要为这些人提供志愿服务,其中一个最根本的原因就在于他们无法维护自我,也即处于一种"侮辱性状态"。所谓"侮辱性状态",即指"由绝对贫困、家庭悲剧、病痛折磨以及精神崩溃所引发的自我完全失控的状态"③,即其作为人所具有的主体性受到压抑、所应享有的尊严权无法得到保障的状态。处于这种状态的人是难以过上体面的、合乎人类尊严的生活的。我们一般将处于这种状态的人总称为弱势群体,而弱势群体是志愿服务的主要对象,帮助弱势群体走出"侮辱性状态",使弱势群体基于人而应该享有的尊严权得到应有的保障,为使弱势群体过上体面的、合乎人类尊严的生活创造物质条件和精神条件,正是志愿服务的根本目的所在。从这个意义上说,维护人的尊严,特别是弱势群体的尊严,是志愿服务的价值原点或前提,也是志愿服务得以开展的基本理据所在。如果志愿服务不能维护人特别是弱势群体的尊严,不以人特别是弱势群体的尊严、权益为考

---

① [美]J.P.帝洛:《伦理学:理论与实践》,孟庆时等译,北京:北京大学出版社,1985 年,第72 页。

② 佘双好:《志愿服务概论》,武汉:武汉大学出版社,2013 年,第 68 页。

③ 甘绍平:《人权伦理学》,北京:中国发展出版社,2009 年,第 157 页。

虑问题的出发点,那么,志愿服务既无必要,更无意义。换言之,忽视了人特别是弱势群体的尊严需要,离开了对人特别是弱势群体的尊严权的维护和对人特别是弱势群体的价值和命运的关注,志愿服务就失去了其赖以存在和发展的价值和意义。

第三节 公平正义的共享伦理诉求

何谓公平正义? 这是一个至今尚无统一定论的问题,不同的学者和思想家站在不同的角度提出了各种各样的看法。而本书所谓公平正义,是指以人民为中心建构的公平正义,可称为人民性公平正义,其核心内涵就是要让社会发展成果惠及全体人民。

共享伦理,从一定意义上说,就是倡导人民性公平正义的伦理形态,人民性公平正义是共享伦理的基本诉求和核心理念。让社会发展成果惠及全体人民,强调的是社会发展成果由全体人民共享,而不是由少数人共享,也不是由一部分人共享。正如习近平总书记所指出:"面对人民过上更好生活的新期待,我们不能有丝毫自满和懈怠,必须再接再厉,使发展成果更多更公平惠及全体人民,朝着共同富裕方向稳步前进。"[1]当然,我们强调人民性公平正义,强调社会发展成果惠及全体人民,并不是说要将社会发展成果在所有成员之间平均分配或等额分享。从伦理学的视角来看,重要的并不是每个人在社会财富分配中拥有同等的量,而在于"都应有足够的量。如果每个人都有足够的量,则无论一些人是否比别人更富有都不会存在道德后果"[2]。这就是说,我们所强调的是社会发展成果要合理地分流到全体人民手中,使每一个人都

---

① 习近平:《在纪念毛泽东同志诞辰 120 周年座谈会上的讲话》,北京:人民出版社,2013年,第 19 页。
② Stefan Gosepath, *Verteidigung Egalitaerer Gerechtigkeit*, in: Deutschrift fuer Philosophie, 51 (2003)2,s.277.

有"足够"的量,也即让全体人民的生活水平与质量普遍提高,让每个人都能过上体面而有尊严的生活,这可以称为人民共享社会成果的底线。但是,在维持这种底线的同时,应当允许人们在收入上存在一定的差距。当然,这种收入差距不能过大,而应当控制在基尼系数相对合理的范围内,如果基尼系数过大,则需要进行必要的调整和控制,否则就会导致贫富两极分化和社会失序动荡,从而影响到社会主义公平正义的维护和实现。

共享伦理之所以要追求以社会发展成果由全体人民共享为主要诉求的人民性公平正义,首先因为共享伦理是一种建立在马克思主义特别是历史唯物主义理论基础之上的伦理价值形态。一方面,历史唯物主义强调,"人民,只有人民,才是创造世界历史的动力"①,广大人民群众作为主体所从事的物质生产活动,是整个感性世界的基础。社会主义市场经济,作为社会主义初级阶段的经济发展模式,归根结底是在广大人民群众的物质生产活动中建构起来的,中国改革开放40多年来所取得的巨大成就以及社会发展成果,都是通过广大人民群众的实践活动创造出来的,理应归全体人民所有,自然要惠及全体人民,由全体人民共享。那种"富者累巨万,而贫者食糟糠"的现象是与马克思主义所倡导的人民主体论与人民共享观格格不入的。另一方面,历史唯物主义认为,"人们的社会历史始终只是他们的个体发展的历史"②,社会的发展归根到底体现为人的发展,人的自由而全面的发展是社会发展的最终目的。而要使人获得自由而全面的发展,就必须结束牺牲一些人的利益来满足另一些人的需要的状况,并在人人都必须劳动的条件下,将"生产资料、享受资料、发展和表现一切体力和智力所需的资料""同等地、愈益充分地交归社会全体成员支配"③,以保证全体人民共同享有大家创造出来的福利,保证全体人民"有富足的和一天比一天充裕的物质生活",保证全体人民的"体力和智力获

---

① 《毛泽东选集》第三卷,北京:人民出版社,1991年,第1031页。
② 《马克思恩格斯选集》第4卷,北京:人民出版社,2012年,第409页。
③ 《马克思恩格斯全集》第22卷,北京:人民出版社,1965年,第243页。

得充分的自由的发展和运用"①,因为"各个人自由发展为一切人自由发展的条件"②。

其次,以社会发展成果由全体人民共享为主要诉求的人民性公平正义,既是社会主义的本质要求,也是中国共产党的核心价值追求。马克思恩格斯曾在《共产党宣言》中强调无产阶级的运动要"为绝大多数人谋利益"③。列宁曾经指出:"消灭人民贫困的唯一方法"就是"建立社会主义制度",使"共同劳动的成果以及各种技术改良和使用机器带来的好处,都由全体劳动者、全体工人来享受"④;在社会主义制度下"不应该有穷有富","共同工作的成果不应该归一小撮富人享受,应该归全体劳动者享受"⑤。中国共产党自成立之日起,就将"人民"镌刻在自己的旗帜上,把维护人民性公平正义,推进人民共享,为全体人民谋福利,作为始终不渝的奋斗目标。早在《论十大关系》《关于正确处理人民内部矛盾的问题》等著作中,毛泽东就开始探索如何实现人民共享的问题。他指出:"我们作计划、办事、想问题,都要从我国有六亿人口这一点出发,千万不要忘记这一点。"⑥从改革开放伊始到1992年南方谈话,邓小平曾多次强调"贫穷不是社会主义,社会主义要消灭贫穷"⑦,"社会主义的本质,是解放生产力,发展生产力,消灭剥削,消除两极分化,最终达到共同富裕"⑧。党的十六届四中全会首次提出要"构建社会主义社会,促进社会公平和正义"。党的十七大报告提出要按照共建共享的原则积极构建社会主义和谐社会,将全体人民共享改革发展成果视为构建社会主义和谐社会的题中应有之义。党的十八大以来,以习近平同志为核心的党中央始终坚持以人民为

① 《马克思恩格斯选集》第3卷,北京:人民出版社,2012年,第670页。
② 《马克思恩格斯全集》第4卷,北京:人民出版社,1958年,第491页。
③ 《马克思恩格斯选集》第1卷,北京:人民出版社,2012年,第411页。
④ 《列宁全集》第7卷,北京:人民出版社,2013年,第123页。
⑤ 《列宁选集》第1卷,北京:人民出版社,1972年,第112页。
⑥ 《毛泽东文集》第七卷,北京:人民出版社,1999年,第227—228页。
⑦ 《邓小平文选》第三卷,北京:人民出版社,1993年,第116页。
⑧ 《邓小平文选》第三卷,北京:人民出版社,1993年,第373页。

中心来思考公平正义问题,将人民对美好生活的向往作为奋斗目标,提出了共享发展理念,强调必须"让每个人获得发展自我和奉献社会的机会,共同享有人生出彩的机会,共同享有梦想成真的机会,保证人民平等参与、平等发展权利,维护社会公平正义"①。党的十九大报告强调,要"不断促进社会公平正义","使人民获得感、幸福感、安全感更加充实、更有保障、更可持续"。② 党的二十大报告指出,着力维护和促进公平正义,着力促进全体人民共同富裕,坚决防止两极分化。

最后,以社会发展成果惠及全体人民为主要诉求的人民性公平正义,从最根本的意义上说,是基于化解新时代我国社会主要矛盾提出来的。一个社会的主要矛盾是什么,是由这个社会的发展状况决定的。在不同的社会发展阶段,社会主要矛盾是有所不同的,随着时代的进步和社会的发展,社会主要矛盾也会发生变化。在中国特色社会主义进入新时代之前,我国尚处于"欠发展阶段",也就是说,我国的发展相对落后和贫穷。正如邓小平所指出:"中国是一个大国,它应该起更多的作用,但现在力量有限,名不副实。归根到底是要使我们发展起来。现在说我们穷还不够,是太穷,同自己的地位完全不相称。"③所以,在这一阶段,我国社会的主要矛盾是落后的社会生产力同人民日益增长的物质文化生活需要之间的矛盾,中国特色社会主义建设所要解决的根本问题就是如何摆脱相对落后和贫穷的局面,把我国建设成为一个大国。正是从这个实际出发,邓小平指出:"我国经济发展分三步走,本世纪走两步,达到温饱和小康,下个世纪用三十年到五十年时间再走一步,达到中等发达国家的水平。这就是我们的战略目标,这就是我们的雄心壮志。"④所以,在这一历史时期,如何把资源和力量集中起来快速发展经济并积累社会物质财富,就

---

① 习近平:《在中法建交五十周年纪念大会上的讲话》,《人民日报》2014 年 3 月 29 日。
② 《党的十九大报告辅导读本》,北京:人民出版社,2017 年,第 44 页。
③ 《邓小平文选》第二卷,北京:人民出版社,1994 年,第 312 页。
④ 《邓小平文选》第三卷,北京:人民出版社,1993 年,第 251 页。

成为中国特色社会主义建设的首要任务。然而,在我国"欠发展阶段",不仅人才资源稀缺,而且创新能力不足、创新驱动力缺乏。在这种情况下,我们只能选择主要依靠人以外的"物"来推动经济增长。正是从这个实际出发,我国所采取的经济发展模式主要是要素驱动和投资规模驱动模式,并提出了"让一些地区和一部分人先富起来"的政策。改革开放40多年来,"从经济社会发展看,我国综合国力持续提升,国内生产总值从2012年的54万亿元增加到2018年的90万亿元,经济总量稳居世界第二位,人均国内生产总值达到中等偏上收入国家水平。在经济快速发展的同时,社会发展水平极大提高,人民生活显著改善。截至2018年底,我国教育普及程度已经超过中高收入国家平均水平。城镇调查失业率控制在5%左右,就业状况持续改善。城乡居民收入连续40年持续增长,农村贫困发生率下降到3%以下,远低于世界平均水平。初步建成以基本养老制度、基本医疗制度和最低生活保障制度为支柱的覆盖全民的多层次社会保障体系,人民健康和医疗卫生水平大幅度提高。"①这意味着,经过改革开放40多年的发展,不仅我国十几亿人口的温饱问题已经稳定解决,小康已在总体上实现,而且我国的经济也获得了快速发展,社会生产力总体水平有了显著提高,从而我国长期存在的短缺经济和供给不足状况已经发生了根本变化。所以,党的十九大报告明确指出,中国特色社会主义已经进入新时代。一方面,由于我国社会生产力有了历史性飞跃,并且在很多领域居于世界先进水平,小康的目标也已在总体上实现,因此人民对生活的期盼已不再限于一般的"物质文化需要"的满足,而是有了更高、更广泛的要求,对美好生活的向往比过去更加强烈,他们"期盼有更好的教育、更稳定的工作、更满意的收入、更可靠的社会保障、更高水平的医疗卫生服务、更舒适的居住条件、更优美的环境,期盼孩子们能成长得更好、工作得更好、生活得更好"②。另一方面,我国发展不平衡不充分的问题更加凸显出来。如有关研究表明,就

---

① 《改善民生和创新社会治理》,北京:人民出版社、党建读物出版社,2019年,第2页。
② 《习近平谈治国理政》,北京:外文出版社,2014年,第4页。

省际共享发展水平来说,东部地区虽有个别省份较为靠后,但总体水平相对较高,中部地区省份则参差不齐,西部地区不仅整体较低而且省份间差异较大;就城乡共享发展水平来说,相对较高的仍然是东部,东北三省处于中下游,中部地区省份处于中等水平,西部地区整体较低,大部分省份都位于后 10 名。[①]正是基于对我国这种发展不平衡不充分状况的深刻认识,党的十九大报告提出,新时代"我国社会的主要矛盾已经转化为人民日益增长的美好生活需要和不平衡不充分的发展之间的矛盾"。所谓"发展不平衡,主要指各区域各方面发展不够平衡,制约了全国发展水平提升。发展不充分,主要指一些地方、一些领域、一些方面还有发展不足的问题,发展的任务仍然很重"[②]。正是这种发展不平衡不充分让我们在共享发展成果方面还存在不少突出难题和明显短板,还不能很好地满足广大人民群众的诉求和期盼。我国当前面临的难题和短板大致可以概括为以下几个方面:一是居民收入差距过大,消除贫困任务艰巨;二是就业总量矛盾有所缓解,但结构性就业矛盾更加突出;三是社会保障的普惠性不足,公平性差;四是医疗卫生服务总量不足,公平性差;五是教育资源配置不合理,教育公平问题突出;六是人口均衡发展问题显现,代际公平有待提升。[③]通过这些难题和短板所透露出来的一个最为突出的问题,就是一些人对改革发展成果还没有更多更好的获得感,而这是实现"两个一百年"奋斗目标进程中带有根本性的问题。正是针对以上难题和短板,为了让人民能够共同享有改革发展成果,实现由一部分人获得感不够的发展走向人人拥有更多获得感的发展,使人人享有人生出彩的机会,我们党提出了社会发展成果要惠及全体人民的人民性公平正义观。

人民性公平正义的共享伦理诉求,也是中国特色社会主义志愿服务的基

---

① 张琦:《中国共享发展研究报告(2017)》,北京:中国财经出版集团,2018 年,第 28 页。

② 《党的十九大报告辅导读本》,北京:人民出版社,2017 年,第 128 页。

③ 中央党校哲学教研部:《五大发展理念——创新　协调　绿色　开放　共享》,北京:中共中央党校出版社,2016 年,第 211—214 页。

中国特色社会主义志愿服务伦理学

本伦理诉求。要让社会发展成果惠及全体人民,最关键的是要让弱者有所扶,也就是要对弱势群体给予应有的救助和关怀,而这正是中国特色社会主义志愿服务最为根本的价值目标。"像桥的承载力一样(桥的承载力既不是根据最坚固的桥墩亦非根据桥墩平均强度测定的,而是根据最不牢固的桥墩加以测定的),社会的质量乃是根据最弱的社会成员的福利状况加以测定的。"①一个社会在发展成果分配上是否做到了公平正义,既不能以富者的享有情况作为标准,也不能以绝大多数人的享有情况作为标准,而应以弱势群体的享有情况作为标准。任何社会成员正确生活的权利都不能因为不幸事件而丧失,每一个人对社会发展成果的享有权都不能因为天赋、健康、能力等不利因素的影响而被剥夺,这是社会公平正义的基本诉求。让社会发展成果惠及全体人民,最关键的就是要在社会发展成果分配过程中向弱势群体倾斜,通过各种各样的途径和渠道使弱势群体享有"足够"的量,能够与其他人一样过上体面而有尊严的生活。在保护弱势群体以推进社会发展成果惠及全体人民的社会公平正义的目标路径上,政府无疑是主要力量,其首要任务应当是以保障和改善民生为着力点,通过作出更有效的制度安排和建立更加完善的社会保障体系等使社会发展成果合理地、公平地分流到每一个人手中,并通过这种分流确保每一个人特别是弱势群体能获得"足够"的量,以为每一个人维持其生命有机体和从事各种各样的社会实践活动提供必要条件。但是,弱势群体问题甚为复杂,救助弱势群体的任务也甚为艰巨,要真正在弱者有所扶上不断取得进展,保证弱势群体在共建共享中获得"足够"的量和更多的获得感,仅靠政府的力量和有效的制度安排还是远远不够的。而志愿服务,作为一种以弱势群体为主要服务对象的民间活动或行为,则是保护弱势群体的重要力量,是在政府制度保障之外且与政府制度保障有别的一种具有更大道义价值的伦理关怀。志愿服务作为一种发自志愿者内心的自觉自愿的公益性服务行为,在为弱势群

①　[英]齐格蒙特·鲍曼:《现代性与矛盾性》,邵迎生译,北京:商务印书馆,2003年,第398页。

体服务的过程中所强调的是以发自内心的真情付出去体现和完成对弱势群体的关爱、以博爱精神和平视的姿态去无私地帮助弱势群体；所追求的就是要让社会发展成果更多更公平地惠及全体人民特别是弱势群体，让包括弱势群体在内的全体人民享有更加公平、更加安康、更加幸福的生活，让整个社会变得更加美好和谐。党的二十大报告指出，到 2035 年，人的全面发展、全体人民共同富裕取得更为明显的实质性进展。"共同富裕"并不是指一部分人富裕，而是指全体人民共同富裕。按照人民性公平正义的要求，实现共同富裕，一个都不能掉队。所以以习近平新时代中国特色社会主义思想为指导，发展中国特色社会主义志愿服务事业，既是贯彻落实党的二十大报告精神、推进新时代中国特色社会主义建设的重要举措，也是化解新时代社会主要矛盾、推进人民性公平正义的必要手段。

第四章　中国特色社会主义志愿服务的伦理价值

　　志愿服务的伦理价值,简而言之,是指志愿服务对社会发展所起的积极作用和所产生的积极影响。习近平总书记曾多次就志愿服务事业作出重要指示,强调要"推进志愿服务制度化常态化",充分发挥志愿服务在实现"两个一百年"奋斗目标、实现中华民族伟大复兴的中国梦中的积极作用。2020 年 2 月,在统筹推进新冠疫情防控和经济社会发展工作部署会议上,习近平对广大志愿者在疫情防控中所作的贡献给予了高度肯定和赞赏。2020 年 5 月全国"两会"期间,习近平总书记参加湖北代表团审议时强调今后要加强志愿者队伍建设。2020 年 6 月 8 日,习近平总书记考察宁夏吴忠市利通区金华园社区时对"兰花志愿者之家"的创立者王兰花说道:社会主义是干出来的,各族群众要一起努力,志愿者要充分发挥作用,谢谢你们的努力和贡献,等等。我们党和政府之所以如此高度重视志愿服务,其中一个很重要的原因就在于志愿服务是新时代中国特色社会主义建设不可或缺的力量,有着重要的伦理价值。党的二十大报告指出,要以中国式现代化全面推进中华民族伟大复兴。而中国特色社会主义志愿服务既是中国式现代化事业的重要组成部分,也是推进中国式现代化建设的重要力量,无论是在人口规模巨大、全体人民共同富裕、物质文明和精神文明相协调的现代化方面,还是在人与自然和谐共生、走和平发展道路的现代化方面,均可彰显其伦理价值。具体而言,在推进中国式现代化建设的过程中,中国特色社会主义志愿服务至少具有以下五个方面的伦理价值:一是促进经济发展;二是促进劳动幸福;三是促进公民道德建设;四是促进国家安全和社会稳定;五是促进人类命运共同体构建。

第一节　促进经济发展

经济发展是中国式现代化建设的物质基础,没有经济发展作支撑,现代化建设将成为一句空话。志愿服务则可以在促进经济发展方面发挥独特的作用。也许有人认为,志愿服务是一种纯公益性的活动,与经济建设并无直接联系,怎么能促进经济发展呢? 这种观点无疑是片面的、错误的。因为志愿服务虽是一种公益性活动,却是与经济建设紧密联系在一起的,二者是相辅相成、相互促进的关系。中国改革开放 40 多年的实践表明,不仅经济建设为中国特色社会主义志愿服务的发展奠定了雄厚的物质基础,提供了良好的发展契机,而且中国特色社会主义志愿服务对我国经济的发展也起着积极的促进作用,已经成为推动我国经济发展的重要力量。

志愿服务对于经济发展的促进作用,首先表现在有助于优化劳动结构上。伴随着中国特色社会主义进入新时代,我国的经济也发生了历史性变化,"已由高速增长阶段转向高质量发展阶段"。而要推动我国经济高质量发展虽然需要从各个方面着手,但优化劳动结构是其中极为重要的一个方面。因为经济发展的过程,从一定意义上说,就是物质生产活动不断推进的过程。物质生产活动是人们为了满足生活需要而运用以生产工具为核心的劳动资料去改造自然的活动,它是人们"创造历史"的前提,因而属于历史活动的第一要义或第一个历史活动。人们在物质生产活动中必然形成解决社会与自然矛盾的实际能力,即生产力。生产力,作为人和自然的现实关系的体现,是一个由劳动者、劳动资料和劳动对象构成的关系结构。这种关系结构可称为劳动结构或生产力结构。任何经济活动都是通过一定的劳动结构来进行的。劳动结构合理与否对经济是否能够获得发展及其发展程度如何有着至关重要的影响。劳动结构越是合理越能促进经济的发展;反之,就会阻碍经济的发展。

要优化劳动结构,就必须努力提高人的素质。因为在劳动结构的诸要素中,人的因素——劳动者作为"活的劳动",是能动的、起主导作用的因素。在一定的意义上说,离开了劳动者,生产力就不可能获得现实的规定性,最多只能作为可能的形式而存在,并且作为可能的生产力而存在的劳动资料本身也是"活的劳动"创造的结果,也就是说,"它们是人类劳动的产物,是变成了人类意志驾驭自然的器官或人类在自然活动的器官的自然物质。它们是人类的手创造出来的人类劳动的器官;是物化的知识力量"①。

提高人的素质,教育无疑是主要渠道,也正因为如此,党的二十大报告强调指出,要"坚持教育优先发展"。事实上,我们党和政府始终把教育摆在优先发展的战略地位,并不断扩大投入,如全国教育经费总投入至 2017 年已达到 42562.01 亿元,而其中国家财政性教育经费达到 34207.75 亿元,比 2016 年增长了 8.95%②。2019 年财力虽然很紧张,国家财政性教育经费占国内生产总值比例仍继续保持在 4%以上,中央财政教育支出安排超过 1 万亿元。③

但是,人的素质的提高是一个综合性工程,不能完全依赖于教育,志愿服务便是提高人的素质的重要途径之一。可以说,一个人参与志愿服务的过程,实质上就是一个人的素质不断得到提高的过程。志愿服务的领域甚为宽广,志愿服务的种类和形式也是多种多样的,因而志愿服务对人的素质的提升也是全方位的,经常性地参与志愿服务活动,不仅能够拓宽一个人的视野,使其学到新的知识、获得新的技能,提高其分析问题与解决问题的能力,而且可以

① 《马克思恩格斯全集》第 23 卷,北京:人民出版社,1973 年,第 204 页。
② 《2017 年全国教育事业发展统计公报》,《中国教育报》2018 年 7 月 21 日。
③ 《国家财政性教育经费占 GDP 比重超 4% 2019 中央财政教育支出安排超 1 万亿元》,东方财富网,2019 年 3 月 5 日。

丰富其人生阅历与生活体验、增进其对社会的了解与认知、提高其社会交往能力。更为重要的是,志愿服务对于培养一个人的良好品德、塑造一个人的健康人格有着重要意义。正如世上没有两片相同的树叶一样,不同的志愿服务活动对能力和条件的要求是不一样的,不同志愿服务对象的需求也是有差异的,因而在经常性参与志愿服务的过程中,志愿者难免会因为面对着不同类型志愿服务而凸显出来的自身能力和条件的局限性以及难以满足不同志愿服务对象千差万别的需求而产生这样或那样的困惑与彷徨,也会对诸如何以要参加志愿服务、是否应该参加志愿服务以及如何才能做好志愿服务等问题进行深入思考,同时还不可避免地要"和自身的惰性和随时可能产生的私心杂念、甚至沽名钓誉等'人性的弱点'做斗争"[1]。在这一思考与斗争的过程中,不仅一个人的道德认识会不断提高、道德品行会得到不断锤炼,而且人格也会更加健全。志愿服务对于一个人的良好品德养成以及健康人格塑造的积极影响与作用,也在一些心理学研究中得到证实。如美国学者詹姆斯·尤尼斯等人就曾在观察研究中发现,经常参加社会性服务、帮助无家可归流浪者的青少年,对自我的看法及对待他人的态度和情绪都会发生转变,不仅不会再像过去那样对无家可归者持消极认知与冷漠以待的态度,而且对生活的态度也变得更加积极、有力。[2]

志愿服务对一个人的良好品德培养和健康人格塑造的影响作用,最突出地表现在对一个人的世界观、人生观和价值观的积极影响上。一方面,人不仅是一种个体性存在,更是一种社会性存在,而且后者是人之所以为人的本质所在。志愿服务作为一种以无偿利他为核心价值观、提倡无私奉献精神的社会伦理行为,深刻地体现了人作为社会性存在的本质。在经常性参与志愿服务的过程中,一个人对自己作为社会性存在的本质会有更深刻的体会,对人际联

---

①　北京志愿者协会:《志愿者你准备好了吗》,北京:中国国际广播出版社,2006 年,第20 页。

②　陈会昌:《道德发展心理学》,合肥:安徽教育出版社,2004 年,第 204—205 页。

系、社会联系的必然性会有更深刻的认识,从而在如何处理个人与社会的关系上会形成更加正确的认识,并懂得站在社会的角度来思考问题,切实认识到自己对社会所应担负的责任,明白只有通过为他人服务、为社会奉献才能实现自己的价值。另一方面,依照符号互动理论,人的行为是一种有意义的行为,人们对社会性行为的理解也是建立在基于人与人或个人与社会互动而形成的对意义的共识上的。在人与人或个人与社会互动形成意义共识的过程中,每个人都会在站在他者或社会的角度来扮演这样或那样的角色,并且为了把角色扮演好,往往会站在他者或社会的角度来思考问题,并以这种思考所得来指导自己的行为,往往会从他者或社会"对自己的态度和看法之中来认识自己,形成并修改自我概念"①。人们参与志愿服务的过程,实质上就是一个与他人、社会互动扮演这种角色或那种角色并形成意义共识的过程。而每一种角色都会有与之相对应的角色规范和要求。这些角色规范和要求,就其本质而言,不过是社会的价值理念与要求的具体化、角色化而已。在角色扮演的过程中,志愿者要使自己所扮演的角色符合相应的角色规范和要求,就必须对这些角色要求有着准确地把握和认知,并以之来指导自己的思想和行为。对这些角色规范和要求把握和认知的过程,实质上就是志愿者将社会的价值理念和要求内化于心、外化于行的过程。伴随着对这些角色规范和要求的认知的不断深化,志愿者就会逐渐认识到我应该怎样活着以及怎样活着才有意义,并由此而领悟人生的真谛、价值和意义、树立正确的世界观、人生观和价值观。深圳优秀志愿者蔡建妮和辽宁优秀志愿者许平鑫的事例就有力地说明了这一点。蔡建妮曾是赋闲在家的主妇,因长期脱离社会而心灵封闭、见识狭隘,以致一度迷失自我,找不到人生的方向。但是,当她于 1995 年加入深圳义工这个志愿服务组织后,其世界观、人生观和价值观就发生了根本的变化。在长期的义工活动中,她不仅获得了一份快乐和心灵的充盈与内心的宁静,而且正如

---

① 郑杭生:《社会学概论》,北京:中国人民大学出版社,2003 年,第 21 页。

她自己所说："我如一只装在瓶中的蜜蜂发现了出口,从此投入到彩色斑斓的世界中。"①许平鑫是辽宁鞍钢矿业集团有限公司的一名职工,在参与郭明义爱心团队学雷锋之前,他以为自己的生活不过是在矿场里混混日子而已,但自从跟随郭明义学雷锋、参加志愿服务活动以后,其世界观、人生观和价值观发生了天翻地覆的变化。正如他自己所说："我在矿场是开 300 多吨的电动轮汽车的,一开就是 8 个小时,累得要死,每天就是这样的机械重复。我以为我的生活就是这样的了。但跟着郭大哥做这些事后,我发现人生还是很有意义的。"②

志愿服务不仅可以通过提供人的素质、优化劳动结构来促进经济的发展,还可以以自己独有的方式创造经济价值,这一点已被无数事实所证明。如据美国国家与社区服务机构(The Corporation for National and Community Service)调查,美国 2013 年大约有 6260 万人(占美国成年人的 25.4%)为社会提供了 770 万小时的志愿服务,其所创造的经济价值达到 1.73 亿美元③。另据美国劳动局数据,2014 年美国志愿服务所创造的经济价值为每小时 23.07 美元④。正因为志愿服务能够创造巨大的经济价值,具有价值替代功能,所以现在联合国和许多发达国家均已将志愿服务的产出价值纳入国民生产总值的计算范畴中。如美国霍布斯金大学公共政策研究中心就曾依据其设计的国民生产总值计算方法对包括美国、加拿大等在内的 22 个发达国家的志愿服务产出价值做过估算,并发现志愿服务的产出价值在这些国家国民生产总值中所占比例平

① 北京志愿者协会:《志愿者你准备好了吗》,北京:中国国际广播出版社,2006 年,第 18 页。

② 沈佳音:《辽宁一个钢铁工人 20 年献出十年血曾被称为傻子》,《京华时报》2010 年 9 月 19 日。

③ Corporation for National and Community Service."Research Brief:Volunteering in America Research Highlights",2013.

④ Latest figure from 2014 Bureau of Labor Statistics data,in-dexed by Independent Sector in March,2015.

均达到了 1.1%。①

改革开放以来,我国的志愿服务获得了较快发展,其对我国经济发展所起的推动作用日益凸显出来,其所创造的经济价值也越来越显著。如据《2008北京奥运会、残奥会志愿者工作成果转化研究》,各类赛事志愿者所贡献的志愿服务时间超过 2 亿小时,为奥运会节省了约 42.75 亿美元的支出。② 再如根据西部地区 2016 年平均工资测算,当年被选派到西部地区的 18300 名"西部计划"志愿者所创造的经济价值达到 9 亿多人民币。还如,据统计,2017 年我国志愿者提供的志愿服务达到 17.93 亿小时,所创造的经济价值达到547.97 亿元,其中注册志愿者 259.38 亿元,非注册志愿者 288.59 亿元。③2018 年我国志愿者贡献的志愿服务时间为 21.97 亿小时,相较于 2017 年,增加了 4 亿小时,增长率为 22%;创造经济价值 823.64 亿万,其中注册志愿者187.51 亿元,非注册志愿者 636.13 亿元,相较于 2017 年增长 50%,占全年国内生产总值的万分之 9.15,占第三产业增加值的万分之 17.54。④ 从 2013 年至 2018 年,我国志愿者对国内生产总值所作的贡献,从万分之 3.6 提升到了万分之 9.15,增长了 1.54 倍;对第三产业总产值的贡献,从万分之 8.19 提高到了万分之 17.54,增长了 1 倍。⑤

志愿服务不仅可以通过降低成本等为社会创造经济价值,还可以通过参与应对社会危机等为国家和社会减少经济损失。正因为如此,所以每当重大社会危机发生时,我们党和政府特别注重发挥志愿服务在应对社会危机方面的作用。如 2020 年 1 月新冠疫情发生后,共青团中央办公厅就及时发布了《关于立即行动起来投身新型冠状病毒感染肺炎疫情防控工作的通知》,要求

---

① 侯玉兰、唐忠新:《社区志愿服务的理论与实务》,北京:中国社会出版社,2009 年,第17 页。
② 孙宁华:《彰显志愿服务的多元价值》,中国社会科学网,2016 年 11 月 10 日。
③ 杨团:《中国慈善发展报告(2018)》,北京:社会科学文献出版社,2018 年,第 54—55 页。
④ 杨团:《中国慈善发展报告(2018)》,北京:社会科学文献出版社,2018 年,第 57—58 页。
⑤ 杨团:《中国慈善发展报告(2018)》,北京:社会科学文献出版社,2018 年,第 61—62 页。

各级团组织根据防疫工作发展态势招募必要数量的青年志愿者投身到疫情防控中去,并迅速组织了 8.5 万名志愿者参与疫情防控的相关工作。事实上,在新冠疫情防控中,广大志愿者在宣传疫情防控知识与政策、协助开展防控工作以及卫生防疫、心理咨询、救助救护等方面都发挥了极为重要的作用,为疫情防控工作的有效展开和降低疫情给国家和社会可能带来的经济损失作出了积极而有益的贡献。

志愿服务对经济发展的促进作用,还体现在开发人力资源、促进社会资源科学配置上。在经济发展的过程中始终会贯彻着这样一种矛盾,即需要的无限性与满足需求的社会资源的有限性之间的矛盾。一方面,人的需要即人的本性,在现实生活中,人总有各种各样的需要,"任何人如果不同时为自己的某种需要和为这种需要的器官做事,他就什么也不能做"①,而且人的需要是不断发展变化的,每当一种需要得到满足或部分得到满足之后,又会产生另一种需要。这就是说,人的需要具有无限性。另一方面,在社会发展的一定阶段,用于满足人的需要的社会资源又是相对有限、甚至稀缺的,换言之,因为社会资源的有限性、稀缺性,人的需要不可能得到绝对的满足,而只能得到相对的满足。为了化解这种矛盾,以最少的资源耗费获取最佳的经济效益,生产出更多更适用的商品和劳务满足人民不断增长的美好生活需要,就需要对有限的社会资源进行合理配置。可以说,资源配置合理与否,对经济的健康和可持续发展有着非常重要的意义。而在社会资源的配置中,除了主要依靠市场和政府这两大机制以外,志愿服务也可以发挥极其重要的作用。事实上,志愿服务在福利经济中所体现的就是一种资源的再配置②,它不仅"可以将政府或社会转移出的一部分资源进行再配置",而且"可以对社会零散的资源进行整合再配置"。③ 就前者来说,自 2013 年国务院办公厅印发《关于政府向社会力量

① 《马克思恩格斯全集》第 3 卷,北京:人民出版社,1960 年,第 286 页。
② 陆士桢:《中国特色志愿服务概论》,北京:新华出版社,2017 年,第 99 页。
③ 陆士桢:《中国特色志愿服务概论》,北京:新华出版社,2017 年,第 196 页。

购买服务的指导意见》以来,有大量志愿服务组织通过直接或间接购买政府公共服务的方式承接了政府部分公共服务职能,有力促进了这方面社会资源的有效配置。就后者来说,如英国慈善救助基金会(Charities Aid Foundation)2017年发布的《2017年世界捐赠指数报告(WGI)》显示,中国在2017年度被调查的139个国家中,捐赠指数排名第138名,其中志愿者人数6700万名,志愿者捐赠时间率为65,排名第134名①;截至2015年,在12年的"西部计划"实施过程中,全国累计有16万多名高校毕业生、近万名研究生组成支教团志愿者被选派到22个中西部省(区、市)和新疆生产建设兵团2100多个县开展志愿服务活动,同时还有23个省(区、市)参照"西部计划"选派了4万多名青年志愿者到西部地区参与志愿服务活动。② 所有这些事实和数据表明,志愿服务是我国社会资源有效配置的重要方式,因而也是我国经济发展的重要力量。

志愿服务对经济发展的促进作用也间接地体现在推动绿色发展方面。经济发展总是和绿色发展紧密联系在一起的,正如习近平主席2017年在联合国日内瓦总部出席"共商共筑人类命运共同体"高级别会议上所发表的主旨演讲《共同构建人类命运共同体》中所指出:"人与自然共生共存,伤害自然最终将伤及人类。空气、水、土壤、蓝天等自然资源用之不觉、失之难续。工业化创造了前所未有的物质财富,也产生了难以弥补的生态创伤。我们不能吃祖宗饭、断子孙路,用破坏性方式搞发展。"③正因为经济发展与绿色发展是紧密地联系在一起的,所以我们党和政府非常重视绿色发展工作,并将生态文明建设纳入到中国特色社会主义建设的"五位一体"总体布局之中,强调要将"生态文明建设放在突出地位,融入经济建设、政治建设、文化建设、社会建设各方面

---

① 杨团:《中国慈善发展报告(2018)》,北京:社会科学文献出版社,2018年,第57—58页。
② 陶倩等:《新时代中国特色志愿服务发展研究》,北京:社会科学文献出版社,2018年,第73—74页。
③ 《习近平谈治国理政》第二卷,北京:外文出版社,2017年,第544页。

和全过程"①。党的十九大报告明确提出要"推进绿色发展","建立健全绿色低碳循环发展的经济体系";党的二十大报告强调要"推动绿色发展,促进人与自然和谐共生"。正因为经济发展与绿色发展是紧密联系在一起的,所以在新时代中国特色社会主义经济建设过程中,我们必须树立"绿水青山就是金山银山"的绿色发展观,着力解决突出环境问题,切实保护好生态环境,"形成节约资源和保护环境的空间格局、产业结构、生产方式、生活方式,还自然以宁静、和谐、美丽"②。志愿服务则是推动绿色发展的重要力量,并且已经和正在发挥积极的作用。改革开放特别是 20 世纪 90 年代以来,各种各样的绿色组织在我国蓬勃兴起,如 1994 年成立的自然之友、1996 年成立的绿家园志愿者、2003 年成立的岳阳市山水友爱志愿者协会、2011 年成立的上海市徐汇区"绿主妇,我当家"环保行动小组、2014 年成立的北京市环保志愿者协会、2016年成立的广东省环保志愿者总队等。这些绿色组织及其志愿者通过各种各样的形式积极参与生态环境保护活动,在保护生态环境方面作出了积极的贡献,成为我国生态环境保护不可或缺的重要力量。如保护母亲河"中国青年志愿者绿色青年行动营计划"首期项目于 1999 年 6 月在河北丰宁正式启动不到半年,就吸引了 1000 余名志愿者参与到车宁沙化区的治理活动中,先后整地造林 1500 余亩,挖掘土石 5 万方,回填土 3.75 方。③ 此后,这类项目在全国范围内广泛开展,有力促进了我国母亲河的保护工作。还如被称为"大地妈妈"的上海市 NPO 绿色生命理事长易解放与其丈夫自 2003 年开始就自愿到内蒙古参与土地荒漠化治理工作。截至 2016 年,他们植树 250 万棵,绿化荒漠20000 亩④。再如,湖南省岳阳市山水友爱志愿者协会自 2003 年以来,不断组

① 中共中央文献研究室:《十八大以来重要文献选编》(上),北京:中央文献出版社,2014年,第 31 页。

② 《党的十九大报告辅导读本》,北京:人民出版社,2017 年,第 50 页。

③ 《保护母亲河中国青年志愿者绿色行动营计划》,中变传奇网站,2015 年 3 月 15 日。

④ 《最美志愿者——易解放》,上海志愿者网,2017 年 2 月 28 日。

织志愿者参与以"珍惜水资源,清理山野"为主题的户外公益行、宣传环保知识、清理洞庭湖垃圾等,在保护洞庭湖区的生态环境中发挥着积极作用。等等。① 正是志愿服务在生态环境保护和绿色经济发展中发挥着越来重要的作用,所以2021年生态环境部和中央文明办联合印发了《关于推动生态环境志愿服务发展的指导意见》,强调要大力发展生态环境志愿服务,推动生态环境志愿服务延伸到基层生态环境保护工作的方方面面;要求各地生态环境部门和文明办结合实际,积极推动各级党委和政府把生态环境志愿服务作为重要任务纳入到地方生态文明建设的总体规划和布局,并为把生态环境志愿服务工作推向深入而在资金投入、能力建设、宣传推广等方面提供强有力的保障。

第二节　促进劳动幸福

促进劳动幸福是中国式现代化建设的题中应有之义,无论人口规模巨大的现代化、全体人民共同富裕的现代化,还是物质文明和精神文明相协调的现代化,就其根本意义而言,是为了促进人的劳动幸福。所谓劳动幸福,即指人们在劳动中因感受或意识到自我价值的实现以及作为人的类本质的确证而产生的一种心理上的愉悦感与满足感以及精神上的充实感与欣慰感。劳动幸福是一个与人的类本质紧密联系在一起的概念,只要将劳动视为人的类本质,就必定将劳动幸福视作"最高律令"②。

在马克思之前,黑格尔就提出过劳动是人的本质的观点,将劳动看作人的自我确证的本质,"把对象性的人、现实的因而是真正的人理解为他自己的劳动的结果"③。但是,黑格尔是局限于客观唯心主义框架下来思考这个问题的,他将一切事物都精神化,其所理解的主体不过是抽象的绝对的精神而已,

---

① 中央文明办:《志愿服务工作100例》,北京:学习出版社,2011年,第206—207页。
② 何云峰:《从劳动作为人的类本质的视角看劳动幸福》,《江汉论坛》2017年第8期。
③ 马克思:《1844年经济学哲学手稿》,北京:人民出版社,2000年,第101页。

其所"惟一知道并承认的劳动是抽象的精神的劳动",而且他"只看到劳动的积极方面,没有看到它的消极方面"①。后来,马克思批判地吸收了黑格尔关于人的劳动本质的观点,并做了科学阐释,指出对于人的本质应当当作"感性的人的活动"去理解,认为人之所以是类存在物,不仅在于人从实践与理论上都将类(他自身的类以及其他物的类)当作自己的对象,而且因为"人把自身当作现有的、有生命的类来对待,因为人把自身当作普遍的因而也是自由的存在物来对待"②。这就是说,人和动物不同,动物"和自己的生命活动是直接同一的","不把自己同自己的生命活动区别开来","它就是自己的生命活动"③,而人则能"使自己的生命活动本身变成自己意志的和自己意识的对象"④,而这是由改造自然的自由自觉的活动即劳动决定的,因而劳动是人区别于动物的类特性,是人的本质。正是劳动使人与动物区别开来、使人从自然中求得解放,成为独立的社会的人。在创造对象世界、改造无机界的劳动活动中,人不仅"塑造和改变自然",而且"也塑造和改变了人自身","形成了合作、理性的能力和美感"。⑤ 正因为劳动是人的本质,是人的类特性所在,因此在人的所有活动中,唯有劳动是最为崇高、具有最高价值的活动。正是在这个意义上,马克思曾将劳动称为"活的、造型的火"⑥"火焰"⑦,认为劳动不仅表现为"主体对客体的占有",也同样表现为"客体的塑形"⑧;正是因为"活劳动本身的赋予",才使劳动产品或对象化劳动"具有自己的灵魂"。⑨

既然劳动是人的所有活动中最为崇高、具有最高价值的活动,那么人们应

---

① 马克思:《1844 年经济学哲学手稿》,北京:人民出版社,2000 年,第 101 页。
② 马克思:《1844 年经济学哲学手稿》,北京:人民出版社,2000 年,第 56 页。
③ 马克思:《1844 年经济学哲学手稿》,北京:人民出版社,2000 年,第 57 页。
④ 马克思:《1844 年经济学哲学手稿》,北京:人民出版社,2000 年,第 57 页。
⑤ [美]埃里希·弗罗姆:《健全的社会》,蒋重跃等译,北京:国际文化出版公司,2003 年,第 154 页。
⑥ 《马克思恩格斯全集》第 30 卷,北京:人民出版社,1995 年,第 329 页。
⑦ 《马克思恩格斯全集》第 30 卷,北京:人民出版社,1995 年,第 453 页。
⑧ 《马克思恩格斯全集》第 30 卷,北京:人民出版社,1995 年,第 481 页。
⑨ 《马克思恩格斯全集》第 30 卷,北京:人民出版社,1995 年,第 445 页。

当对劳动充满热情,将参加劳动视为最幸福的事情。然而,人们又为什么会在劳动中感到不幸、感受不到乐趣甚至厌恶劳动呢? 究其根源,就在于人的劳动本质发生了异化,也就是说劳动对人来说不再是本身的东西,而成了一种外在于人的存在。自由自觉的活动是人的本质所在,正是"有意识的生命活动把人同动物的生命活动直接区别开来",使人成为类存在物,也"正因为人是类存在物,他才是有意识的存在物",而异化劳动却把这种关系颠倒过来了,"以致人正因为是有意识的存在物,才把自己的生命活动,自己的本质变成仅仅维持自己生存的手段"①。在《1844 年经济学哲学手稿》中,马克思认为劳动异化一方面表现为劳动产品异化,即劳动产品作为"异己的存在物"和"不依赖于生产者的力量""同劳动相对立";另一方面表现为劳动活动本身异化,即劳动对于劳动者来说不属于其本质,而是一种外在性的东西,从而导致人的类本质异化以及人同人异化。在劳动异化的条件下,劳动在变为现实性的同时也在丧失其现实性,劳动不再是劳动者独立的自由自觉的生命活动和人格存在方式,而表现为"被强制的生命活动""他人的客体性""他人的主体性"②。在劳动异化的条件下,"人在自己的劳动中不是肯定自己,而是否定自己",不仅自己的体力和智力不能自由地发挥,反而自己的肉体与精神遭受着折磨与摧残,因而人们在劳动中不会感到幸福与快乐,而是感到不幸、不自在、不舒畅,以致"只要肉体的强制或其他强制一停止,人们会像逃避瘟疫那样逃避劳动"③。

异化劳动是私有制的产物,服从于资本运动的逻辑。正是私有制所造成的劳动与生产资料的分离,导致劳动失去"自为"的性质,变成"单纯为他人的存在"或"单纯的他在",变成与自身相对立的"他物的存在"④。中国特色社

---

① 马克思:《1844 年经济学哲学手稿》,北京:人民出版社,2000 年,第 57 页。
② 《马克思恩格斯全集》第 30 卷,北京:人民出版社,1995 年,第 464 页。
③ 马克思:《1844 年经济学哲学手稿》,北京:人民出版社,2000 年,第 54—55 页。
④ 《马克思恩格斯全集》第 30 卷,北京:人民出版社,1995 年,第 445 页。

会主义制度的建立和完善为异化劳动的积极扬弃创造了良好的环境和条件，但是这并不意味着异化劳动在我国现阶段已经消失了，我国尚处于社会主义初级阶段的国情以及社会主义市场经济体制的现实决定了异化劳动在我国很长一段时期内还会长期存在。

既然导致劳动不幸福的根源在于劳动异化，那么要促进劳动幸福，就必须扬弃异化劳动。志愿服务作为一种特殊的劳动形式，在扬弃异化劳动、促进劳动幸福方面有着独特的优势，甚至可以说志愿服务本身就是对异化劳动的一种积极扬弃，为人们获得和享受劳动幸福创造了可能和条件。

首先，在异化劳动条件下，劳动不是出于自愿，而"成了被迫的强制劳动，属于他人，不属于劳动者，成为异己的活动"①，连他自己在劳动中也属于别人。在这种情况下，毫无劳动尊严可言，"而劳动一旦丧失了尊严就会使劳动幸福变成空话"②。这就意味着要促进劳动幸福，就必须扬弃异化劳动条件下劳动的被迫性和强制性，使劳动成为一种自觉自愿的活动。志愿服务，正是这样一种自觉自愿的劳动活动；自觉自愿既是人们参与志愿服务的逻辑前提，也是志愿服务这种劳动形式最为本质的特征。正因为人们参与志愿服务完全出于自觉自愿，因而人们在志愿服务活动中不会再像在异化劳动条件下的劳动者那样没有劳动尊严，遭受"最残酷最带侮辱性的折磨"③，而是能够充分地占有劳动本身，尽情地展示自己的智慧与才能，并最大限度地表现着自我创造的本性，因而他们不仅不会感到不幸福、不舒畅、不自在，反而会获得身心的愉悦、情感的满足、心灵的充实和精神的享受。

其次，在异化劳动条件下，人们"在劳动中耗费的力量越多……他自身、他的内部世界就越贫乏，归他所有的东西就越少"④。在志愿服务活动中，个

---

①　成海鹰：《马克思主义哲学中的自由与异化》，《云梦学刊》2018年第3期。
②　何云峰：《从劳动作为人的类本质的视角看劳动幸福》，《江汉论坛》2017年第8期。
③　《马克思恩格斯文集》第1卷，北京：人民出版社，2009年，第432页。
④　马克思：《1844年经济学哲学手稿》，北京：人民出版社，2000年，第52页。

人在为他人、社会付出的同时,则会获得自我肯定、得到丰厚的回报。当然,"这种回报不是金钱,不是奖励,甚至也不是赞美,而是一种内在的价值感,一种人生可遇而不可求的'高峰体验'。……被社会认可、被他人需要,感到自己的奉献有价值,作为一种'内在'奖励能够带给人持久的激励"①。也正因为如此,人们不仅不会像在异化劳动条件下那样像逃避瘟疫般逃避劳动、厌恶劳动,反而会在经常性的志愿服务活动中伴随着对志愿服务的价值和意义的认识的更加深刻而获得一种愉悦感、使命感、崇高感和价值感,获得持久参与志愿服务的动力源泉,从而增强其参与志愿服务的自觉性、积极性和主动性。

最后,在异化劳动条件下,劳动相对于劳动者来说是"外在的东西","不属于他的本质"②,人只能在强加的一定的特殊活动范围内活动,而"不能超出这个范围"③,因而人不能自由地发挥自己的体力和智力,不能获得自由而全面的发展。换言之,异化劳动造成了人的身体部分及能力的畸形和片面性发展,使人成为单向度的、片面的人。真正的劳动幸福则体现为人的自由全面发展,"当人得到全面而自由的发展,就意味着人更像人了,更接近真正的人了,而人只有作为人而存在才能获得持久而永恒的幸福"④。这就意味着要使人获得真正的劳动幸福,就必须使人获得自由而全面的发展。

"个人的全面性不是想象的或设想的全面性,而是他的现实关系和观念关系的全面性。"⑤人的全面性发展是一个历史范畴,须通过社会实践创造全面的社会关系才能达到。按照马克思的观点,人的发展会经历三个历史阶段。在人的发展的最初阶段,人的依赖关系占统治地位,这时"人的生产能力只是

---

① 北京志愿者协会:《志愿者你准备好了吗》,北京:中国国际广播出版社,2006 年,第 19 页。
② 马克思:《1844 年经济学哲学手稿》,北京:人民出版社,2000 年,第 54 页。
③ 《马克思恩格斯选集》第 1 卷,北京:人民出版社,1995 年,第 85 页。
④ 何云峰:《从劳动作为人的类本质的视角看劳动幸福》,《江汉论坛》2017 年第 8 期。
⑤ 《马克思恩格斯全集》第 46 卷(下),北京:人民出版社,1980 年,第 36 页。

在狭小的范围内和孤立的地点上发生着"①,个人没有独立性,直接依附于一定的社会共同体,因而获得自由全面发展无论对个人还是对社会来说都是不可想象的。人的发展的第二个历史阶段是以物的依赖性为基础的人的独立性的阶段。这一阶段虽然产生了"个人同自己和同别人的普遍异化",造成了人的畸形和片面性发展,但也同时"产生出个人关系和个人能力的普遍性和全面性",从而为人的发展的新的历史阶段的到来创造着条件。人的发展的第三个历史阶段是"建立在个人全面发展和他们共同的社会生产能力成为从属于他们的社会财富这一基础上的自由个性"②的阶段。在这一阶段,社会关系不再是一种支配人的异己力量,而是置于人们的共同控制之下,人们将在自觉调节的丰富、全面的社会关系中获得自由全面发展,成为具有自由个性的人。

人的自由全面发展,意味着人的素质能够得到全面而协调的发展。人的各方面的素质越是能得到全面而协调的发展,人的体力和智力自由发挥的条件就越充分,人的独立性也就越能不受限制地、最大限度地获得发展。人的素质要获得全面而协调的发展,就必须使人摆脱个体的、地域的、民族的局限以及陈旧狭隘的社会关系的限制,积极参与各个领域、各个层次的社会交往,形成尽可能全面丰富的社会关系,包括物质关系和思想关系。

现代意义上的志愿服务萌芽和兴起于人的发展的第二个历史阶段,在一定的意义上说,是对异化劳动的否定和积极扬弃。③　与在异化劳动条件下人的劳动有着一定的特殊的活动范围不同,在志愿服务活动中,任何人都没有特殊的活动范围,都可以在任何领域从事任何形式的志愿服务活动,每一个人都可以随自己的兴趣今天参加这个领域或方面的志愿服务活动,明天参加那个领域或方面的志愿服务活动,这就为人们积极参与各个领域、各个层次的社会交往,创造全面丰富的社会关系提供了可能。随着志愿服务的不断发展,人的

---

① 《马克思恩格斯全集》第46卷(上),北京:人民出版社,1979年,第485页。
② 《马克思恩格斯全集》第46卷(上),北京:人民出版社,1979年,第104页。
③ 魏娜、刘子洋:《论志愿服务的本质》,《中国人民大学学报》2017年第6期。

社会交往范围会越来越广泛,人的社会关系会越来越丰富,人的体力和智力越能得到自由的发挥,人就越能得到自由全面的发展。在这个意义上可以说,志愿服务是推动人的发展从第二个阶段迈向第三个阶段的重要力量,是人获得自由全面发展的重要途径。在中国特色社会主义已经进入新时代的今天,促进人的自由全面发展已成为我国志愿服务的核心价值追求。伴随着中国特色社会主义志愿服务事业的不断发展,我国的志愿服务在促进人的自由发展方面所起的作用必定会越来越显著。而人越是能获得自由全面的发展,就越能体会到劳动在确证人的本质方面的意义,人的劳动幸福指数也就会越来越高。

第三节　促进公民道德建设

《新时代公民道德建设实施纲要》指出:"中国特色社会主义进入新时代,加强公民道德建设、提高全社会道德水平,是全面建成小康社会、全面建设社会主义现代化强国的战略任务,是适应社会主要矛盾变化、满足人民对美好生活向往的迫切需要,是促进社会全面进步、人的全面发展的必然要求。"党的十九大报告和二大报告均强调实施公民道德建设工程,提高全社会文明程度。而志愿服务作为新时代中国特色社会主义建设的重要组成部分,因其独有的伦理特性而成为推进新时代公民道德建设、提高人民的道德水准和文明素养的重要途径。

当代中国社会结构正在发生深刻的变迁,由传统的"熟人社会"或"小圈子社会"迈向"陌生人社会",以往适应"熟人社会"需要而形成的道德调节机制因难以适应"陌生人社会"的需要而不断受到削弱,而适应"陌生人社会"需要的道德调节机制尚在建立与完善之中。"当前中国社会的公德失范现象,绝大多数不是发生在'熟人'之间,而是发生在'陌生人'之间;人们照样会为亲朋好友'两肋插刀',但面对陷入困境的'陌生人',往往退避三舍。因此,不能简单地说当前中国人的社会公德水平普遍滑坡了,而更应该说,一些国人在从'熟人社会'走向'陌生人社会'的过程中,道德价值观产生了纠结,陷入了道德选择的困惑。"①同时,正如《新时代公民道德建设实施纲要》所指出:"在国际国内形势深刻变化、我国经济社会深刻变革的大背景下,由于市场经济规则、政策法规、社会治理还不够健全,受不良思想文化侵蚀和网络有害信息影响,道德领域依然存在不少问题。一些地方、一些领域不同程度存在道德失范现象,拜金主义、享乐主义、极端个人主义仍然比较突出;一些社会成员道德观念模糊甚至缺失,是非、善恶、美丑不分,见利忘义、唯利是图,损人利己、损公肥私;造假欺诈、不讲信用的现象久治不绝,突破公序良俗底线、妨害人民幸福生活、伤害国家尊严和民族感情的事件时有发生。"的确,在新的历史背景下,由于旧的道德体系出现了坍塌,与新时代经济社会发展状况相适应的新的道德体系又尚处于形成和发展的过程之中,从而使道德状况出现了一种犬牙交错的情况,"我们在不同的社会阶层、不同的职业类别、不同年龄段的人群中,甚至在每个人的内心深处,都能看到灵与肉的冲突、感受到生活的激情和人文理性的对抗",而"在物欲、人欲横流的世俗社会,志愿服务像一股清风,吹散了人们心灵的迷雾,使人们看到:在人与人残酷激烈竞争的背后,更有人性的尊严、人生的价值和意义,人与人之间不是简单的'利用'和'被利用'的'工具价值',更有'我为人人,人人为我'的'理性价值'。由志愿服务引发的关于社会道德等深层次思考,对重建一代人的道德大厦已经、并将继续产生积极正面的影响"。② 志愿服务能够把服务他人和社会与实现个人的自我价值有机结合起来,使人们在做好事、献爱心的过程中提高道德认识、陶冶道德情操、提升道德境界。广泛开展多种形式的志愿服务活动,吸引和感召更多的人加入到志愿服务队伍的行列,积极倡导无私奉献的价值理念,倡导爱国、敬业、诚信、

---

① 秋石:《正视道德问题加强道德建设——三论正确认识我国社会现阶段道德状况》,《求是》2012 年第 7 期。

② 迟云:《社会的良心与善行——聚焦社会志愿服务》,济南:山东教育出版社,2014 年,第5 页。

友善等基本道德规范,有助于在全社会培育和践行社会主义核心价值观,营造良好的社会风气,为公民道德建设奠定坚实的道德基础。志愿服务所提倡的服务他人、无私奉献精神与社会主义核心价值观内在一致,大力普及志愿服务理念,弘扬志愿服务精神,广泛开展多种形式的志愿服务活动,引导人们把志愿服务作为一种生活方式、生活习惯来追求,不仅能够把先进性与广泛性有机结合起来,满足不同层次人们关爱他人、服务社会的愿望,将为人民服务的道德精神落到实处,使为人民服务的道德精神在新的形势下不断发扬光大,更能"把社会主义核心价值观融入社会发展各方面,转化为人们的情感认同和行为习惯"①,"使之成为人们日用而不觉的道德规范和行为准则"②,"引导人们向往和追求讲道德、尊道德、守道德的生活"③。笔者曾在深入湖南省岳阳市一些社区调查时,在与一些社区干部的交谈中得知,单纯地向居民们宣讲社会主义核心价值观的内容收效甚微,甚至还会让一些居民感到厌烦,而结合具体的社区志愿服务活动宣扬社会主义核心价值观则更能让居民们乐于接受和践行,从而收到事半功倍的效果。无数事实表明,越是志愿服务活动开展好的地区,社会主义核心价值观培育和践行得越好,公民道德建设的成效就越明显,反之亦然。这表明,志愿服务是培育和践行社会主义核心价值观,促进我国公民道德建设的富有成效的重要途径之一。因此,在新时代公民道德建设中,应注重发挥志愿服务的作用,广泛开展各种形式的志愿服务活动,引导人们将志愿服务作为一种生活习惯和生活方式来追求,使"我为人人,人人为我"蔚然成风。

第四节　促进国家安全和社会稳定

国家安全和社会稳定,关涉中国式现代化事业的兴衰成败,关系到中华民

---

① 《党的十九大报告辅导读本》,北京:人民出版社,2017年,第42页。
② 《新时代公民道德建设实施纲要》,北京:人民出版社,2019年,第7页。
③ 《新时代公民道德建设实施纲要》,北京:人民出版社,2019年,第5页。

族伟大复兴的中国梦的实现,因此历来受到我们党和政府的高度重视。伴随着中国特色社会主义进入新时代,中国式现代化建设进入一个矛盾凸显期。"现代性意味着稳定,而现代化意味着不稳定。"①经济体制的深刻变革、社会结构的深刻变动、利益格局的深刻调整以及思想观念的深刻变化在给我国经济社会发展带来巨大活力的同时,也带来了这样或那样的矛盾和问题。可以说,在新的时代背景下,我们不仅面临着前所未有的发展机遇,也面临着前所未有的挑战,维护社会的和谐与稳定比以往任何时期都变得更加严峻、紧迫和重要。正是鉴于我国当前社会领域矛盾频发、问题丛生、社会稳定受到严峻挑战,党的十八大报告将社会建设纳入"五位一体"的总体布局之中,将社会建设与经济建设、政治社会、文化建设和生态文明建设置于同等重要的地位。党的二十大报告指出:"实现中华民族伟大复兴进入了不可逆转的历史进程。"而实现中国梦,在一定的意义上说,就是要实现社会的和谐与稳定。社会的和谐与稳定,从一定的意义上讲,即指社会矛盾的化解与消除,而在这方面志愿服务有着独特的优势。事实上,志愿服务作为一种自愿性的、超功利性的公益性伦理活动,从一定的意义上来说,所彰显的就是对社会矛盾与问题的关注、对弱势群体的关怀和对和谐社会建设的支持。关于志愿服务社会作用的一次调查表明,42.54%的被调查者认为志愿服务有助于促进社会的和谐与稳定,23.27%的被调查者认为志愿服务有助于文明的传播,15.13%的被调查者认为志愿服务有助于促进精神文明建设。② 这组调查数据在很大程度上表明,志愿服务是促进国家安全和社会稳定不可或缺的重要力量。

新时代我国社会主要矛盾是人民日益增长的美好生活需要和不平衡不充分的发展之间的矛盾。也正是发展的不平衡不充分导致贫富差距、地区差距、

---

① 〔美〕塞缪尔·亨廷顿:《变革社会中的政治秩序》,王冠华等译,北京:华夏出版社,1988年,第43页。

② 余逸群、纪秋发:《中国志愿服务:历史、实践与发展》,北京:北京理工大学出版社有限责任公司,2016年,第159页。

行业差距不断扩大,造成或派生了一系列影响社会和谐与稳定的矛盾与问题。在过去,一切社会矛盾和问题习惯于由政府包揽和解决,这样做的结果是政府权力无限扩大,并引发新的矛盾、新的问题、新的冲突。伴随政府的转型,特别是公共服务型政府建设的推进,"特别需要来自社会、来自民间的力量,来帮助政府、服务人群、化解矛盾、解决问题"①。以服务他人、奉献社会为宗旨的志愿服务活动,作为一种人们自觉自愿参与的社会公益性伦理活动,能够把民间的社会资源和力量充分调动起来,"提供一些现阶段'政府不能'的公共职能,在城市管理、社会救助、社会服务、公益项目等领域发挥越来越重要的作用"②。如据统计,"共青团关爱农民工子女行动"自 2010 年 5 月 4 日启动后,截至 2011 年 11 月,共有 4.36 万名志愿者参与了此次活动,他们通过各种形式在全国 3.2 万所农民工子女较为集中的学校、1700 多个活动基地结对帮扶农民工子女 730 万人。③ 志愿服务所倡导的"奉献、有爱、互助、进步"精神,既传承了中华民族助人为乐、扶贫济困的传统美德,又有助于化解我国当前所面临的各种社会矛盾和问题,消除人际隔阂,增进人与人之间的互信,促进社会的和谐与稳定。可以说,社会志愿服务是推动基层民主法治建设的重要途径;是实现社会公平正义的必要补充;是推动形成诚信友爱社会风尚的重要手段;是促进社会充满活力的重要平台;是保持社会安定有序的积极因素;是促进人与自然和谐相处的重要力量。④

中国志愿服务事业经过 40 多年的发展,服务对象已从以困难群体为主向全体社会成员转变,服务内容从以物质帮扶为主向物质帮扶与精神帮扶并重

---

① 谭建光:《做好的志愿者》,北京:人民出版社,2011 年,第 14 页。
② 迟云:《社会的良心与善行——聚焦社会志愿服务》,济南:山东教育出版社,2014 年,第 5 页。
③ 余逸群、纪秋发:《中国志愿服务:历史、实践与发展》,北京:北京理工大学出版社有限责任公司,2016 年,第 162 页。
④ 侯玉兰、唐忠新:《社区志愿服的理论与实务》,北京:中国社会出版社,2009 年,第 15—16 页。

转变,服务领域遍及社会社会生活各个方面。无数事实表明,志愿服务在推动社会良性运行、促进社会和谐发展方面具有不可替代的作用。志愿服务是一种传递爱心的活动,通过这种爱心的传递,不仅可以帮助服务对象融入社会、增强归属感,推动他们以积极的态度参与社会,而且可以在人与人之间搭起一座互助友爱的桥梁,这对化解各种社会矛盾和利益冲突、减低人与人之间的疏离感、拉近人与人之间的距离、促进人际和谐等有着积极意义。

特别需要指出的是,从 20 世纪末开始,由于社会转型、经济转轨以及政治体制改革滞后,我国弱势群体问题日益严重,弱势群体权益分割的问题日益突出。尽管改革开放以来,随着我国经济的快速发展,相当规模的人群已在很大程度上摆脱贫弱的地位,生活水平得到相当程度的提高,但是,目前依然存在着相当数量的弱势群体,并在近期内呈现出增长趋势,并且,一些弱势群体的弱势程度还在继续加深。据统计,如果将城乡贫困人口、经济结构调整进程中出现的失业和下岗职工、残疾人、灾难中的求助者、农民工等各类处于弱势地位的人口加总,然后再扣除重叠部分(如贫困人口中有失业、下岗职工和农民工等)和非弱势人口(如下岗职工、残疾人、农民工等中间的自强自立者),估计弱势群体规模在 1.4 亿—1.8 亿人,占全国总人口的 11%—14%。在我国目前的弱势群体中,贫困群体(包括城镇的下岗、失业人员、停产或半停产企业的职工等)无论从规模还是从劣势程度都排在首位。据《中国与世界经济发展报告(2020)》,与 2018 年相比,2019 年的城镇新增就业人数累计同比减少 10 万人,全国城镇调查失业率各月数值同比均不同程度上升,幅度在 0.1—0.3 个百分点。[①] 2020 年 5 月 28 日下午,李克强在十三届全国人大三次会议闭幕后出席记者会并回答中外记者提问时强调指出,"中国是一个人口众多的发展中国家,我们人均年收入是 3 万元人民币,但是有 6 亿人每个月的收入也就 1000 元";"按原本的账还有 500 多万贫困人口",受新冠疫情的

---

① 刘宇男:《中国与世界经济发展报告(2020)》,北京:中国市场出版社,2019 年,第 54 页。

冲击,"可能会有一些人返贫,脱贫的任务更重了","现在低保、失业保障、特困救助等人员大概一年有6000万人"。其次是残疾人群体。据中国残联最新统计的数据显示,目前,中国各类残疾人总数已达8500万,其中仍有1500万以上残疾人生活在国家级贫困线以下,占贫困人口总数的12%以上。而2015年1月20日上午,国家统计局数据显示,2014年末,中国大陆总人口136782万人,同比增加710万人。其中男性人口70079万人,女性人口66703万人。男性人口比女性人口多3376万人。两相比较可看出,中国各类残疾人总数约占中国总人口的6.21%。这给中国残疾人的社会保障事业带来了诸多问题与挑战。最后是老年群体。现阶段,中国的老龄化呈现出五个基本特征:老龄人口绝对数为世界之冠;人口老龄化发展速度快;未富先老,经济压力大;老年人口在区域分布上不均匀;老龄人口高龄化趋势十分明显。最新研究成果表明,中国人口老龄化进程明显加快,年均增长速度将达到3.28%,大大超过总人口年均0.66%的增长速度。随着20世纪60—70年代中期的新中国成立后第二次生育高峰人群进入老年,2021—2050年是人口加速老龄化阶段。由于总人口逐渐实现零增长并开始负增长,人口老龄化将进一步加剧。据《中国发展报告2020:中国人口老龄化的发展趋势和政策》显示,从2035年到2050年是中国人口老龄化的高峰阶段。根据预测,到2050年中国65岁及以上的老年人口将达3.8亿,占总人口比例近30%;60岁及以上的老年人口将接近5亿,占总人口比例超三分之一。中国人口老龄化的程度不断加剧,意味着作为非劳动力的老龄化人口比重将不断上升,劳动力比重下降。由于中国经济结构和社会结构的变化,老年人不再是收入最高、家庭和社会地位最高的一群,加上工业化和都市化进程中的种种原因,老年人常常被他人和自己认作是一种累赘,导致老年期被社会舆论视为纯粹的衰退期。其中,独居的高龄老人、无自理能力的老人更是成为明显的弱势群体。此外,我国还有一些正在形成中的弱势群体,例如单亲家庭,其中多数是由妇女与孩子组成的;犯罪及处于犯罪边缘的青少年;戒毒者群体;劳改犯的子女;居无定所、无固定职业的城市流动人口;等等。①

　　一般来说,国家安全和社会稳定需要具备两个基本条件:"一是人们很少会因为生活资料不足而受到生存威胁",也即人们作为人而应享有的基本权利得到应有的保障;二是"其内部各个群体之间的生活水平和权利持有状况较为接近,相互之间的距离感较弱,较少或者不存在敌视对抗情绪"。② 弱势群体的大量存在则往往无法使这两个基本条件得到满足,一方面,弱势群体的基本权利无法得到应有的保障;另一方面,弱势群体的生活水平和权利持有情况与其他群体之间存在着差距,有时差距还会很大,这都会严重影响到社会的和谐与稳定。之所以如此,就在于大量弱势群体的存在不仅会积聚社会怨愤、升高违法犯罪率,而且也容易受到国内外各种政治势力的煽动,这已为无数事实所证明。因此,要促进国家安全和社会稳定,就必须着力改善弱势群体的生存境遇、切实保障弱势群体作为人所应享有的基本权利。然而,"由于市场经济优胜劣汰的本质特性,所以不可能完全顾及到每一部分弱者的利益,政府追求的也是公民普遍的权利保证,不可能照顾到每个公民或完全照顾到少数特殊群体方方面面的需求,再加上我国社会保障体系还处于初步建设阶段,服务保障的充分实现不可能完全依赖政府,也没有条件和实力通过市场交换来获得,这就为志愿服务事业的发展提供了很大的空间。志愿服务以扶贫济困为主题,为贫困群体和贫困地区提供了实实在在的帮助和服务,用实际行动服务于市场经济和政府部门难以顾及到的社会成员,给他们带来心灵上的充实和生活上的便利,弥补了市场的缺陷,缓解了社会群体分化所带来的矛盾,在社会发展中起到润滑剂、调节器和平衡器的作用。"③通过丰富多彩的志愿服务活动,不仅可以让困难群体得到应有的关怀和帮助、使民生得到切实关切和改

---

　　① 从 http://cache.baidu.com;http://zisi.net 查得。
　　② 张晓玲:《社会稳定与弱势群体权利保障研究》,北京:中共中央党校出版社,2015 年,第17 页。
　　③ 卢雍政:《大力推进志愿服务促进社会全面发展》,《中国青年政治学院学报》2005 年第4 期。

善,而且能有效疏导民意、化解矛盾、凝聚民心,是以有学者将志愿服务的功能归结为"民心凝聚功能、民困帮扶功能、民生改善功能和民意疏导功能"①,而无论是哪方面功能的发挥无疑都有助于促进国家安全和社会稳定。

在新的时代背景下,志愿服务在促进国家安全和社会稳定方面的功能日益受到党和政府的高度重视,志愿服务也被全面纳入我国社会治理体系中,成为我国社会治理的有力力量和政府的有力助手。如"宝贝回家网站"自 2008年成立以来,在广大志愿者的努力下,使 1397 个失去孩子的家庭获得团聚。目前,该网站不仅在公安部门打拐办的指导下积极有效地开展寻亲活动,协助公安部门开展打拐行动,而且还与中央电视台等新闻媒介合作,利用《等着你》等大型节目向全社会开展打拐宣传教育活动,成为打拐战场上的一支重要力量。② 事实上,在改革开放 40 多年的实践中,志愿服务的上述功能不断得到彰显,从而使其成为中国特色社会主义建设过程中化解社会矛盾、促进社会和谐稳定的重要渠道。在当前市场经济条件下,志愿服务活动的广泛开展,志愿精神的弘扬光大,就像春风化雨一样,使人们能透过残酷激烈的竞争关系,体悟到"人人为我,我为人人"这一道德义理的必要与重要。在为服务他人、奉献爱心的过程中,人们不仅可以深刻认识到人与人之间的关系并非仅仅是简单的功利交往关系,友爱互助、和谐融洽的人际关系也并非与市场经济格格不入,而且也会领悟到服务社会公益、救助弱势群体是每一个人基于社会公民所应担当的社会责任和道德义务;是否对弱势群体施以援手、进行道义救助,如何对待弱势群体,是衡量一个社会文明程度的重要标尺;一个人要获得社会的认可和他人的尊重,就要融入社会,与人为善,奉献爱心,学会尊重他人。由志愿服务所引发的互助友爱的社会风尚及其关于公民道德的深层次思考,对维护社会的和谐稳定具有积极的促进作用。

① 谭建光:《中国青年志愿服务:从青年到社会——改革开放四十年青年志愿服务的价值分析》,《中国青年研究》2018 年第 4 期。
② 陆士桢:《中国特色志愿服务概论》,北京:新华出版社,2017 年,第 186—188 页。

志愿服务在促进国家安全和社会稳定中所起的作用,还可以通过积累社会资本彰显出来。所谓社会资本是指"以一定的社会关系为基础,以一定的文化作为内在的行为规范,以一定的群体或组织的共同收益为目的,通过人际互动形成的社会关系网络"①。社会资本的雄厚程度与国家安全和社会稳定呈正向关系,也就是说,社会资本越雄厚越有利于维护国家安全和社会稳定,反之亦然。而在积累社会资本方面,志愿服务可以发挥积极有效的作用。之所以如此,就在于志愿服务作为一种由志愿者在志愿服务精神感召下所自觉自愿做出的友爱互助行为,本质上就是一种社会资本,它不仅深刻体现了人的社会性本质,而且以社会团体为载体倡导了一种以无私奉献为根本特征的公益互助精神。丰富多样的志愿服务活动,不仅可以在不同群体、不同阶层的人们之间搭起一道友情的桥梁和充满爱心的交流平台,实实在在地为人们提供丰富多样的社会化参与结构和组织化的参与方式,帮助人们形成广泛的社会关系网络和建立丰富的社会资源,引导人们走出"小我"的封闭性状态而融入到充满公益互助精神的"大我"之中,升华人格、提升境界,充实自我、完善自我,彰显和实现个人价值,而且还可以通过爱的奉献和滋润化解社会矛盾和冲突,促进人际和谐和社会稳定。从这个意义上说,基于志愿服务而积累的社会资本,不仅是促进国家安全和社会稳定所必需的重要因素,也是衡量国家安全和社会稳定程度的重要指标。

第五节　促进人类命运共同体构建

党的二十大报告指出,"当前,世界之变、时代之变、历史之变正以前所未有的方式展开,人类社会面临前所未有的挑战","迫切需要世界各国弘扬和平、发展、公平、正义、民主、自由的全人类共同价值,促进各国人民相知相亲,

---

① 卜长莉:《社会资本与社会和谐》,北京:社会科学文献出版社,2005 年,第 25 页。

共同应对各种全球性挑战"。由此可见,在世界面临百年未有之大变局的今天,构建人类命运共同体已成为一种必然的选择。

构建人类命运共同体思想是习近平新时代中国特色社会主义思想的重要组成部分,其形成大致经历了以下三个阶段[①]:一是提出和成型阶段,即从2012年党的十八大召开至2015年第七十界联合国大会一般性辩论阶段。党的十八大报告首次提出"要倡导人类命运共同体意识","同舟共济,权责共担,增进人类共同利益"。此后五年时间里,习近平主席在多个国内外重要场合就人类命运共同体作出了具体阐释,认为"这个世界,各国相互联系、相互依存的程度空前加深,人类生活在同一个地球里,生活在历史和现实交汇的同一个时空里,越来越成为你中有我、我中有你的命运共同体"[②],指出"中国梦既是中国人民追求幸福的梦,也同各国人民追求幸福的梦相通","世界好,中国才会好"[③],强调要以合作共赢为核心,构建新型国际关系,打造人类命运共同体。二是扩展和深化阶段,即从2015年巴黎气候会议至2016年秘鲁APEK大会。在这一阶段,习近平主席对人类命运共同体思想不仅从内涵上作了进一步深化,而且从外延上作了进一步拓展。三是成熟和落实阶段,即2017年。此年1月18日,在联合国日内瓦总部,习近平主席发表了题为《共同构建人类命运共同体》的主旨演讲。此后,人类命运共同体思想被载入联合国的决议和文件,获得国际社会的广泛认同,并进入全面落实阶段。

自从人类命运共同体思想提出并获得国际共识后,该如何构建人类命运共同体成为世界各国共同关注的重要话题。构建人类命运共同体无疑是一项甚为复杂和艰巨的工程,需要世界各国共同努力,也需要各方面的力量协同发挥作用,而志愿服务作为一种具有国际性的公益伦理活动,可以凭借其独特的优势在构建人类命运共同体中发挥积极作用。志愿服务之所以能够在构建人

① 张战等:《构建人类命运共同体思想研究》,北京:时事出版社,2019年,第89—111页。
② 《习近平谈治国理政》,北京:外文出版社,2014年,第272页。
③ 《习近平谈治国理政》,北京:外文出版社,2014年,第64页。

类命运共同体方面发挥积极作用,就在于志愿服务的价值追求与人类命运共同体思想所倡导的价值理念是紧密地联系在一起的。从一定意义上说,志愿服务既是基于构建人类命运共同体而产生的,也是基于构建人类命运共同体而发展的。志愿服务本质上是一种社会互助行为,而社会互助行为自人类社会产生以来就一直存在并发展着。社会互助行为对人类社会的存在和发展来说之所以必要,就在于自人类社会产生以来,所有的人处于一个命运共同体中,并凭借共同体的力量去同自然界发生关系和从事生产实践。正如马克思所指出,人们"只有以一定的方式共同活动和互相交换其活动,才能进行生产,人们相互之间便发生一定的联系和关系;只有在这些社会联系和社会关系的范围内,才会有他们对自然的影响,才会有生产"①。志愿服务产生之初,其主要目的是为了救助陷于困境中的弱势群体。而之所以要对弱势群体进行救助,除了弱势群体依靠自己的能力无法走出困境、过上合乎人类尊严的生活外,更重要的在于弱势群体也是人类命运共同体的一员,与其他人的命运是紧紧地联系在一起的。目前世界正在经历百年未有之大变局,国际环境纷繁复杂,国际格局正在发生深刻变化,全球治理体系正在发生深刻变革,不稳定性不确定性明显增强,人类命运共同体理念深入人心。在这种时代背景下,一方面,志愿服务已超越国家和地区、信仰和民族界限走向世界,成为一项被国际社会普遍认可和接受的国际性活动。国际性志愿服务活动的广泛开展,不仅促进了各国人民的友谊、交流与融合,也在很大程度上缓解了国与国特别是发达国家与发展中国家之间的矛盾与冲突,维护和促进了世界的和平与发展。另一方面,志愿服务的内容越来越丰富,志愿服务的领域越来越广泛,既有以弱势群体为主要服务对象的援助性志愿服务,也有旨在提高人们的科学文化素质和促进公共安全特别是公共卫生安全的专业性志愿服务和以抢险救灾、服务大型活动等为内容的专项性志愿服务,还有以保护生态环境为内容的环

---

① 《马克思恩格斯选集》第1卷,北京:人民出版社,1995年,第344页。

保志愿服务和以社区为依托的社区志愿服务,等等。这些志愿服务活动在世界范围内广泛而深入的开展,无论是对消解经济全球化所带来的负面影响,还是对有效应对全球性问题的挑战,都有着重要意义。从这个意义上说,志愿服务是构建人类命运共同体不可或缺的重要力量。

基于构建人类命运共同体的伦理情怀,习近平总书记在 2014 年 7 月给"南京青奥会志愿者"的回信中殷切希望广大志愿者们"弘扬志愿服务精神",积极传播中华文化、讲好中国故事,用青春的激情打造最美的"中国名片",促进中国梦和各国人民的梦相通相融,共同为人类和平与发展的崇高事业作出贡献。[①] 在习近平总书记关于构建人类命运共同体重要论述的指引下,近年来,中国志愿服务国际化的步伐明显加快。一方面,主动参与全球治理,积极参与联合国等牵头的志愿服务组织或项目,获得国际社会的高度赞誉和评价。如中国扶贫基金会十几年来聚焦联合国的 6 个 2030 可持续目标,即消除贫困、零饥饿、优质教育、健康福祉、清洁饮水和体面工作等,在缅甸、柬埔寨、埃塞俄比亚、尼泊尔、乌干达、苏丹等 20 多个国家和地区积极开展国际人道主义救援和发展援助项目,累计募集超过 1.6 亿元人民币(约合 2300 万美元)的资金和物资,惠及人数约 45 万。[②] 2012 年以来,我国分别有志愿者 9 人、200 人、13 人和 113 人参与了伦敦奥运会、残奥会,里约奥运会、残奥会,索契冬奥会、冬残奥会,以及平昌冬奥会、冬残奥会等国际奥利匹克盛事。2016 年,北京市志愿服务联合会与联合国志愿人员组织启动了"通过南南合作与'一带一路'倡议促进中国参与国际志愿服务发展项目"。[③] 另一方面,中国海外志愿服务进入快速发展轨道,在慈善领域的国际话语权有了较大提升。这些年来,我国相继有中国青年志愿者协会、中国扶贫基金会、中国慈善联合会、光明

[①] 《用青春激情打造最美"中国名片"》,《中国青年报》2014 年 7 月 17 日。

[②] 伍鹏:《减贫促进人权中国扶贫基金会参与全球民间减贫合作的行动》,中国扶贫基金会网,2019 年 3 月 19 日。

[③] 魏娜:《志愿服务概论》,北京:中国人民大学出版社,2018 年,第 132—134 页。

慈善基金会等志愿服务组织获得联合国经济及社会理事会（ECOSOC）"特别咨商地位"（Special Consultative Status），这不仅意味着中国海外志愿服务获得联合国和世界各国的广泛认同和肯定，而且为中国海外志愿服务的发展创造了良好的国际环境和条件。"一带一路"志愿服务论坛暨第二届国际志愿者交流营和"2018NGO 北京国际对话会"分别于 2017 年 12 月 15 日和 2018 年 10 月 21 日在北京召开，有力地推动了中国志愿服务国际化的进程；"一带一路"志愿服务论坛期间成立了"'一带一路'志愿服务联盟"，"这标志着我国的海外志愿服务事业已经成为'一带一路'倡议的重要组成部分，得到联合国和世界各国的认同"①。在"2018NGO 北京国际对话会"上，中国志愿服务优秀经验首次被纳入获得联合国系统全球南南合作最佳实践项目的《世界志愿服务状况报告（2018）》中，这对进一步深化联合国与中国在志愿服务领域推动"一带一路"倡议下的民心相通和南南合作具有重要意义。基于构建人类命运共同体的价值追求，近些年有越来越多的中国志愿者参与到海外志愿服务活动之中。目前，中国每年响应政府号召参与海外志愿服务活动的人数约有 5000 人，被各类社会组织派往海外的志愿者有 10000 人左右，代表中国活跃在海外的志愿者有 30000 人左右，中国参与海外志愿服务活动的人数约占全球海外志愿服务者总人数的 3%。② 这些活跃在海外的志愿者们秉持构建人类命运共同体的理念，传播中国文化，传递中国声音，彰显中国精神，打造"中国名片"，成为中国在海外的一道亮丽风景线。如 2013 年，毕业于重庆师范大学的汉语教师志愿者苏文自愿前往卢旺达传授汉语和武术，在短短的 3 年时间里为卢旺达培养出一大批武术运动员和爱好者；由国内大学生和海外留学生共同创立的造梦公益组织的志愿者们，活跃于世界各地，为改善贫民窟状况奉献着自己的青春，仅在 2013—2016 年的 3 年时间内，就为马萨雷贫民窟建立了两所学校；2016 年厄瓜多尔地震灾害期间，中国志愿者张鹏飞冒着

---

① 魏娜：《志愿服务概论》，北京：中国人民大学出版社，2018 年，第 134 页。
② 翟雁：《中国海外志愿服务的兴起》，《国际人才交流》2018 年第 2 期。

生命危险自告奋勇地奔赴震中佩德纳莱斯，为前往救援的中国救援队充当西班牙语翻译；等等。

当然，尽管近些年来中国海外志愿服务获得了较快发展，但相对于人类命运共同体构建这一战略目标的实现来说仍处于初级阶段，因此如何在今后进一步推动中国海外志愿服务的发展，充分发挥志愿服务在构建人类命运共同体中的作用、彰显志愿服务在人类命运共同体构建中的伦理价值仍是值得我们深入思考的一个重要课题。尤其是在新的时代背景下，如何立足于人类命运共同体的构建，在深刻认识和把握志愿服务全球化发展的趋势与规律的基础上，构建既符合中国国情、具有中国特色、有助于促进中国志愿服务发展，又能融通中外、符合世界志愿服务发展趋势、有助于促进国际志愿服务事业发展的志愿服务话语体系，从而"更多地掌握全球志愿服务发展规划、路径，以及发展趋势的主导权"[1]，提升在国际志愿服务领域的话语权和影响力，为世界性社会公益问题的解决以及志愿服务的发展贡献中国方案、中国智慧、中国力量，值得我们高度关注和深入研究。

① 陶倩等：《新时代中国特色志愿服务发展研究》，北京：社会科学文献出版社，2018年，第27页。

第五章　中国特色社会主义志愿服务的
伦理原则与规范

　　《新时代公民道德建设实施纲要》指出，"各类社会规范有效调节着人们在共同生产生活中的关系和行为"，因此要注重"发挥社会规范的引导约束作用"。① 事实上，任何行为，要使之具有道德价值或道德合理性，就得遵循一定的伦理原则与规范，志愿服务也不例外。当然，虽然志愿服务是世界各国所共有的普遍现象，但由于伦理道德总是由一定的社会经济基础所决定并为一定的社会经济基础服务的，因而在不同的社会制度下，志愿服务所应遵循的伦理原则与规范尽管从表面看也存在着某些相同之处，但本质而言又是有所不同甚至存在根本区别的。中国特色社会主义志愿服务应当遵循哪些伦理原则与规范呢？这是一个值得探讨而当前学界又探讨得不够深入的问题。在新的时代背景下，深入研究和弄清楚这个问题，无论是对深刻认识中国特色社会主义志愿服务的伦理本质，推进中国特色社会主义志愿服务伦理学术体系和话语体系的构建，还是对贯彻落实习近平总书记关于志愿服务的重要论述，推进我国志愿服务事业的健康可持续发展，都有着十分重要的意义。依据习近平总书记关于志愿服务的重要论述、社会主义核心价值观、《新时代公民道德建设

---

　　① 《新时代公民道德建设实施纲要》，北京：人民出版社，2019年，第24页。

实施纲要》以及《中华人民共和国慈善法》《志愿服务条例》等法律法规和其他有关政策条例的要求,结合中国特色社会主义志愿服务的特点及其发展实际,我们认为,中国特色社会主义志愿服务所应遵循的伦理原则与规范至少包括五个方面:一是公益至上;二是无私奉献;三是仁爱为怀;四是诚信无妄;五是知恩图报。

第一节　公益至上

公益至上与否所涉及的根本问题,即个人利益和社会公共利益的关系问题。在如何处理这一关系问题上,一般来说,有两种基本价值取向:一种是个人利益至上。这种价值取向将个人利益置于社会公共利益之上,不主张为了社会公共利益而牺牲个人利益。我国春秋战国时期的杨朱学派和西方伦理思想史上的利己主义所持的都是这种价值取向。杨朱思想的主旨就是"贵己"。据《孟子·尽心上》:"杨子取为我。拔一毛而利天下,不为也。"西方伦理思想史上的利己主义把利己看作人的天性,认为个人利益高于社会公共利益,其基本特点是以自我为中心,以个人利益作为思想、行为的原则和道德评价的标准。另一种是社会公共利益至上。社会主义的集体主义所持的就是这种价值取向。按照集体主义的观点,"只有在共同体中,个人才能获得全面发展其才能的手段,也就是说,只有在共同体中才能有个人自由"[1]。在这个共同体("真实的集体")中,个人利益与社会公共利益根本一致,不仅每个成员应当为这个共同体的发展作出贡献乃至牺牲,而且每个成员的正当利益都应当得到充分的实现和保障。事实上,只有每个成员为这个共同体的发展作出贡献乃至牺牲,确保社会公共利益的实现,每个人的正当利益才能真正得到实现和保障。在这个意义上,社会公共利益相对于个人来说,具有全局的、根本的性

---

[1]　《马克思恩格斯选集》第1卷,北京:人民出版社,1995年,第119页。

质。既然如此,在处理个人利益和社会公共利益的关系上,就应当将社会公共利益放在首要的位置。中国特色社会主义志愿服务伦理所应秉持的是后一种价值取向,即要求志愿者在处理个人利益和社会公共利益的关系时将社会公共利益放在首要的位置,以社会公共利益的实现和维护为最高价值目标。

人并不是"像莱布尼茨的单子那样,没有门窗可以沟通的小神,或一尊没有视觉和听觉,不会说话的偶像"①,而是一个开放的整体,其本性是趋向于社会生活与交往的。个人作为人的存在是离不开社会的,"既是单个的,也是处于他们的社会划分和社会联系之中的个人,即作为这些条件的承担者的个人"②,因此,我们"首先应当避免重新把'社会'当作抽象的东西同个人对立起来。个体是社会的存在物。因此,他的生命表现,即使不采取共同的、同其他人一起完成的生命表现这种直接形式,也是社会生活的表现和确证。人的个体生活和类生活不是各不相同的,尽管个体生活的存在方式是——必然是——类生活的较为特殊的或者较为普遍的方式,而类生活是较为特殊的或者较为普遍的个体生活"③。正因为个人作为人的存在是离不开社会的,人是作为社会存在物而存在的,这就决定了维护社会共同体存在和发展的需要即社会公共利益对于每个社会成员来说就是一种必然性的存在,它是社会共同体维持自己的稳态平衡并在新的等级水平上建立新的稳态平衡的需要。

虽然社会公共利益对于每个社会成员来说是一种必然性的存在,但并不意味着社会公共利益就一定能够得到实现和维护或者一定能够得到很好的实现和维护。因为社会公共利益作为一种必然性存在是一回事,而能否实现和维护以及能在何种程度上实现和维护又是一回事。事实上,社会公共利益只有在社会大系统中通过全体社会成员即总体性的协同活动才能得到实现和维

---

① 　[美]J.马里坦:《人的权利与自然法》,见万俊人:《20 世纪西方伦理学经典》,北京:中国人民大学出版社,2004 年,第 253 页。

② 　《马克思恩格斯全集》第 46 卷(下),北京:人民出版社,1980 年,第 35 页。

③ 　马克思:《1844 年经济学哲学手稿》,北京:人民出版社,2000 年,第 84 页。

护。在社会公共利益的实现和维护中,政府无疑是主要力量,有着不可替代的作用,但是社会公共利益甚为宽泛,而政府也并非万能,诸多社会公益性问题如帮扶孤残、帮扶贫困、支教扫盲、抢险救灾、生态环境保护、一些大型服务活动以及社区建设等,不仅依靠市场无法解决,而且政府也难以全面有效顾及,从而迫切需要来自社会、民间的力量来协助解决这些问题。而志愿服务作为一种公益性活动,建基于公民的社会责任感之上,实现为公民的组织化参与,服从和服务于社会公益事业,因而可以在解决诸多社会公益性问题方面发挥积极有效的作用,是实现和维护社会公共利益不可或缺的渠道和力量。从中国特色社会主义志愿服务产生和发展的历程不难看出,它既是适应实现和维护我国社会公共利益的需要而产生的,也是始终围绕我国社会公共利益的实现和维护问题开展活动的,并且是在实现和维护我国社会公共利益的过程中得以发展壮大的。这就是说,中国特色社会主义志愿服务自从产生以来所始终遵循的是社会公益至上的伦理原则。中央文明委 2008 年发出的《关于深入开展志愿服务活动的意见》,强调志愿服务要坚持以相互关爱、服务社会为主题,始终把公益性放在首位。事实上,志愿服务之所以为志愿服务,从根本上来说,就在于它是"一种以社会公益为价值取向的奉献行为,它上为政府分忧,下为百姓解愁,帮困扶贫,救急救难,促进了改革和稳定"①。兴起于 20 世纪 90 年代的志愿服务,从最初的扶孤助弱逐步扩展到社会公共生活的各个领域,诸如公共事务服务、社区服务、社会应急服务、社会保障、抢险救灾、文化教育、环境保护等,无不贯穿着公益至上的价值原则。

有人认为,奉行公益至上必然否定个人利益,这无疑是对公益至上的片面理解或误解。其实,倡导公益至上,并不是要否定个人利益,将社会公共利益与个人利益对立起来,恰恰相反,这种公益至上是建立在个人利益与社会公共利益的有机结合基础上的。尽管个人利益和社会公共利益有着本质的区别,

---

① 迟云:《社会的良心与善行——聚焦社会志愿服务》,济南:山东教育出版社,2014 年,第 56 页。

但又是不能够截然分开的。在公益语境中,个人利益,既包括公益主体的个人利益,也包括公益客体的个人利益,这两者虽然不同,但又都包含在社会公共利益之中,社会公共利益不能把任何社会成员的个人利益排除在外;无论是施助者还是受助者,他们作为社会成员的类本质决定其基于人道主义所应享有的个人利益都是应当予以保护和保障的。当然,这并不是说,在公益语境中,个人利益和社会公共利益就没有区别了,或者说社会公共利益是个人利益的简单相加。虽然公益语境下的社会公共利益包含个人利益,但又与个人利益有着性质上的不同,也就是说,社会公共利益既包含个人利益又超越于个人利益。这种对个人利益的超越尽管在以生产资料私有制基础的资本主义制度下是有限的,但在以生产资料公有制为基础的社会主义制度下,主要着眼于满足人民日益增长的美好生活需要、促进人的自由全面发展,或者说为人的自由全面发展创造条件,因而它反映的是社会中最广泛、最普遍的利益关系,体现的是社会成员对社会发展成果的共享诉求。任何人作为社会有机体的一分子,要求享有基于社会成员所应享有的诸如生存、安全、医疗、保险、福利以及受教育等权利是完全正当的、合理的,因为社会发展过程中所取得的每一个成果都与每一个社会成员有着直接或间接的关系。同时,这些权利和要求也并不是针对某些人或某些群体提出来的,而是面向整个社会提出来的。换言之,这些权利和要求具有超越于任何个人和群体的普适性,是每一个人基于社会成员所应享有的利益。正是这种极其广泛的普适性使得社会公共利益具有超越性,即超越了个体利益或群体、阶层、阶级利益的局限,其所关注的是社会成员最基本的利益或全体社会成员的共同利益。中国特色社会主义志愿服务的公益性所强调的正是面向全体社会成员的共同利益,而不是某个人或某个群体的特殊利益。正如习近平总书记所指出:"我们的目标就是让全体中国人都过上更好的日子。"①

---

①　《习近平谈治国理政》第三卷,北京:外文出版社,2020 年,第 133 页。

本质地看,公益至上原则所追求的是社会发展成果能够最大化、最公平地为社会全体成员所享用。其价值取向之确立,依据于共享发展理念,依赖于人们对社会公平正义的诉求与渴望,以及在此基础上所形成的公共责任意识。它所倡导的公共利益是社会主体基于公共责任意识与公共价值观而提倡、捍卫与维护的社会公共利益。在一定意义上,这种社会公共利益等同于社会弱者的个人利益,它在强调每个人基于社会成员所应享有的权利或利益应该得到保护的同时,又内在地规定了作为社会成员的每个人都有维护和捍卫其的责任和义务。它所倡导的价值取向即是在社会造福于每一个人、使每一个人受益的同时要求每一个人本着应尽的责任和义务回馈社会,超功利性的付出以及无"交换"的受益与回馈是公益语境下社会公共利益的特点。因此,我们必须避免对社会公共利益作抽象主义的理解,不能认为社会公共利益任何时候都应高于个人利益。事实上,公益语境下的社会公共利益是在特定环境与条件下针对特定社会成员的。在特定环境与条件下,社会公共利益或社会集体利益有必要为了维护个人或群体的利益做出一定的牺牲。因为虽然社会发展所取得的每一项成果都与每一个社会成员直接或间接相关,但不同的社会成员对社会公共利益的享用并非绝对一致、没有任何差别。事实上,在复杂而特殊的情况下,不同个人与群体在享用社会公共利益的多与少以及先后上都存在着一定的甚至很大的差别,这也是为什么会有社会弱者存在的主要根源所在。因此,为了促进社会公平正义,确保社会发展成果能够惠及所有社会成员,也为了能够从最根本的意义上维护和实现社会公共利益,就很有必要对社会弱者或弱势群体的利益给予适度倾斜和保护。社会公平正义虽然是人类社会孜孜以求的价值目标,但并非一种"天然"的存在,也不可能自然而然地实现,其实现离不开社会后天的"校正"。既然人在"先天"禀赋上存有差距,且这种差距是"既定"的,甚至靠人力是无法改变的,那么在社会成果享有方面一味地提倡一视同仁和无差别对待显然是有违公平正义法则的。所以,社会公平正义要求以"后天"弥补的方式向弱势群体倾斜,以弥补他们在事实上所处的不平等的起点和障碍,求得任何人在社会"天平"上的平衡。唯有这样,才能更好地体现、落实社会公平正义。事实上,在现代社会,越是那些重视和保护社会公共利益的国家,其基于人与人、群体与群体之间的差异性而制定的倾斜政策和法律法规也愈加严密和完善。① 因此,作为公益行为价值表达的志愿服务伦理应该强调,关怀弱势群体并通过志愿服务确保其能公正地享有社会发展成果、帮助其过上有尊严的生活是符合社会公共利益的举动。因为社会公共利益本质上是人民的利益,"在所谓公共利益,最重要的是人民的生存"②,维护和实现社会公共利益,归根到底是为了满足人民对美好生活的需要。但是"人民是一个整体,人民幸福是一个普遍性概念"③,满足人民对美好生活的需要并不只是满足某个人或某一部分人对美好生活的需要,而是为了满足全体社会成员对美好生活的需要,在这种情况下,即使要那些收入较高的人或群体做出一定的牺牲也是应该的、甚为必要的。

第二节　无私奉献

奉献,简而言之,即指付出,其最为基本的要求便是每一个人都应当切实承担起基于社会成员所应当承担的社会责任和义务。我国古人所讲的"君子任职则思利民"④"苟利国家生死以,岂因祸福避趋之"⑤"义不当死,则慎以全身;义不可生,则决于致命"⑥等所提倡的就是这样一种对社会、对国家的奉献精神。

---

① 郑俊田、本洪波:《公共利益研究论纲——社会公正的本体考察》,《理论探讨》2003 年第2 期。

② [英]约翰·穆勒:《政治经济学原理及其在社会哲学上的若干应用》(上卷),赵荣潜等译,北京:商务印书馆,1991 年,第 404 页。

③ 陆士桢:《中国特色志愿服务概论》,北京:新华出版社,2017 年,第 185 页。

④ 罗国杰:《中华传统道德》(名言卷),北京:中国人民大学出版社,1995 年,第 309 页。

⑤ 罗国杰:《中华传统道德》(名言卷),北京:中国人民大学出版社,1995 年,第 309 页。

⑥ 张载著,王夫之注:《张子正蒙》,上海:上海古籍出版社,2000 年,第 142 页。

凡人都应有一种奉献精神,这是由人作为社会存在物的本性决定的。尽管每一个人都是作为独立的自然机体或生命有机体存在的,但人又"不是单个人所固有的抽象物",绝不是作为"纯粹的个人"而存在的。这就是说,人只有在社会中才能存在,也只有在社会中才能获得发展,这就是说,人是作为社会存在物而存在的,这是人之区别于动物的本质属性所在。人是作为社会存在物而存在的,意味着个人与社会是共生共存、不可分割地联系在一起的,意味着个体与社会有着本质性的内在联系。一方面,社会离不开个人,没有"无数单个的意志"通过交互活动发生一定的联系或关系,社会就不可能存在,而只能是一种主观的空洞的抽象;没有个体的自我实现和充分发展,就不可能有社会的进步与发展。另一方面,个人也离不开社会,否认个人同社会之间的必然的联系,也就否认了人之所以为人的最一般的规定,个体也就同样是一种想象中的没有区别、没有任何规定性的抽象;或者只是一些单纯的生物个体,其活动也只不过是与其肉体存在直接同一的单纯的生命活动,而不可能是真正的现实的人的活动。现实的具体的个体的活动总是社会性的,总是发生着并表现出活动的个体之间的社会的联系和关系。这种在活动中发生和表现的社会关系即社会,"社会本身,即处于社会关系中的人本身",个人"不过是处于相互关系中的个人"。① 因此,现实中的个人绝不是离群索居、各自孤立存在的个人,而是在一定的社会关系中存在和活动的个人。现实的人的存在尽管在感性直观上是作为个人而存在的,但又是作为社会存在物而存在的。"如果力图想象出一个与全部社会生活绝缘的个人,那将是徒劳无益的。甚至荒岛上的鲁滨逊实际上也一直与他人接触着,因为他从破船中抢救出的那些物件(没有这些物件他就不能生活),仍把他保持在文明的范围内因而也是社会的范围之内。"②既然个体不能脱离社会而存在,那么,个体也就必须依赖社会

① 《马克思恩格斯全集》第46卷(下),北京:人民出版社,1980年,第226页。
② [法]亨利·柏格森:《道德与宗教的两个来源》,王作虹等译,贵阳:贵州人民出版社,2000年,第8页。

和他人而生活,个体生存所需物质财富的满足、生活所需良好秩序的建立与维持、自我发展所需社会文化环境的创造等都有赖于社会生产的发展与社会文明的进步,这就逻辑地决定了个体为了维持自己的生存和发展,首先就得维持社会共同体的生存和发展。从这个意义上说,奉献是人基于社会存在物的本性所应担当的本然性责任和所应当具备的伦理品质,它意味着"生活在这个社会里的每一个人,都对他人乃至这个社会负有相应的责任,都需要以自己的努力去帮助他人,使更多的人生活美好"①。

个人对他人和社会的奉献可以通过不同的方式来体现,而志愿服务是最能体现奉献精神的伦理方式。本质而言,志愿服务本身就是一种奉献,奉献与志愿服务具有内在同一性,或者说,奉献是志愿服务的内在规定性,没有奉献也就无所谓志愿服务,这就内在地、逻辑地规定了奉献是志愿服务所应遵循的基本伦理原则与规范。志愿服务不同于经济行为或市场活动的地方,就在于它所提供的是一种非利益相关性或非权利动机性的社会公共服务,不以营利或获取某种报酬为目的,也即它是一种不求回报、不带任何功利性目的的奉献行为。纵观中国特色社会主义志愿服务的发展历程不难看出,无私奉献是其所一以贯之的精神追求。中国特色社会主义志愿服务的这种精神追求在中国青年志愿者协会1994年发布的中国青年志愿者精神"奉献、友爱、互助、进步"以及我国志愿者组织的加入誓词"尽己所能,不计报酬,帮助他人"中得到了充分体现。在新的时代背景下,习近平也多次就志愿服务工作作出重要指示,希望广大志愿者、志愿服务组织和志愿服务工作者弘扬奉献、友爱、互助、进步的志愿精神,继续以实际行动书写新时代的雷锋故事。事实上,改革开放以来,我国的志愿服务之所以能够得到党和政府的高度重视、社会各界的充分肯定以及广大人民群众的积极响应和普遍欢迎,之所以能够产生良好的社会影响和取得辉煌的成就,这一切来源于广大志愿者的奉献。

---

① 陆士桢:《中国特色志愿服务概论》,北京:新华出版社,2017年,第256页。

奉献虽然是各个社会领域都倡导的,但志愿服务所倡导的奉献与其他领域所倡导的奉献又有所不同。首先,从奉献的主体来看,志愿服务领域的奉献主体要比其他领域的奉献主体宽泛得多。其他领域的奉献主体主要指在某个领域从事某项工作的人员,而志愿服务领域的奉献主体是所有社会公民。志愿服务是一种具有普适性的社会义务,所有社会公民均有参与志愿服务的义务与责任,因为"利他对人而言也不是一种可有可无的选择,而是一种人人所必备的社会素质和责任"①。从一定意义上可以说,志愿服务就是公民基于对其所属社会的价值认同和责任意识而做出的行为。其次,从奉献的客体来看,其他领域的奉献客体一般局限于某一特殊领域,所涉及的范围是极为有限的,而且具有相当程度的稳定性。志愿服务领域的奉献客体则是社会公益,其涉及的范围是相当广泛的,如西班牙志愿法所列举的范围就有"救助、社会服务、教育、文化、科学、体育、卫生、合作发展、环境保护、经济或研究之保护、联合活动之发展、志愿服务之提升或其他任何类似性质者"②。另外,志愿服务的奉献客体具有较大的变动性和不稳定性,也就是说,随着环境的变化和条件的变更,志愿服务的奉献客体也会随之发生变化。再次,从奉献的要求来看,其他领域的奉献要求该领域的所有员工恪尽职守、爱岗敬业、开拓创新,所追求的是该领域的发展。志愿服务领域的奉献则要求所有公民奉献爱心,积极主动地承担基于公民所应承担的责任,追求的是公共福利提升、社会弱者的救助等与社会公共利益相关的宏观目标。最后,从奉献的性质来看,其他领域的奉献往往具有强制的性质,也就是说,不管你愿不愿意,都必须履行职业或行业义务,为某一职业领域或行业作出贡献;志愿服务领域的奉献则是非强制性的,它以人们的自觉自愿为基础。其他领域的奉献虽然不排除有无私的情况,但基本上是以获得某种回报(物质的或精神的)为出发点而开展工作的;志愿

---

① 曹刚、任重远:《为己与利他的中道——志愿精神的伦理解读》,《广西民族大学学报(哲学社会科学版)》2009 年第 5 期。
② 佘双好:《志愿服务概论》,武汉:武汉大学出版社,2013 年,第 5 页。

服务领域的奉献则是纯粹无私的,也就是说,志愿服务是志愿者以不计回报、无偿服务作为自己的出发点开展的社会服务工作,无私奉献是志愿服务最为根本的特征,也是志愿服务最为基本的伦理原则与规范。

无私奉献,作为志愿服务的伦理原则与规范,首先要求具有一种济世利民的道德情怀。如上所述,人是社会存在物,是个体性和社会性的统一体。作为社会存在物,人与人之间总是存在着这样或那样的联系,从而必然要求人们对同自己存在某种关系或者共在的人和社会群体承担一定的责任或义务。正如马克思所说:"作为确定的人,现实的人,你就有规定,就有使命,就有任务,至于你是否意识到这一点,那都是无所谓的。这个任务是由于你的需要及其与现实世界的联系而产生的。"①具体地说,"你"对我有责任或义务,"我"对你也有责任或义务。济世利民就是基于人的这种社会存在物本性而衍生出来的一种社会责任或义务。一个人如若缺乏济世利民情怀,心中只有自己的利益,置他人之利益于不顾,最终是不可能顺利地实现自己的利益的。奉献并不一定都是惊天地、泣鬼神的,更多的是一个人的平凡给予与举手之劳,更多的是一个人表现于日常生活与工作中的济世利民之举。济世利民是志愿服务的内在规定,也是志愿服务精神的重要体现。是否具有济世利民精神,不仅在很大程度上影响着一个人参加志愿服务活动的自觉性,也决定着一个人在志愿服务活动中能否真正将服务对象的冷暖放在心上,急其之所急、想其之所想。在济世利民方面,我们尤其要自觉承担起对弱势群体的帮扶责任。弱势群体,特别是那些处于这样或那样的困境之中、遭受着这样或那样的灾难的弱势群体,因自我完全失控、基于人的类本质而应享有的基本权利无法得到应有的保障而难以过上合乎人类尊严的生活。作为同类,对于这些身陷苦难而无法过上有尊严的生活的弱势群体,我们不能置若罔闻、袖手旁观,而应出于道义之心伸出援手、给予他们力所能及的关怀与援助,"这是人性的要求,也是人道的

---

① 《马克思恩格斯全集》第3卷,北京:人民出版社,1960年,第328—329页。

信念,人不仅对自己,也应对社会、对他人负有责任"①。其次,要求具有勇于自我牺牲的精神。自我牺牲,是指为了维护他人利益或社会公共利益而自觉舍弃自我利益,甚至不顾自己的生命危险,属于奉献的最高境界。自我牺牲的表现形式是各种各样的;扶贫济困,帮助孤寡老人和因贫困失学的儿童,是自我牺牲的行为;为了维护社会秩序和社会发展,为了真理和正义而不顾个人得失,路见不平、拔刀相助,舍己为人、舍生取义,也是自我牺牲的行为。应该指出的是,这里所说的牺牲并非无谓的牺牲,也不是鲁莽的牺牲,而是指那些能够维护他人和社会的利益、有利于社会存在发展的具有重要道德价值的牺牲。中国特色社会主义志愿服务所倡导的自我牺牲,一是指我们应当出于社会道义或责任主动地去帮助、救助和关怀处于困境的他者和服务于社会公益事业,不能因害怕有损个人利益或小团体利益而不去履行扶危济困、扶贫济弱及维护和实现社会公益的义务;二是指对他者的扶助和服务于社会公益应当是无私或纯粹利他的。换言之,对他者的扶助和服务于社会公益应当是无偿性的或非权利动机性的。如果不是出于社会道义或责任,而是出于某种目的或者说出于个人或小团体的某种利益才去救助弱势群体和服务于社会公益,那么这种救助和服务也就失去了其应有的道德意义,成为一种非道德的行为。这种非道德的行为与中国特色社会主义志愿服务所倡导的自我牺牲精神是格格不入的。

无私奉献,作为中国特色社会主义志愿服务的伦理原则与规范,源于公民内心的德性精神。这种德性精神倡导人们追求真善美、热爱生命、匡扶正义、对社会负责。正如有的学者所指出:"志愿事业的活力源自良好的土壤——公民自豪感、同情心、慈善传统、强烈的解决问题的意愿、个人的责任感,以及对齐心改进我们的生活这一伟大的共同任务无法抑制的责任。"②现代社会公

---

① 胡发贵:《论慈善的道德精神》,《学海》2006年第3期。
② 北京志愿者协会:《志愿者你准备好了吗》,北京:中国国际广播出版社,2006年,第231页。

益事业价值取向的基础不再是传统意义上的道德规范,也不是个人之间的感恩戴德,而是公民追求美好生活的共同价值目标、寻求社会公正的一种普遍互助的价值观念、公民对公共事务积极主动的参与意识,即公民的社会责任感。公民德性作为公民行为的内在价值尺度和动力机制,直接产生了公民在社会活动中的公益行为。自发性、自愿性、利他性、公益性是公益行为的基本特性。在公益奉献里没有人身依附的约束,也没有私人间感恩图报的负担,其产生的社会后果是公民对其所属社会群体的认同。

中国特色社会主义志愿服务伦理所倡导的无私奉献,在一定意义上,体现的是一种以社会救助方式关爱和帮助弱势群体的价值取向和具体行为。社会救助工作,作为社会工作的一部分,其价值观念与社会工作价值体系在很大程度上具有一致性。社会救助和其他社会工作具有基本相同的价值取向,如重视人的价值和尊严、承认人的潜能和权利、人与人之间相互依存并具有相互的社会责任、每个人都有权利参与社会活动并通过合适的手段实现自己的基本权利以及社会有义务促进个人的自我实现等。[1] 毋庸置疑,对弱势群体的救助是各级政府义不容辞的职责,各级政府也无疑是救助弱势群体的主体。政府应当通过财政转移支付等方式带头提供更多的公共产品,提供更优质的社会保障服务。应当注重将人们的仁爱之心转化为政府和社会的扶贫、助残、帮困、敬老、爱幼的工作机制,从根本上体现社会的温暖和祖国大家庭的温馨。然而,我们不能因此而忽略社会的救助。相对于政府救助而言,社会救助更能体现奉献精神。社会救助作为一项社会公益事业,需要各种社会团体、企业和广大民众的爱心奉献和志愿参与。一次爱心奉献能使某个人得到帮助,长期的爱心奉献则能使无数的人感受温情。社会救助需要全社会用爱温暖阴冷的角落,用真心孕育更多爱心。爱人之心是人类具有的一种崇高情感。因为有爱心,我们才会对社会弱势群体慷慨付出,才能甘愿奉献。爱的情感是奉献的

---

[1]　徐道稳:《论我国社会救助制度的价值转变和价值建设》,《社会科学辑刊》2001 年第 4 期。

前提,奉献是爱的实现。

在社会上流行这样一种观点,认为中国特色社会主义志愿服务所倡导的无私奉献是利他不利己的,是一种纯粹无私的单赢行为。这种观点显然是错误的,是对志愿服务奉献精神所作的片面性理解。在我国志愿服务起步阶段,曾把"无私奉献"作为志愿服务的宗旨之一,但随着志愿服务事业的发展和对志愿服务的本质和规律的认识的不断深化,人们进一步认识到志愿服务并不是一种单赢行为,而是一种已他两利的双赢行为,体现了利他和利己的有机统一。正如有的学者所指出:"在大多数人看来,志愿精神就是一种利他精神,这是对志愿精神的一种普遍道德定义,同时也阐释了其合法性基础。但是,追求利他的志愿精神并不简单等同于道德范畴中的利他主义,而是一种基于社会责任而言的公民服务意识。"①我们虽然强调志愿服务的无偿性,但这种无偿性强调的是非营利性或非权利动机性,并不意味着其没有利己的一面。"志愿者不仅是某个公民,而且是一个生活在特定社会制度结构中的独立个人,参与志愿服务不仅是公民社会责任的体现,更是特定个体参与社会生活的一种特殊方式。对此,作为人道精神的志愿精神必然有所回应,这种回应是一种对人之独立人格的尊重,也是对人追求完善之精神需要的肯定。此种回应实际表现为志愿精神的一种人文关怀,即志愿精神的为己关照。"②事实上,"志愿活动是在宽松而自由的工作环境中做自己力所能及的事情,所有的付出都是出于自愿。志愿者作出了奉献,毫无疑问会对受助者有一个精神上或物质上的帮助,这实际上就是为什么可以说这种行为有时候完全是利他的,但有时候也同时利己","志愿者通过参与志愿工作,有机会为社会出力,尽一份公民的责任和义务,奉献社会是第一点积极意义;同时,参与志愿活动可以丰

---

① 曹刚、任重远:《为己与利他的中道——志愿精神的伦理解读》,《广西民族大学学报(哲学社会科学版)》2009 年第 3 期。

② 曹刚、任重远:《为己与利他的中道——志愿精神的伦理解读》,《广西民族大学学报(哲学社会科学版)》2009 年第 3 期。

富个人的生活体验,志愿者利用闲余时间,参与一些有意义的工作和活动,既可以扩大自己的生活圈子,更可亲身体验社会上的人和事,加深对社会的认识,这对志愿者自身的成长和提高是十分有益的;再者,志愿者可以从服务中获得学习的机会。志愿者在参与志愿工作过程中,除了可以帮助他人外,更可培养自己的组织及领导能力,学习新知识,增强自信心及学会与人相处等。"①

在新的时代背景下,中国特色社会主义志愿服务更要倡导无私奉献精神。首先,这是贯彻和落实《新时代公民道德建设实施纲要》的客观需要。《新时代公民道德建设实施纲要》强调,新时代公民道德建设必须"坚持马克思主义道德观、社会主义道德观,倡导共产主义道德,以为人民服务为核心,以集体主义为原则,以爱祖国、爱人民、爱劳动、爱科学、爱社会主义为基本要求,始终保持公民道德建设的社会主义方向",并指出"志愿服务是践行社会主义道德的重要途径",这就逻辑地决定了中国特色社会主义志愿服务必须坚持"坚持马克思主义道德观、社会主义道德观,倡导共产主义道德,以为人民服务为核心,以集体主义为原则"。换言之,中国特色社会主义志愿服务只有践行社会主义道德,坚持以为人民服务为核心、以集体主义为原则,才能始终保持社会主义方向。坚持以为人民服务为核心、以集体主义为道德原则,就得在志愿服务中倡导奉献精神,因为奉献精神与为人民服务、集体主义的道德要求是内在一致的,或者说,奉献本质上不过是为人民服务、集体主义的具体体现而已。也正是在这个意义上,《新时代公民道德建设实施纲要》强调,"要弘扬雷锋精神和奉献、友爱、互助、进步的志愿精神,围绕重大活动、扶贫救灾、敬老救孤、恤病助残、法律援助、文化支教、环境保护、健康指导等,广泛开展学雷锋和志愿服务活动,引导人们把学雷锋和志愿服务作为生活方式、生活习惯"。其次,这是化解新时代社会主要矛盾的客观需要。在中国特色社会主义进入新时代后,我国社会的主要矛盾已经转变为人民日益增长的美好生活需要与不平衡

---

① 北京志愿者协会:《志愿者你准备好了吗》,北京:中国国际广播出版社,2006 年,第228—229 页。

不充分的发展之间的矛盾。化解这一社会矛盾的关键就在于如何确保社会发展成果惠及每一个人,让人民群众有更多的获得感。在这个方面,志愿服务凭借其独特的优势可以发挥积极有效的作用,"西部计划"、中国扶贫接力计划等志愿服务项目实施以来所取得的显著成效就有力地说明了这一点。志愿服务,就其现实功能而言,它"是个体、组织等基于道义的力量对资源、财富、价值的转移"①,可以有效应对政府失灵、弥补社会保障体系方面的不足及社会公共服务的缺口,让改革发展成果更多、更好和更公平地惠及民生,以缓解因社会发展不平衡而导致的资源、财富占有悬殊的问题。正因为如此,所以党的二十大报告强调要完善志愿服务制度和工作体系;《新时代公民道德建设实施纲要》强调要深入推进志愿服务,广泛开展志愿服务活动,推进志愿服务制度化常态化。在这种时代背景下,我们每一个人都应本着无私奉献的伦理精神,尽自己所能,根据新时代中国特色社会主义建设的需要,积极参与各种形式的志愿服务活动,"从关爱做起,从身边做起,从你我做起,从日常做起","用志愿服务使每一个遇到困难、渴望帮助的人得到及时关爱"②,为"人民生活更加美好,人的全面发展、全体人民共同富裕取得更为明显的实质性进展"③、为全面建设社会主义现代化国家贡献力量。

第三节　仁爱为怀

何谓"仁爱"? 在先哲看来,仁爱最为核心的内容便是爱人。据《论语·颜渊》记载,当樊迟就"什么是仁"问孔子时,孔子便以"爱人"释之。孔子这里所讲的"爱人",就是指对他人的同情、关心、帮助和爱护。后来,在应如何爱

---

① 陶倩等:《新时代中国特色志愿服务发展研究》,北京:社会科学文献出版社,2018 年,第12 页。

② 中国志愿服务联合会:《中国志愿服务联合会开展"邻里守望"志愿服务活动》,新华网,2014 年 3 月 1 日。

③ 《中国共产党第十九届中央委员会第五次全体会议公报》,新华社,2020 年 10 月 29 日。

人上,孔子又提出忠恕之道,并将之视为行"仁之方",也即"爱人"的根本途径。由此可见,在孔子看来,仁爱包含着"爱人""忠恕"两个方面,是二者的有机统一。自孔子将"仁"解释为"爱人"以后,儒家的其他思想家,如孟子、荀子、董仲舒等也都从"爱人"的视角来诠释"仁",认为"仁者,爱人之名也"①。先秦时期的道家、法家虽然对儒家所提倡的"仁"与"义"不以为然,但也主要是从爱人的视角来理解"仁"的。如《庄子》云:"爱人利物之谓仁。"②《韩非子》云:"仁者,谓其中心欣然爱人也。"③由此不难看出,在中国古代,无论是儒家还其他学派,基本上都以"爱人"来解释"仁"的。

《中庸》云:"仁者,人也。"即是说,仁爱他人首先得以类的眼光去看待人,肯定他人作为人的类属性和尊严,将他人当作人来对待。唯有如此,方有可能对他人产生同情之心,方可能去尊重、关怀、体贴他人。换言之,肯定他人作为人的类属性和尊严,是仁爱的首要前提。一个不能将他人视为与自己是同类的人是难以有仁爱之心的,对他人的苦难也必定是漠不关心、置若罔闻的,除非出于某些功利的考虑和计算。孟子曾将这种没有"恻隐之心"的人归入"非人"的系列。④ 其次,仁爱他人就应当发自内心地去尊重他人,为他人着想,体贴入微地关怀他人。在这方面,孔子堪称典范。据《论语》记载,当有一位目盲叫冕的乐师去面见孔子时,孔子无微不至地接待了他。当冕快要走到台阶时,孔子就及时提醒他前面有台阶;当冕快要走到坐席时,孔子便及时提醒他快要到坐席前了;当冕在坐席上坐好后,孔子又不厌其烦地一一告诉他其他人落座的具体位置。孔子对乐师冕的这种体贴入微的关怀和照顾,所体现的正是仁爱他人的道德情怀。

志愿服务,作为一种自觉自愿利他的伦理行为,应当倡导仁爱为怀。这不

---

① [西汉]董仲舒:《春秋繁露》,张世亮、钟肇鹏、周桂钿译注,北京:中华书局,2012年,第316页。

② 《庄子》,孙雍长注译,广州:花城出版社,1998年,第150页。

③ 《诸子集成·韩非子集解》(7),长沙:岳麓书社,1996年,第96页。

④ 《孟子》,杨伯峻、杨逢彬注译,长沙:岳麓书社,2000年,第56页。

仅在于仁爱为怀与社会主义核心价值观所倡导的友善在本质上是内在一致的,是中国特色社会主义友善观的根本要求,而且在于扶贫济困、关怀弱势群体是现代志愿服务最为基本的价值取向。针对弱势群体开展志愿服务活动,没有仁爱之心作为道德心理支撑是不可能的。志愿服务产生和发展的历程表明,志愿服务既是基于关怀和救助弱势群体的需要而产生的,也是在不断关怀和救助弱势群体的过程中发展的。秉持仁爱之心去关怀弱势群体,给予他们尽可能的帮助,既是志愿服务赖以产生的伦理依据和赖以存在的价值所在,也是志愿服务伦理的内在要求。没有同情弱势群体的仁爱之心,就不可能有自觉自愿地为弱势群体提供帮助的志愿服务行为。不是出于仁爱之心的志愿服务行为,不可能是真正意义的志愿服务行为,真正意义上的志愿服务行为是纯粹出于仁爱之心且不图回报的,其所提供的志愿服务是无偿性的或非权力动机性的。尽管在一定意义上,一些人出于某些功利考虑参与到志愿服务中来会在一定的时期或范围内有利于扩大志愿服务队伍的规模,也会有助于彰显志愿服务的社会功能,但很显然,这种不是出于仁爱之心而是出于功利性动机的志愿服务行为是难以持续的,它会随着功利性动机的消失而消失。因此,真正要使志愿服务获得实效和可持续发展,就必须使志愿服务行为建立在仁爱的基础上。也就是说,只有出于仁爱之心的志愿服务才是有道德价值的,只有出于仁爱之心的志愿服务才能获得可持续发展。

“仁也者,人也。合而言之,道也。”[1]在志愿服务活动中倡导仁爱为怀,最为重要的是肯定志愿服务对象主要是弱势群体作为人的价值与尊严,把他们当成自己的同类来对待,主动去关心他们的生存状况,帮助他们减少人生疾苦,帮助他们增进幸福。当今中国,尽管已经进入新时代,社会总体生活水平有了极大提升,民生有了显著改善,但因为发展的不平衡不充分以及其他因素的影响,仍有不少弱势群体存在,弱势群体问题仍是一个需要予以高度重视的

---

[1] 《孟子》,杨伯峻、杨逢彬注译,长沙:岳麓书社,2000年,第251页。

现实问题。具体而言,目前我国的弱势群体主要有以下几类:一是收入较低、生活水平不高、居住条件较为恶劣的农民;二是没有稳定收入来源的失业者;三是没有固定工作的"体制外"人员,包括没有固定工作的残疾人、孤寡老人以及仅靠摆小摊、打零工来养家糊口的人;四是劳动权益得不到保护并受到这种或那种歧视的进城务工人员;五是退休工资低、生活甚为困难的"体制内"人员;六是久病、重病而无钱医治的人及其家属。所有这些弱势群体都是中国特色社会主义志愿服务所应高度关注的对象。我们每一个人都应秉持仁爱之心去关爱和帮助他们,有针对性地为他们提供志愿服务,千方百计地帮他们排忧解难,让他们得到实实在在的关心和好处,不断满足他们对美好生活的需要,让他们有更多的获得感。

曾在美国《读者文摘》刊登过这么一个故事,讲的是美国经济大萧条时期一位流浪汉前往路边一户人家求助的故事。有一天,一个饥寒交迫、蓬头垢面的流浪汉来到坐落在某条大路旁边的一户人家的庭院大门前,敲开大门请求前来开门的一位老爷爷给他提供一个干活的机会,以换取一餐可以填饱肚子的便餐。看着流浪汉那饥肠辘辘、疲惫不堪的样子,那位老爷爷的怜悯之心油然而生,于是便指着堆在庭院东边墙下的一堆木材和蔼地给流浪汉说道:"您来得正好,正好那边有一堆木材挡住了大路,麻烦您帮我将那堆木材搬到西边院墙下吧!"听到老爷爷的话后,流浪汉高兴不已,于是赶紧过去将东边院墙下的木材一根又一根地搬到西边院墙下。不一会儿,流浪汉便将木材搬好了。与此同时,老爷爷也做了满满一桌饭菜等着流浪汉来吃。吃饱饭后,流浪汉便心满意足、高高兴兴地上路离开了。① 这个故事告诉我们,在帮助弱势群体的志愿服务过程中,维护其作为人所应享有的尊严是极为重要的。人不仅是自由的,而且是独一无二的存在,尊严是所有人都具有的一种本质性特征,它作为"一种标志着现代化特征的价值立场的表达""来自于所

---

① 《学会维护朋友的尊严》,bilibilibli.com,2020 年 12 月 30 日。

有的人的普遍权利"①,"体现了一种核心的道德顾及,展示了人权的一个重要方面"②,所以,我们每一个人都应当"这样行动,无论是对你自己还是对其他任何人,在任何情况下都要把人永远作为目的,决不仅仅当作手段"③。换言之,我们每一个人都应将维护人的尊严和尊重每一位人类个体"视为一种伦理的(人道的)核心"④。我们之所以要为志愿服务对象提供志愿服务,其中一个最重要的原因就在于这些志愿服务对象和我们一样都是人、都具有人的尊严。仁爱志愿服务对象,就应维护他们作为人的尊严,不顾及志愿服务对象作为人的尊严的志愿服务不是真正意义的志愿服务,是与志愿服务所倡导的仁爱精神相违背的。本质地说,志愿服务所倡导的仁爱,是一种以维护和提升志愿服务对象作为人的尊严为价值目标的仁爱。

在志愿服务活动中维护志愿服务对象作为人的价值和尊严须做到以下几点:首先,要尊重志愿服务对象基于人而应该享有的尊严权。具体来说,志愿服务对象基于人而应该享有的尊严权主要有如下几个方面:一是维护个人尊严及人格自由发展所必需的政治、文化和社会等方面的权利。这是志愿服务对象作为人的价值和尊严能够得以维护的权利基础。二是获得过上合乎人类尊严的基本生活所需条件的权利。这是志愿服务对象作为人的价值和尊严能够得以维护的生存基础。三是人格尊严权及得到人道对待的权利。这是志愿服务对象作为人的价值和尊严能够得以维护的主体性基础。甘绍平曾在《人权伦理学》一书中从积极和消极两个层面对人的尊严作了诠释,认为从积极的层面讲,"尊严意味着维护自我";从消极的层面讲,"尊严意味着避免侮

① Hill Haker:Ein in jeder Hinsicht gafaehrliches Verfahren,in:Christian Geyer(Hg.):Biopolitik,Frankfurt am Main 2001,S.148.

② 甘绍平:《人权伦理学》,北京:中国发展出版社,2009 年,第 161 页。

③ See H.J.Pation, *The Moral Law*(Kant's Groundwork of the metaphysic of morals:first published,1785),London:Hutchinson,1948,p.91.

④ Julian Nida-Ruemelin:Wo die Menschenwuerde beginnt,in:Tagesspiegel,02.01.2001.

辱"。① 甘绍平的这一观点对于我们在志愿服务活动中该如何维护志愿服务对象的尊严权是很有启发意义的。按照甘绍平的观点，判断志愿服务对象作为人的尊严权有没有得到维护的最基本的标准，即志愿服务对象是否已经摆脱了"侮辱性状态"，即因尊严权没有得到有效维护和保障而造成的"自己不属于自己、自己不能支配自己"的自我完全失控的状态。要使志愿服务对象摆脱这种"侮辱性状态"，从而使其基于人而应该享有的尊严权得到维护，就得使志愿服务对象的自我得到维护。要使志愿服务对象的自我得到维护，就需要以一定的物质或精神条件为前提或基础。一般来说，志愿服务对象之所以成为志愿服务对象，就在于其缺乏维护自我的物质条件和精神条件，处于一种无法自己支配自己、根本无法行使其自主权利的弱势困境之中。这就要求我们在志愿服务活动中根据志愿服务对象所处的生存状况，通过提供有针对性的服务为其摆脱那种"自我完全失控"的侮辱性状态创造必要的物质条件和精神条件。

其次，要学会尊重志愿服务对象的自尊心。为此至少要从以下几个方面着手：一是要根据不同志愿服务对象的特性采取不同的志愿服务方式。不同的志愿服务对象因处于不同的社会背景之中、受着不同因素的影响而有着不同的生活习惯和自我生活模式，这就要求我们在志愿服务活动中要尽可能避免那种贴主观标签、凭想当然办事甚至强迫所服务对象改变的服务方式，绝不能未经细心考察、深入了解和充分考虑就主观武断地提出这样或那样不切实际的志愿服务方案，而应通过各种方式和渠道深入理解服务对象的生活习惯、特性和模式，然后有针对性地、引导性地开展志愿服务。唯有如此，才能使所提供的服务真正切合服务对象的需要、走进服务对象的心里，达到预期的服务目标。二是要避免那种居高临下的施与式的志愿服务方式，努力与服务对象建立一种相互信任与平等的关系，并本着"同理心"的态度对服务对象的生活

---

① 甘绍平：《人权伦理学》，北京：中国发展出版社，2009年，第155—156页。

处境及困难予以慰藉;要让服务对象明晰了解志愿服务的目的,并不断通过反复的沟通与交流让服务对象认同并接受所提供的服务;要尽量对服务中所遇到的问题采取实事求是的态度进行分析和评议,并且通过分析和评议所得出的结论须得到服务对象的认可。三是要尊重服务对象的自我决定权。换言之,要充分尊重服务对象的主体性,是否接受志愿服务、接受什么样的志愿服务以及是否按照志愿者所提供的指导和建议进行改变均不能由志愿者说了算,更不能强加给服务对象,而应充分考虑服务对象的意见。志愿者在提供志愿服务的同时要激发志愿服务对象的自信心、鼓励志愿服务对象自己积极处理问题。

在志愿服务中倡导仁爱为怀原则,还得有一种"到心"的道德责任感。2007年5月20日"全国助残日",为了让司售人员能够深入了解残疾人乘公交车时最需要提供什么样的帮助以进一步提高司售人员的服务水平,北京公交集团第四客运分公司曾组织了一次让司售人员体验残疾人乘公交感受的活动。在活动中,该公司车队书记王桂明在谈感受时说道:"乘客的要求就是我们服务的标准,我们的服务不仅要起到眼睛的作用,而且要让残疾人感到舒服。""我们的服务不只是做到'能够提供'那么简单,不仅要服务到位,更要服务到心。"[1]所谓"服务到心",即指一种基于仁爱之心而建立的道德责任感。"心者,形之君也,而神明之主也"[2],在志愿服务领域提倡这种"到心"的道德责任感具有十分重要的意义。一方面,有没有责任感以及责任感强烈与否,对人们参与志愿服务的积极性、主动性以及志愿服务的态度有着重要影响。心理学研究表明,个体如若觉得自己对某件事情是负有责任的,或在某件事情上作出过承诺,那很大程度上就会做出利他行为。一位美国心理学家曾在纽约的一处海滩上做过这样一个实验:让其实验助手以铺着毯子在沙滩上休息的游客作为被试。实验助手在将毯子铺在这些游客旁边后,便随即将收音机打

---

① 从 http://www.gongyishibao.com 查得。
② 张法祥、柯美成编著:《荀子解说》(下),北京:华夏出版社,2009 年,第 361 页。

开放在其旁边。过了一会儿,那位实验助手便去问被试现在到什么时间了
(这是一种条件)。之后,他或者离开被试去往别的地方,或者给被试说:"对
不起,我要到木板步行道上去一下,您看可以帮我照看一下东西吗?"(这是第
二种条件)如若被试答应,则意味着其已作出承诺,成为一个有责任心的旁观
者。在这两种条件下,当第一个助手走开后,第二个助手便走过来,就像小偷
那样拿起旁边的收音机就跑。实验结果发现,在第一种条件下,对小偷采取行
动的被试仅占20%;在第二种条件下,则有90%的被试对小偷采取了干预行
动。类似的结论也在其他一些类似的心理学实验中得到证实。① 此类实验表
明,当一个人觉得自己对某件事情负有责任时,便会在这件事情上本着认真负
责的态度采取行动。依据这一实验可以推断,一个人若觉得参与志愿服务是
自己义不容辞的责任,那就会基于这种责任意识积极主动地参与到志愿服务
中去,并以认真负责的态度为志愿服务对象提供服务。一个人对志愿服务的
责任感越强烈,其参与志愿服务的积极性就会越高,为志愿服务对象提供的服
务就会越周到细致。反之,一个人若对志愿服务缺乏热情和责任感,那便会对
别人的困难置若罔闻,也不可能会以积极的态度主动地投身到志愿服务中去,
即使其迫于某种外在压力参与了一些志愿服务,那也可能是心不甘、情不愿
的,从而其志愿服务的效果也会大打折扣。另一方面,志愿服务虽然是无偿性
的、义务性的,但又不能简单地与无偿服务或义务劳动画等号,它需要爱心的
浇灌,所强调的是志愿者发自内心地去为他人或社会提供服务。"这种服务
不是居高临下的施舍和恩赐,而是以博爱精神、以平视的姿态,无私地去帮助
别人。"②唯有如此,志愿者才能设身处地为志愿服务对象着想,为其提供体贴
入微的服务,让志愿服务对象感到温暖和幸福,从而使志愿服务活动的初衷更
好地得到实现。

---

① 从 http//:cache.baidu.com 查得。
② 迟云:《社会的良心与善行——聚焦社会志愿服务》,济南:山东教育出版社,2014 年,第
62 页。

第四节　诚信无妄

诚,是中国传统伦理思想中的重要范畴,主要包含以下两层基本含义:一是表述宇宙本体特性,即所谓"诚者,天之道也"①,含有真实无妄的意思。正如朱熹所言:"诚者,真实无妄之谓,天理之本然也。诚之者,未能真实无妄,而欲其真实无妄之谓,人事之当然也。"②在先哲看来,宇宙自形成以后,便实实在在地存在着,不以任何人的意志为转移。人们承认也罢,不承认也罢,它都这样真实无妄地存在着,并按照自身固有的法则运动、变化和发展着,正如《荀子·天论》所云,"天行有常,不为尧存,不为桀亡"。这就是说,实有是天道最为根本的特性。二是表述人的基本德性和精神状态,即所谓"思诚者,人之道也"③。在先哲看来,人是天地之产物,人之道本源于天之道,既然"天之道"是真实无妄的,那么"人之道"也应该是真实无妄的。不过,"人之道"虽然本源于"天之道",但并不是天然具足的,所以为了符合"天之道",人应该"思诚",即通过后天的修养和努力,追求"诚"这种德性和精神状态,以达到与"天道"合一的状态。"诚"作为人的德性和精神状态,具体来说,包含以下三方面的含义:一是与天道相切合的真诚无妄德性;二是人之自我统一性,也即身与心的内外合一;三是诚敬严肃的心理品质与精神状态。④

"信",原指人在神灵面前祷告或盟誓时须做到诚实不欺。古人认为,人类的行为是受神灵支配的,且神灵有着人所不可企及的智慧与能力,在神灵面前,人必须老老实实,不能有任何欺瞒或欺骗,否则神灵就会降下灾祸以示惩戒。这种讲信于神灵面前的行为理念后来逐渐得到推广,被应用于人际交往

① 《孟子》,杨伯峻、杨逢彬注译,长沙:岳麓书社,2000年,第125页。
② 朱熹:《四书章句集注》,上海:上海古籍出版社、安徽教育出版社,2001年,第36页。
③ 《孟子》,杨伯峻、杨逢彬注译,长沙:岳麓书社,2000年,第125页。
④ 邹建平:《诚信论》,天津:天津人民出版社,2005年,第74—76页。

中,成为处理人际关系的一个基本准则,要求人们在人际交往中做到"有所许诺,纤毫必偿;有所期约,时刻不易"①。在我国古典文献中,"信"字最早出现于《尚书·商书》:"尔无不信,朕不食言。"②这里的"信",乃是"可信、相信"的意思。春秋战国时期,"信"字开始被人们广泛使用于日常生活中,《论语》《左传》中的"信"字分别达 38 处、217 处之多就有力地说明了这一点。这些典籍中"信"的含义,主要指"诚信"。东汉时期的文字学家许慎在《说文解字》中将"信"归入"人"部,云:"信者,诚也。"清代文字训诂学家段玉裁将"信"归入"言"部,注曰:"信,诚也。"《论语·为政》云,"人而无信,不知其可也"③,强调信誉、信用对于人的重要性和意义。

由此不难看出,在我国古代,"诚"与"信"这两个范畴的意思是相近相通的,都含有实在、真实、说到做到的意思。《说文解字》云:"诚,信也,从言从声";"信,诚也,从人从言"。不过,严格论之,"诚"与"信"还是有着细微差别的,并且各有所侧重。一般来说,"诚"侧重"内诚于心",更多着眼于人的内在品性和对个体的单向要求,而"信"侧重"外信于人",更多着眼于外在的道德践履和针对社会群体的双向或多向要求。当然,这种区分也只是相对意义上的,决不能将"诚"与"信"形而上学地割裂开来。事实上,"诚"与"信"是互为表里、相互贯通的,正如北宋时期的"横渠先生"张载所言,"诚故信"④。

诚信无妄是中国特色社会主义志愿服务所应遵循的基本伦理原则之一,2017 年国务院公布的《志愿服务条例》对此作了明确规定,强调志愿服务组织在"招募时应当说明与志愿服务有关的真实、准确、完整的信息以及在志愿服务过程中可能发生的风险";"志愿者应当按照约定提供志愿服务","因故不能按照约定提供志愿服务的,应当及时告知志愿服务组织或者志愿服务对象"。⑤

---

① ［宋］袁采:《袁氏世范》,刘云军校注,北京:商务印书馆,2017 年,第 72 页。
② 李民、王健:《尚书译注》,上海:上海古籍出版社,2000 年,第 105 页。
③ 《论语》,杨伯峻、杨逢彬注译,长沙:岳麓书社,2000 年,第 15 页。
④ 张载著,王夫之注:《张子正蒙》,上海:上海古籍出版社,2000 年,第 110 页。
⑤ 《志愿服务条例》,北京:中国法制出版社,2017 年,第 4—5 页。

中国特色社会主义志愿服务之所以要遵循诚信无妄的伦理原则与规范。这不仅在于诚信是社会主义核心价值观的基本要求,而且在于流于形式的志愿服务,不仅不能使志愿服务的仁爱利他理念真正落到实处,而且会阻碍志愿服务的可持续健康发展。一方面,"仁"以"诚"才立,志愿服务是一种以爱心为基础的道德活动,离开了"诚信",不仅所谓爱心、所谓道德势必沦为空伪,而且志愿服务活动也不可能正常开展。所以如此,就在于爱心所以为爱心、道德所以为道德,爱心、道德所以具有不可替代的巨大的社会功能,全在于真实。另一方面,志愿服务的发展具有"乘数效应"。志愿服务的诚信氛围越浓厚,社会信任度越高,越能获得社会的认同、激发社会的爱心和人们参与志愿服务的热情,从而使志愿服务获得可持续发展的动力;反之,志愿服务有违诚信的现象越严重,社会信任度越低,越难获得社会的认同,越会削弱志愿服务的吸引力,甚至还会令人们对志愿服务产生反感,从而抑制人们的爱心和参与志愿服务的热情,制约和阻碍志愿服务事业的发展。换言之,志愿服务只有大力倡导诚信之风、弘扬诚信之德,才能够取信于广大民众、获得社会的广泛认同,从而产生"乘数效应",吸引更多的人参与到志愿服务中来,推动志愿服务向前发展。另外,就志愿服务组织来说,它除了具有一定的经济职能之外,还是社会道德实践的重要主体,这一特点决定了诚信之于志愿服务组织的重要性。无数事实表明,能否做到诚信无妄,以及能在何种程度上做到诚信无妄,不仅事关到志愿服务组织的生存与发展,也事关到志愿服务事业能否得到可持续发展。志愿服务组织的诚信力决定着其能否获得社会的认可和支持并获得组织发展所需要的慈善资源,这是其获得可持续发展的前提和基础。志愿服务组织如若不能按照诚信无妄的规则办事,那就会逐渐丧失公信力,久而久之,就会丧失资源、丧失民众、丧失价值,从而使得志愿服务事业的发展后继乏力。

诚信无妄作为志愿服务的重要伦理原则与规范,在志愿服务过程中规范和引导着志愿者的行为,要求所有志愿者真心实意地去履行自己的义务和责任,不仅不应以谎言骗人,不应说那些不能兑现或无用的大话,不应面诺背违、阳非阴是、"口惠而实不至"①,时时事事均要体现求真求实的务实精神,做到对志愿服务事业真心实干、全心全意、精益求精。换言之,对志愿服务要有一种如"饥之求食、渴之求饮"那样的真情,要"真心实作""实用其力"和全身心地投入,尽到自己最大的努力,发挥最大的热情。即使对于那些超出自己服务范围的事情,也应出于道义、本着诚信精神真心实意地去为那些需要帮助的人提供帮助,而不能以这样或那样的理由或借口推辞他们的请求。对志愿服务敷衍塞责、马马虎虎、表面应付即是不诚。

但是,撇开志愿者个人层面的诚信问题不谈,当前我国有些志愿服务组织在诚信方面的表现是不容乐观的。我国的志愿服务组织可谓形形色色,数量不少但规模较小,从业人数不多但分散性大,流动性大而稳定性较小。这些因素造成社会公众对其行为特征和实际状况难于了解,也使政府对其监管的难度加大。目前我国的志愿服务组织在发展过程中还存在法制观念和社会责任有待加强、内部管理制度不够完善、自律机制不够健全、组织行为不够规范等问题,同时由于在社会转型中受到价值观失范、诚信缺失等影响,志愿组织公信力和信誉度的现状令人担忧。②"郭美美事件"、卢湾红十字会"万元餐"事件以及之后的"慈善总会的发票风波"等,曾一度触动广大公众的神经,使得人们对包括志愿服务组织在内的各种非营利组织的公信力提出了诸多质疑。例如,2009年9月29日,由盖茨和巴菲特发起,在北京举行了一个晚宴。该晚宴的主旨是号召中国富豪为中国的贫困人口捐款。这场晚宴虽然邀请了不少中国富豪参加,但是有许多富豪因有这样或那样的难言之隐而未出席。经调查发现,除了一些富豪由于自身意愿不愿捐款外,绝大多数富豪表达了对当前慈善环境的关注,尤其是对进一步完善慈善制度、规范善款的使用、提高善

---

① 藤一圣:《礼记译注》,北京:商务印书馆,2015年,第227页。

② 黄毅敏:《当前社会公益组织面临的问题与对策》,http://www.redcrossol.com,2009年2月6日。

款使用效率的呼声很高。① 这个事例说明,绝大多数富豪对慈善捐款总是表现出一种谨慎或者说不信任的态度,这对我国正在发展的包括志愿服务事业在内的公益慈善事业来说无疑是一个巨大的挑战。志愿服务组织的公信力和信誉度不高甚至呈降低趋势,正是造成志愿组织社会捐赠不足的重要根源所在。

志愿服务组织的公信力亟须提升,一直为业内专业人士所呼吁。而提升志愿服务组织公信力的关键,就在于志愿服务组织能不能实实在在地实行透明化管理。什么信息都不公布或信息公开不够透明的志愿服务组织是难以得到民众的广泛支持的,甚至也难以得到资金支持者的支持,当然也就没有什么公信力和信誉度可言。但是,目前一些志愿服务组织对捐赠者所捐钱物的去向不公示、缺乏反馈,从而使捐赠者对捐物的使用情况无从了解。更有甚者,一些志愿服务组织在利益的驱动下,不负责任,不注重服务质量,只顾自身利益,侵蚀志愿者和志愿服务对象的利益;有的甚至违规违法运作,对政府和社会公众进行欺骗,攫取不义之财,从而给志愿服务组织的公信力和信誉度带来很大的伤害。其中表现最为突出的就是捐赠没有"专款专用""专物专用"而是被挪为他用;不是用在急需解决的问题上,而是用在其他非必需的消费上。志愿服务组织的诚信问题,直接关系到志愿服务事业的健康发展、社会生活品质、中国公益事业在国际上的地位和声誉,因此解决志愿服务组织的诚信问题已变得刻不容缓。

第五节 知恩图报

知恩图报,包含着知恩与图报这两个最为基本的逻辑环节。所谓知恩,即

---

① 迟云:《社会的良心与善行——聚焦社会志愿服务》,济南:山东教育出版社,2014 年,第166 页。

指当我们遇到某些困难或处于某种困境中时,如若别人及时伸出援手,帮我们渡过了难关,助我们走出了困境,那我们就应当铭记于心,对这些帮助过我们的人心存感激。所谓图报,即指对于他人的援手之恩、帮助之情应当作出积极主动的报答和回应,做到人待我如何、我也待人如何,即所谓"投我以桃,报之以礼"。尤其是对那些在自己身处困境、险境而难以自立时给予了我们帮助的人,要做到终生不忘。

知恩图报,是我国古人甚为重视的道德观念,也是传统社会中处理人际关系的重要伦理原则和调控人际关系的重要道德机制。古人认为,对于他人的恩情,我们至少应当持有以下三个方面的态度:①一是"不可轻受人恩"。正如宋人袁采所云:"居乡及在旅,不可轻受人之恩。方吾未达之时,受人之恩,常在吾怀,每见其人,常怀敬畏。而其人亦以有恩在我,常有德色。及吾荣达之后,遍报则有所不及,不报则为亏义。故虽一饭一缣,亦不可轻受。"②二是当他人有恩德于我们时,我们应当铭记于心,时时刻刻不要忘怀;当我们有恩德于他人时,则应淡忘,而不能老是记在心上,念念不忘。也就是说,我们应当做到"施人勿念,受施勿忘"③。如若受了别人的恩惠"多不记省",而有所惠于他人时,"虽微物亦历历在心"④,那是极不可取的,也是极不应该的。康德曾指出,对行善的人忘恩负义,"老实说,在对随便什么人进行评判的时候,那都是一种令人极端厌恶的卑劣行径,虽然人在这方面声名狼藉,让人觉得以明显的善行树敌的可能性并非难以置信"⑤。三是施恩也好,报恩也罢,都应以是是、非非为前提,所施所报均得合乎道义,有违道义的恩与报乃是同恶相济,必须坚决反对。

---

① 张锡勤:《中国传统道德举要》,哈尔滨:黑龙江教育出版社,1996年,第260页。
② [宋]袁采:《袁氏世范》,刘云军校注,北京:商务印书馆,2017年,第104—105页。
③ [宋]袁采:《袁氏世范》,刘云军校注,北京:商务印书馆,2017年,第105页。
④ [宋]袁采:《袁氏世范》,刘云军校注,北京:商务印书馆,2017年,第105页。
⑤ [法]安德烈·孔特-斯蓬维尔:《小爱大德——美德浅论》,赵克非译,北京:作家出版社,2013年,第131页。

当然,传统观念中的知恩图报是单向度的,主要指向施恩者,因而有着其局限性。中国特色社会主义志愿服务所倡导的知恩图报观与这种仅限于对施恩者知恩图报的传统观念有着本质的不同,它主要不是指向志愿者本人,而是指向整个社会,也即志愿服务对象在接受志愿服务走出困境后,应出于对社会的感激之情积极回报社会,甚至尽自己所能积极参与到志愿服务中来。事实上,很多志愿者之所以自觉自愿地参与志愿服务活动,就在于其曾在社会的关心和帮助下渡过了这样或那样的难关。在深圳开展的一次关于青年参与志愿服务的动机的调查中,有一些青年志愿者表示,自己之所以参与志愿服务,就是因为在成长过程中因得到社会的帮助而渡过了难关,获得了成功与幸福。所走访调查的这些志愿者,尽管其收入在深圳并不是最高的,生活也不是深圳最舒适的,也有着这样或那样的苦难或苦恼,但他们并不像有些人那样只知抱怨、只知索取,而是认为"滴水之恩当涌泉相报",既然自己受到过社会的关怀、帮助和支持,也就当尽自己所能找机会回报社会,努力帮助那些需要帮助的人。①

有人认为,现代志愿服务应当是公益性的、无偿性的和非权利动机性的,倡导知恩图报不符合现代志愿服务的要求。这种观点不仅是错误的、站不住脚的,也是不利于志愿服务的可持续发展的。

首先,虽然志愿服务对象接受志愿服务和社会救助是他们应该享有的基本人权,他们不必为此对个人或社会组织感激涕零;任何个人或社会组织也不应借慈善之名谋取私利。但是,不必并不等于不应该,一个人不仅应当对社会和他人给予的关怀、救助和支持存有感恩之心、感激之情,更应当在摆脱困境、有服务他人和社会的能力和条件后积极主动履行自己基于一个社会成员所应承担的公益责任,尽自己所能回报社会。虽然"全部人类历史的第一个前提无疑是有生命的个人的存在。因此,第一个需要确认的事实就是这些个人的

---

① 北京志愿者协会:《志愿者你准备好了吗》,北京:中国国际广播出版社,2006年,第16—17页。

肉体组织以及由此产生的个人对其他自然的关系"①,但是,人"不是处在某种虚幻的离群索居和固定不变状态中的人,而是处在现实的、可以通过经验观察到的、在一定条件下进行的发展过程中的人"②,"谁也不会选择单独一个人去拥有一切善"③。"当个人被隔离开时他就不再是自足的;就像部分之于整体一样。不能在社会中生存的东西或因为自足而无此需要的东西,就不是城邦的一部分,它要么是只野兽,要么是个神,人类天生就注入了社会本能。"④人作为社会存在物的本质,决定了每个人都不可能脱离社会而存在,也决定了每个人都应当站在社会的角度来思考问题,并基于社会公益实现和发展的需要自觉履行一定的社会责任和义务。知恩图报,从一定意义上说,就是基于人的社会公益责任和义务而产生的道德要求和道德规范。

其次,长远地看,提倡知恩图报是志愿服务的社会作用得以充分发挥出来并获得可持续发展的重要保障之一。志愿服务是一项社会性事业,其覆盖的领域和范围甚为广泛。尤其是在中国特色社会主义已经进入新时代的今天,志愿服务作为中国特色社会主义建设的重要力量,已经指向中国特色社会主义建设的方方面面,正在和必将在中国特色社会主义建设的各个领域、各个方面发挥积极作用。而要使志愿服务在中国特色社会主义建设中的积极作用得以充分和可持续地发挥出来,没有广大社会成员的普遍参与是几乎不可能的。

在关于志愿服务的认识中存在一个误区,认为志愿服务是有钱人的事情。毋庸置疑,这种认识是片面的、错误的。正如前面所说,通过志愿服务回报社会既是每个公民应有的义务和使命,也是每个公民实现自我价值的重要途径。同时,志愿服务人人可为,并非只有有钱人才可以做到,而且普通公民才是志愿服务的主力军。据笔者在湖南省岳阳市所做的一次走访调查,很多参与志

① 《马克思恩格斯全集》第3卷,北京:人民出版社,1960年,第23页。
② 《马克思恩格斯全集》第3卷,北京:人民出版社,1960年,第73页。
③ 《亚里士多德全集》第8卷,北京:中国人民大学出版社,1994年,第205页。
④ 《亚里士多德全集》第9卷,北京:中国人民大学出版社,1994年,第7页。

愿服务的人原本就是志愿服务援助的对象,他们在接受志愿服务走出困境后便时时刻刻想着那些仍处于困境、需要帮助的人,一旦有机会,他们就会主动走出来参与志愿服务,以此来回报社会。事实上,作为一项以社会公益为最高价值目标的社会性事业,志愿服务仅靠有钱人来承担是远远不够的,只有群众性志愿服务才是志愿服务可持续发展的重要保障。无数事实表明,当志愿服务仅仅是少数人的事情时,绝不可能形成志愿服务发展的大气候,其在解决社会问题中所发挥的作用也是极为有限的。只有当社会公民普遍参与时,才能形成一种有利的、自觉的促进志愿服务良性发展的社会氛围,使志愿服务获得更加广泛、深厚的群众基础。目前,虽然我国志愿者的数量在逐年增加、规模在不断扩大,但总的来说,志愿服务的参与率还不是很高的。调查显示,我国从事有组织的志愿服务参与率,2013 年为 2.62%,2014 年为 3.00%,2015 年为 3.49%,2016 年为 4.23%,2017 年为 4.38%,2018 年为 4.50%[1],2019 年为 5.13%[2]。在这种情况下,更需要我们每一个人本着知恩图报的道德情怀,以及勇于担当和无私奉献的精神,积极投身到志愿服务中去。

① 杨团:《中国慈善发展报告(2019)》,北京:社会科学文献出版社,2019 年,第 60 页。
② 杨团:《中国慈善发展报告(2020)》,北京:社会科学文献出版社,2020 年,第 59 页。

第六章 中国特色社会主义志愿服务伦理评价体系的构建

为了促进新时代中国特色社会主义志愿服务的健康可持续发展,以使志愿服务在中国式现代化建设中的伦理价值充分彰显出来,除了需要制定合理有效的伦理原则与规范对其进行规制和引导外,还有必要依据这些伦理原则与规范对其进行伦理评价。因此,本章拟就新时代中国特色社会主义志愿服务伦理评价体系的构建问题进行探讨和思考。

第一节 概念界说

志愿服务伦理评价体系,即指在志愿服务伦理评价过程中所涉及的且相互关联的各种要素或因素的综合。对于志愿服务伦理评价体系,可以从横向和纵向两个层面去理解。从横向层面看,志愿服务伦理评价体系是一个由动态体系和静态体系构成的有机整体;动态体系包括政府、组织、企业和社会机构的合理运行,静态体系指成文的行之有效的体系规定,二者互为表里、互相补充。从纵向层面来看,志愿服务伦理评价体系作为一个相对独立而又与志愿服务组织相互促进、相互补充的系统,是一个由评价主体、评价客体、评价目的、评价原则及评价结果等要素构成的有机结构;其中,评价主体和评价客体作为动态要素,在评价体系中发挥主导作用,评价目的、原则和结果,作为静态要素,在评价体系中起支撑和保障的作用。在志愿服务伦理评价体系中,动态要素和静态要素虽然都有明确定位,但二者之间的界限越来越趋向于模糊,二者之间相互促进的关系将直接决定志愿服务伦理评价体系的运行效果。下面我们着重分析下志愿服务伦理评价体系的纵向构成要素。

一、评价主体

评价主体,即对志愿服务进行伦理评价的组织、团体或个体,它是志愿服务伦理"评价活动关系中的行为者,即评价者或评价活动的发出者"[1]。在新时代中国特色社会主义志愿服务伦理评价体系当中,评价主体应包括党和政府、志愿服务组织、社会企业、媒体代表及志愿者代表等;党和政府在宏观上把握志愿服务组织的发展建设,并且根据对志愿服务项目宏观效果的掌握对志愿者总体做出评价;志愿服务组织发挥微观上的主导作用,具体组织志愿服务伦理评价的开展工作;社会企业,作为主要财力赞助者,同媒体代表一起,从社会的视角把握评价体系的评价标准;志愿者代表作为促使评价结果客观性与科学性的重要因素之一,其作用也不可忽视。

党和政府作为评价主体,发挥宏观上的掌控和把握作用,其视角应该放置于整个志愿服务活动的实施情况上,以志愿服务活动的整体状况为评价对象,而不是将政府的主导作用拘泥于对志愿者的个体评价;应根据评价标准,以志愿服务对象的评价反馈为依据,结合志愿服务组织本身的运转状况,宏观把握和评价志愿服务活动的优良好坏,对社会大众及媒体做出负责任的评价结果,以保证志愿服务伦理评价的社会公信力和满意度。

志愿服务组织作为评价主体,可以利用其组织优势确保评价结果切合实际。志愿服务组织作为志愿服务活动的组织者,可以说在评价过程当中最具

---

[1] 方轻:《志愿服务评价体系研究》,《长沙理工学院学报(社会科学版)》2011 年第 3 期。

有发言权。志愿服务组织要利用好组织者这个身份,通过不同地区志愿服务活动评价反馈的合理对比和分析,切时切地地掌握志愿者的志愿服务活动情况及其效果,为志愿服务伦理评价提供最真实的依据,并确保评价结果切合实际。

社会企业和媒体代表作为评价主体,依靠其更为广阔的社会视角对评价客体做出全方位的评价。社会企业作为赞助者,贯穿于整个志愿服务活动之中,能以一个社会人而不是直接参与者的视角观察和记录志愿者的活动状况以及志愿服务对象的反馈情况,从而可以为志愿服务伦理评价提供更多更可靠的参考材料。同时,志愿服务活动所牵涉到的问题是甚为复杂的,需要采纳更多社会人的主观态度作为评价依据,以保证评价结果的广泛性和真实性。而相对于社会企业代表而言,媒体代表所观察和记录的材料往往更具有针对性和条理性,且能将视角放在很多细微的不引人注意的地方,因而是志愿服务伦理评价不可或缺的主体之一。

志愿者代表作为评价主体拥有无可比拟的优越性,这不仅体现在其直接参与了志愿服务活动,可以更为真实地、更为客观地反映志愿服务活动情况,而且对体现在其对志愿服务客体的主观世界和客观行为有着更为深刻和详细的了解。与此同时,为了确保评价结果在志愿者当中的公信度,并使评价客体能够合理接受评价结果,也需要志愿者代表参与到评价中来,以打消评价客体的顾虑。

二、评价客体

评价客体,作为志愿服务伦理评价体系的重要构成要素之一,是由志愿者、志愿者的行为以及纵观的志愿服务整体效果构成的一个有机整体。其中,志愿者作为评价客体的主要组成部分,其主观世界、客观行为以及二者是否达到统一将成为重要评估对象;整体志愿服务效果则需要党和政府从宏观的角度,基于志愿服务的实际情况,结合志愿服务地区的反馈进行总结和评价。

　　对志愿者进行伦理评价,首先需要对其主观世界进行考察,判断其是否是以志愿奉献为服务准则和办事标准的,是否在主观意向上超越了功利性或是非权利动机性的。志愿服务作为一种社会伦理行为,本身就关涉到道德伦理问题,需要志愿者个体始终将志愿服务伦理要求作为自己的行为准则。在笔者与身边的一些志愿者的交谈中,发现在志愿服务活动中存在着这么几类比较突出的问题:一是志愿者的内心世界渴望去奉献自己、服务他人,但由于其本身的能力有限或者行为不当,导致事与愿违;二是志愿者本身是抱着功利的态度去参加志愿服务的,如为了志愿者证书的注册、为了引起广泛的注意、为了获得某种荣誉、为了捞取某种事关自己发展前途的资本等;三是志愿者的无意行为促成了获得社会高度评价的志愿服务行为。通过对这几类问题的分析可以发现,要避免此类问题的发生,就须首先对志愿者的主观世界进行评估,唯如此方能对其客观行为做出一个合理的道德评价。因此,我们应将志愿者的主观世界评估放到首要的位置。

　　当然,评价志愿者的志愿行为,关键是要评价志愿者的行为是否符合志愿服务伦理,是否真正给予了志愿服务对象切实的关怀与帮助,因而志愿服务最终还是要落实到每个志愿者的具体服务行为或活动上。无论是党和政府还是社会大众,对于志愿服务组织的伦理评价最终也要以志愿者的志愿服务行为作为落脚点和切入点。作为志愿者个体,既然参与志愿服务,就应努力通过自己所提供的具体服务给予志愿服务对象实质性的关怀和帮助。但是,若干案例表明,有一些志愿者虽然在志愿服务活动中做了很多工作,并且主观认为这些工作是很有必要的,但他们尽心尽力所做的工作非但没有为志愿服务对象带来应有的帮助,甚至还产生了负面效应。在这种情况下,就有可能会出现这样一种现象,即这些志愿者难以甚至得不到他们主观世界所希望得到的反馈,甚至有可能得到他们所无法接受的批评,并由此而导致这些志愿者遭遇到心灵的困境。针对这种情况,我们应充分利用志愿服务伦理评价体系,尽可能对志愿者的志愿行为进行综合考察,并在此基础上做出合理的伦理评价。一方面,要结合实际情况弘扬和宣传积极的志愿服务行为;另一方面,要为上述问题的解决提供可行的方案和可靠的依据,以为志愿者的服务行为指明方向,有效避免志愿者的盲目行为和无效行为。

评价纵观的志愿服务整体效果,旨在增加志愿者对志愿组织的心灵共鸣,并给予社会大众公开的反馈。对纵观的志愿服务整体效果进行伦理评价,需要党和政府在更高的维度发挥主导作用。首先,志愿服务组织作为政府职能的补充,需要党和政府及时给予评价和反馈,以便于其对之前的志愿服务工作做出总结、找出不足,并就未来该如何开展志愿服务工作做出规划。同时,志愿服务整体效果评价,也有助于志愿者直观地了解志愿服务活动状况,并使其能在获得积极、肯定评价的基础上继续以饱满的热情参与志愿服务,与志愿服务组织达到精神的共鸣。其次,互联网信息技术的发展,使得越来越多的人可以通过网络及时了解和掌握志愿服务活动的具体情况。在这种情况下,为了避免不良信息的传播,为志愿服务的发展营造良好的舆论环境和氛围,也需要党和政府及时对纵观的志愿服务整体效果做出客观公正的评价,并及时向社会做出实事求是的反馈。

三、评价目的

对于志愿服务伦理评价的目的,可从不同的层面去分析和思考。从社会层面来看,开展志愿服务伦理评价,旨在让社会能更及时、深层次、客观地了解志愿服务开展的情况,推动志愿服务健康可持续发展。从志愿服务组织层面来看,开展志愿服务伦理评价,旨在健全和完善志愿服务组织内部机制和优化志愿服务工作安排,为需要服务的人提供更多的、优质的服务。从志愿者层面来看,开展志愿服务伦理评价,旨在吸引更多的人参与志愿服务,壮大志愿服务队伍;推动更多的人通过志愿服务提升综合素质,获得自由而全面的发展。从志愿服务对象层面来看,开展志愿服务伦理评价,旨在使志愿服务对象能够全面了解整个志愿服务工作以及志愿者的情况,使他们在接受志愿服务的时候能够有效避免因对志愿服务工作安排以及志愿者的不了解而造成的矛盾、冲突与问题,以确保志愿服务活动能够顺利开展并取得实效。

四、评价流程

志愿服务伦理评价体系能否健康有序地运行,关键在于评价流程是否规范合理。只有各个流程能够有效衔接和有序展开,才能使志愿服务伦理评价体系产生整体功能大于各部分功能之和的效果。具体来说,志愿服务伦理评价可以按照以下流程来展开:一是收集与整理评价客体资料;二是确定评价主体与评价客体身份;三是基于民主集中制原则进行综合评价;四是及时公开评价结果;五是反馈评价结果并做好整理存档工作。确保这些流程环环相扣和有序展开,有助于确保志愿服务伦理评价结果的客观性和公正性,也有助于社会及志愿服务组织全面真实地了解志愿服务活动开展情况及其伦理价值和意义。

1.收集与整理评价客体资料。志愿服务评价虽然有其主观性的一面,但又不能仅凭主观进行,而必须基于志愿服务活动的实际情况,否则难以获得客观公正、令人信服的评价结果。因此,收集于整理评价客体资料,是开展志愿服务评价首先必须做好的一项前提性工作。

一般来说,评价客体材料应当具有真实客观性、广泛性、纵向深度性等特点。真实客观性强调的是志愿服务组织在志愿服务伦理评价过程中要实事求是地将评价客体材料呈现在评价主体面前,而不能道听途说,切忌主观武断,以确保评价结果的客观公正性。广泛性强调的是在收集与整理评价客体资料的过程中要尽量广泛地、全面地、无死角地记录评价客体的所作所为,切忌片面性和形而上学,以确保志愿服务伦理评价切合志愿服务活动的实际。纵向深度性,是指所收集和整理的材料不能仅仅满足于反映评价客体的服务行为本身和志愿服务活动的实际开展状况,还应当详细记录评价客体在志愿服务活动中所表现出来的主观情感、态度和看法。因为在具体的评价过程中,不可避免地会遇到一些特殊情况,如主观志愿服务情感强烈,客观行为却没有达到预期效果;主观没有志愿服务的愿望,客观上却为服务对象提供了实实在在的帮助;等等。只有在了解评价客体的志愿服务行为和志愿服务活动实际开展情况的同时注意观察记录评价客体在志愿服务活动中所表达的主观情感、态度和看法,才能在志愿服务评价过程中将评价客体的志愿服务动机与效果有机统一起来,从而保证志愿服务伦理评价的客观真实性和科学合理性。

　　2.明确评价主体与评价客体的身份。在志愿服务伦理评价体系的运行中,志愿服务组织起着主要组织者和运行者的作用。明确评价主体与客体的身份是志愿服务伦理评价体系运行之前志愿服务组织所应做的一项基础性工作。一方面,志愿服务组织应在合理分析志愿服务背景及实际情况的前提之下确定合适的人选作为评价主体。评价主体应包括党和政府有关部门人员、志愿服务组织代表、志愿者代表、群众及媒体代表等。在确定评价主体的过程中,志愿服务组织首先应该通知政府有关部门及相关媒体代表,让他们知晓自己将会成为评价主体。其次,要选择合适的符合条件的组织代表和志愿者代表并发出通知,提醒并督促他们在志愿服务过程中及时有效地观察和记录评价客体的志愿服务活动状况,以确保评价结果的真实性。最后,要在志愿服务活动地区选择有代表性的服务客体代表(即群众代表),并从受帮扶的角度上征求意见、总结经验,以确保评价结果的广泛性和全面性。另一方面,志愿服务组织还应根据实际情况确定每一次志愿服务活动的评价客体。一般来说,确定评价客体需要遵循以下原则:

　　第一,确定的评价客体必须是本次志愿服务活动的亲身参与者。志愿服务组织应在志愿服务活动结束后即刻组织评价,以免因时间拖得太久而弱化志愿服务伦理评价体系所应发挥的作用。

　　第二,选择的评价客体要有代表性。目前,我国注册志愿者的数量非常庞大,至2019年,已达到20959.94万人,约占大陆人口总数的15%。① 志愿者

———————————
① 杨团、朱建刚:《中国慈善发展报告(2020)》,北京:社会科学文献出版社,2020年,第57页。

队伍这么庞大,在一定程度上也意味着每一次具体的服务活动的参与者数量也不会很少,这无疑给志愿服务伦理评价的开展带来了严峻的挑战。为了有效应对这种挑战,尽可能更好地发挥志愿服务伦理评价体系的作用,很有必要从庞大的志愿者队伍中选择最具有代表性的志愿者进行评价,并及时将评价结果向社会公布。当然,我们也不能忽视对每个志愿者个体的评价,在条件许可的条件下,也应尽可能地能让每一个志愿者获得公正合理的评价。

第三,选择的评价客体要避免重复性。一方面,志愿服务组织的人力、物力、财力有限,没有必要对同一志愿者进行重复评价;另一方面,作为评价客体的志愿者如果重复性地接受评价,也会降低评价结果的公信力,使志愿者对评价结果感到麻木,从而会在一定程度上弱化志愿服务伦理评价体系的功能,使志愿服务伦理评价体系所应发挥的作用不能很好地彰显出来。

3. 采取民主集中制的方式进行评价。志愿服务伦理评价体系构建的根本目的是促进志愿服务活动能够按照应有的价值目标富有成效地开展,因此不能仅仅为了志愿服务伦理评价体系的运行而耗费大量的人力、财力、物力。针对我国志愿者数量庞大的实际情况,我们应采取民主与集中相结合的方式来开展评价工作。一方面,每一个评价主体应根据志愿服务组织所提供的第一手材料,结合自己的观察与记录对同一专业领域及同一服务地区的多名志愿者进行评价,简而言之,就是要采取自上而下的、一对多的评价形式。这样,既可以充分发挥评价主体的主导作用,也可以最大限度地节约人力、物力,使有限的资源发挥最大的功效。另一方面,每一个评价主体的评价客体名单必须有所交差与重合,也就是说,每一个评价客体都应接受多个评价主体的评价。虽然评价主体发挥的作用更为直接和重要,其产生过程也是非常缜密与公开的,但也不能仅仅根据某一名评价主体的评价结果就对评价客体做出最终判断。只有对评价客体的名单进行交叉,使每一个评价客体都能得到相关多名评价主体的评价,才能确保评价结果的广泛性、真实性、有效性,最大限度地减少评价主体个体主观情感及认识局限性的影响,增加评价结果的公信力和可靠度。采取民主集中制的方式进行评价,要求志愿服务组织采取公开透明的方式收集评价结果,从评价主体的评价结果中归类整理出最符合实际情况、最能反应普遍意见的看法和观点,并根据不同专业领域、不同服务区域将评价结果分发给相关片区的负责人,做好评价结果公开的前期准备工作。

4.评价结果的公开。志愿服务伦理评价结果出来之后,志愿服务组织应当及时公开。一是在志愿服务组织内部公开。评价结果的公开意味者志愿服务伦理评价的顺利完成,也意味着志愿服务伦理评价体系的运行良好。与此同时,评价主体的工作也会随着评价结果的公开而得到广泛关注和认可,这可为之后评价工作的开展提供可资借鉴的宝贵经验。当然,相对而言,评价结果对志愿者来说最有意义,因为不仅仅评价客体,甚至整个志愿者队伍都会根据评价结果总结和反思自己在上一次志愿服务活动中的经验,了解哪些工作做得最好、最有价值,今后需继续保持和发扬;清楚哪些工作效果不明显,甚至不仅没有达到预期的效果,反而产生了负面影响,从而需在今后的志愿服务活动中予以改正。可以说,志愿服务伦理评价结果的公开对整个志愿服务组织的活动以及所有志愿者的志愿行为都有着规范和指导作用,因此很有必要在志愿服务组织内部做好评价结果公开的相关工作。其次,评价结果也要向社会公开。评价结果向社会公开的目的,就是向整个社会反馈近期志愿服务活动开展的情况如何、效果如何。向社会公开评价结果,一方面有助于社会了解志愿服务组织对志愿服务活动及每个志愿者在志愿服务活动中的表现情况所给予的评价情况,有助于社会了解志愿服务活动的实际效果怎么样以及会产生什么样的影响,从而避免不良舆论的消极影响;另一方面有助于提升志愿服务组织的社会公信力和信誉度,吸引更多的人参与到志愿服务活动中来。另外,评价结果公开的方式也可以多种多样,既可以在志愿者网站及时公开,也可以在评价结果作出以后及时召开新闻发布会,还可以通过印制相关的手册予以宣传,等等。

5.评价结果的反馈及整理存档工作。在公开评价结果后,志愿服务组织应及时了解来自组织内部和社会的反馈情况。志愿服务伦理评价体系具有动态性的特点,需要根据社会环境及实际运行情况进行完善和改进。在一定的意义上说,志愿服务组织内部以及社会针对评价结果所做的反馈,是志愿服务评价体系运行情况的晴雨表,也是志愿服务伦理评价体系不断自我完善的主要依据之一。志愿服务伦理评价是甚为复杂的工作,关涉方方面面的问题,且志愿服务伦理评价体系本身也有很大的可塑性和发展空间,因此志愿服务组织需要及时了解和整理来自组织内部和社会的反馈意见,不断完善志愿服务伦理评价体系和志愿服务伦理评价流程,唯如此方能尽可能地优化志愿服务伦理评价体系,彰显志愿服务伦理评价体系的正向功能,避免因志愿服务伦理评价体系不完善而造成负面影响。同时,志愿服务组织还需将志愿服务伦理评价过程中所积累的有关资料和记录全部归档,以为未来的伦理评价提供经验借鉴和参考。

第二节　构建何以必要

在中国特色社会主义进入新时代的今天,志愿服务在中国特色社会主义建设中的作用日益彰显出来,并受到党和政府的高度重视。与此相适应,中国特色社会主义志愿服务事业也进入快速发展的轨道,并面临着诸多困境和挑战。在这种情况下,构建一个能够有效促进新时代中国特色社会主义志愿服务事业发展的志愿服务伦理评价体系成为一项迫在眉睫的任务。换言之,在新的时代背景下,根据新时代中国特色社会主义志愿服务发展的需要,构建一个科学合理的志愿服务伦理评价体系已变得十分必要和迫切。具体来说,构建新时代中国特色社会主义志愿服务伦理评价体系的必要性主要体现在三个方面。

一、开发志愿者资源的需要

志愿者作为一种特殊的社会人力资源,其储备量目前普遍被发达国家作为社会与经济可持续发展的重要指标来把握。同时,志愿者资源的开发利用程度,也被视作衡量公民社会化和民主化进程不可或缺的重要标准之一。伴随着中国特色社会主义进入新的发展发展阶段,以及公民道德素质的不断提高,我国的志愿服务呈现出蓬勃发展的态势,有越来越多的人投入到志愿服务行列中来。同时,我国所拥有的人口优势,意味着我国有着非常丰富的潜在的志愿者资源。在新的时代背景下,为了能更好地利用志愿服务的力量推进新时代中国特色社会主义建设,就有必要根据新时代中国特色社会主义志愿服务发展的需要和趋势,进一步开发这些潜在的志愿者资源,壮大志愿者队伍。充分开发我国潜在的志愿者资源虽然需要从各个方面着力,但从一定意义上说,建立一个科学合理的适应新时代中国特色社会主义志愿服务发展需要的志愿服务伦理评价体系是甚为关键的一环。因为通过这样一个志愿服务伦理评价体系,为参与志愿服务活动的志愿者们作出合理客观的伦理评价,肯定其为志愿服务事业所做的贡献,不仅可以使志愿者因感受到自我价值的实现而有更多的获得感和幸福感,而且有利于调动人们参与志愿服务的积极性和主动性,吸引更多的潜在志愿者参与到志愿服务活动中来。

二、正确认识和评价志愿服务活动的需要

在新的时代背景下,我国的志愿服务活动开展得十分活跃,志愿服务正以其越来越突出的社会效益受到政府和社会的青睐。伴随着我国志愿服务事业进入快速发展的轨道,志愿者及其志愿服务的动向越来越受到人们的关注和重视。在这种情况下,为了使人们能够正确认识和评价志愿服务活动,也需要构建一个科学合理的志愿服务伦理评价体系。

一方面,随着科技特别是互联网与信息技术的不断发展,社会对志愿者和志愿服务的了解越来越倾向于新闻媒体、网络等新型渠道。但是,由于媒体报道通常具有较强的目的性和评论性,在报道志愿服务的相关情况时往往会根据自身的需要有选择性地进行一定程度的主观性加工,从而难以保证报道的

公正客观性,很难让社会公众全面客观地了解志愿服务的真相。构建一个科学合理的志愿服务伦理评价体系则可以较好地弥补这一不足,因为透过其所开展的志愿服务伦理评价活动,人们可以掌握第一手资料和清晰了解志愿服务活动的进程和影响,甚至了解每一名志愿者的表现情况,从而能有效避免社会大众与志愿服务活动之间出现认识盲区,甚至造成误解。

另一方面,人们要获得关于志愿服务活动的正确认识并对志愿服务做出正确的伦理评价,就不能仅仅停留在感性认识阶段,这样既容易被舆论所迷惑,也会对志愿活动本身产生"雾里看花"的迷茫之感。构建科学合理的志愿服务伦理评价体系,除了能使人们更客观、更全面地了解志愿服务的实际情况外,更重要的是,还能使人们对志愿服务活动的认识从感性阶段上升到理性阶段,获得关于志愿活动的真理性认识。尤其是通过志愿服务组织自身或专门的第三方评价机构根据具体的评价结果向社会及时公布志愿者的工作情况,提供一份不掺杂个人价值情感的公正客观的评价报告,有助于人们全面、辩证地认识志愿服务活动的道德状况及其伦理价值,并在此基础上对志愿服务活动作出正确的伦理评价。

三、推动志愿服务长效发展的需要

志愿服务工作具有突发性、长期性和稳定性等特点。志愿服务的突发性特点,具体体现在某些地区突然发生大规模的难以预测的大型灾害如地震、泥石流、火山爆发等,造成不可估量的损失,迫切需要动员政府以外的社会力量参与到志愿服务当中来。此类志愿服务活动的突发性,要求负责志愿服务活动的有关部门有较为完善的应变机制,能迅速作出反应。志愿服务的长期性,主要体现在部分偏远山区长期需要在医务、教育等方面提供专业性的志愿服务,如大学生参与西部志愿活动、"三支一扶"志愿服务活动、教育扶贫志愿服务活动等,每年都需要从大学应届毕业生中选取志愿者参加。志愿服务的稳定性,主要体现在大型体育活动或者文艺活动当中,虽然这些大型活动的内容和形式有所不同,但所需要的志愿服务类型是基本相同的。

　　根据志愿服务工作的这三个特点,为了推进新时代志愿服务长效发展,就很有必要构建一个适应新时代发展需要的中国特色社会主义志愿服务伦理评价体系。在新的时代背景下,构建一个适应新时代发展需要的中国特色社会主义志愿服务伦理评价体系,并依托其来评价志愿服务活动在社会公共事业中所发挥的作用和所彰显的伦理价值,肯定志愿者对社会公益事业所作的贡献,有助于人们深刻地认识到志愿服务的时代价值和意义,激发人们参与志愿服务的热情,推动志愿服务朝着有利于化解新时代社会主要矛盾、促进新时代中国特色社会主义建设的方向长效发展。在推进新时代中国特色社会主义志愿服务事业发展的过程中,在每一次重大志愿服务项目实施之后,不仅需要有一个科学合理的志愿服务伦理评价体系对志愿服务项目的整体实施情况进行客观评价,从内部进行自上而下的总结,以便在肯定好的方面的同时,反思和克服所存在的问题和不足,确保志愿服务活动取得最佳的服务效果,而且也需要通过一个科学合理的志愿服务伦理评价体系对志愿者们的工作情况作出实事求是的评价,并根据实际情况对志愿者个人提出建议、对志愿者培养部门作出反馈,以为造就一批能够担当新时代志愿服务发展使命的志愿者队伍提供方向和指导。同时,还需要总结和分析政府和社会大众对志愿服务活动的反馈情况,以便能兼顾内外、从整体上对志愿服务活动作出客观公正的伦理评价,从而在为志愿服务的后续发展提供有益借鉴和参考的同时,构建适应新时代发展需要的志愿服务活动长效机制,为在新时代特别是新发展阶段应对突发性事件的发生和推进长期性、稳定性的志愿服务项目作出合理的规划和安排。

第三节　据何原则构建

　　志愿服务不仅类型多样,而且覆盖面甚广,同时在新的时代背景下还要面临着各种各样的挑战,这就决定了志愿服务伦理评价必然是一件非常复杂的工作,从而决定了志愿服务伦理评价体系的构建必然是一件复杂的工作。在这种情况下,构建一个科学合理的能够适应新时代中国特色社会主义志愿服务发展需要的志愿服务伦理评价体系,除了要坚持以习近平新时代中国特色社会主义思想为指导、以社会主义核心价值观为引领、以促进志愿服务治理体系和治理能力现代化为方向、以应对新时代中国特色社会主义志愿服务所面临的伦理问题与挑战为切入点外,至少还要依据以下四个原则来构建:一是客观性原则;二是整体性原则;三是发展性原则;四是规范性原则。

一、客观性原则

客观性原则,指在构建新时代中国特色社会主义志愿服务伦理评价体系的过程中,既要切合新时代发展的需要,又要保持态度的不偏不倚、公正无私,保证每一个事实、过程及结果切合客观实际,具体表现在指导思想的客观性、构建流程的客观性、选择案例的客观性和评价内容设定的客观性等方面。

构建新时代中国特色社会主义志愿服务伦理评价体系,首先须在指导思想上坚持客观性原则。所谓在指导思想上坚持客观性原则,包含着两层含义:一是指要以新时代所倡导的价值观即社会主义核心价值观为引领,将社会主义核心价值观融于中国特色社会主义志愿服务伦理评价体系之中,一方面通过中国特色社会主义志愿服务伦理评价体系的构建推动社会主义核心价值观的培育和践行,另一方面通过社会主义核心价值观的培育和践行确保中国特色社会主义志愿服务伦理评价体系始终朝着有利于推动新时代中国特色社会主义志愿服务发展的方向完善和发展。二是中国特色社会主义志愿服务伦理评价体系的构建应围绕新时代中国特色社会主义志愿服务发展所面临的道德问题、伦理困境以及挑战等来进行,因为新时代中国特色社会主义志愿服务伦理评价体系之所以需要构建,从最根本意义上来说,就在于如果不能够有效解决新时代中国特色社会主义志愿服务发展所面临的道德问题、伦理困境以及挑战,就难以保证我国各方面的志愿服务活动能够健康有序地开展,从而志愿服务在新时代中国特色社会主义建设中的伦理价值也难以充分地彰显出来。通过对我国以往一些社会评价体系的构建情况进行分析,不难发现所构建的这些社会评价体系都在一定程度上存在着"形式大于内容"的问题,不是与实际不相符合,就是根本没有实际用武之地。究其根源,就在于背离了客观性原则,没有适应时代发展的需要,不是为了解决实际问题而构建,而是为了构建而构建。这些经验教训值得我们在构建新时代中国特色社会主义志愿服务伦理评价体系的过程中予以借鉴和吸取。

其次,新时代中国特色社会主义志愿服务伦理评价体系的构建不是一蹴而就的,也不是一朝一夕就能够完成的,它将贯穿于整个新时代中国特色社会主义志愿服务发展的始终,需要经历一个"探索—实践—再探索—再实践"这样一个循环往复的过程,需要在长期的实践过程中不断总结经验,并在政府和社会大众的不断反馈中改进完善。在这个过程中,每一个流程都不应受到主观因素的影响,要避免感性因素主导理性行为,这样才能保证所构建的志愿服务伦理评价体系的每个环节、每个方面都能贯彻客观公正原则,也只有这样构建出来的志愿服务伦理评价体系才有助于我们在推进新时代中国特色社会主义志愿服务发展的过程中有效克服这样或那样的伦理困境、化解这样或那样的伦理冲突、应对这样或那样的伦理挑战,推动中国特色社会主义志愿服务健康可持续发展。

再次,新时代中国特色社会主义志愿服务伦理评价体系的构建离不开对我国长期以来特别是进入新时代以来的志愿服务实践的总结与反思,离不开对一些具有代表性的典型案例的分析与研究。为了确保所选择的案例具有代表性,我们应当选择那些具有典型性、能够集中反映志愿服务活动所涉及的各方面的伦理关系、突出反映志愿服务活动中可能产生的伦理问题和伦理困境的案例。一般来说,只有通过对这些具有代表性的典型性案例进行分析和研究,才有可能由点及面、由个别到一般地认识和把握新时代中国特色社会主义志愿服务发展的趋势和一般性规律、找到有利于指导如何化解志愿服务活动中可能会遇到的伦理问题和伦理困境的具有可操作性的方法和方案。

最后,在构建新时代中国特色社会主义志愿服务伦理评价体系的过程中,国家、组织、企业和社会机构等相关主体均应保证自己的所作所为实事求是,符合实际情况。特别是评价内容的设定应与志愿服务活动的内容以及所可能涉及的伦理问题相切合,评价指标的设定也应全面、客观,能够基本涵盖志愿服务的各个环节和方面,能够全面反映志愿者个体和志愿服务组织的道德形象和道德面貌。

二、整体性原则

整体性原则,即要求把评价对象视为一个整体,以整体目标的优化为准绳,协调整体与部分的关系,做到统筹规划、整体协调、全面权衡。在构建新时代中国特色社会主义志愿服务伦理评价体系的过程中坚持整体性原则,就是指要立足于整体层面去思考和权衡,以能够反映新时代中国特色社会主义志愿服务的发展趋势、有助于整体推进新时代中国特色社会主义志愿服务事业发展的整体系统的总目标来协调各个小系统的目标。

在构建新时代中国特色社会主义志愿服务伦理评价体系的过程中之所以要坚持整体性原则,究其根本原因,就在于与其他社会评价体系一样,新时代中国特色社会主义志愿服务伦理评价体系本身就是一个由静态体系和动态体系构成的有机整体。一方面,新时代中国特色社会主义志愿服务伦理评价的静态体系和动态体系之间具有内在的逻辑关联性,静态体系是动态体系的基础,动态体系是静态体系的现实展开;静态体系从内容上以书面语言的形式规定着志愿服务伦理评价体系的存在方式、运行方法以及评价标准,动态体系则在实践中通过各方努力将静态体系现实展开,并赋予其新鲜的生命力与活力;单纯的静态体系或是动态体系的运行都不能或者只能从一个侧面化解伦理困境的某一方面,而实践表明,单纯从一个侧面化解伦理困境的某一个方面所引发的问题甚至超过整个伦理困境本身所引发的问题。因此,构建新时代中国特色社会主义志愿服务伦理评价体系要注意将静态体系和动态体系有机地结合起来,在以静态体系规定动态体系实际运行的同时,要以动态体系赋予静态体系以生命力和活力。以动态体系赋予静态体系以生命力,就是要让静态体系所规定的纸面上的东西能够实际发挥化解志愿服务伦理困境的作用,而不是照本宣科。以动态体系赋予静态体系以活力,就是要在静态体系所规定的纸面上的东西鲜活起来之后不断在实践中赋予其新的内涵,使其在实践中不断得到丰富、完善和发展。

另一方面,与任何其他社会评价体系一样,新时代中国特色社会主义志愿服务伦理评价的静态体系和动态体系之间的界限在实际操作过程中并不是泾渭分明般清晰明确的,这就决定了很难完全地、一五一十地按照静态体系所规定的内容和流程开展志愿服务伦理评价活动。与此同时,新时代中国特色社会主义志愿服务伦理评价体系本身还包含着不少难以单纯用静态体系或动态体系直接规定的部分,只有将静态体系和动态体系有机统一起来才能有效运行。因此,为了使构建的新时代中国特色社会主义志愿服务伦理评价体系能更好更有效地发挥其应有的功能,就应当站在整体层面来思考问题,运用整体思维进行整体设计,以使其静态体系和动态体系能在协调统一中合理有效运转。

三、发展性原则

发展性原则,是指要用发展的眼光去看待新时代中国特色社会主义志愿服务伦理评价体系的构建,不断结合变化发展了的实际情况完善、更新和丰富志愿服务伦理评价的内容和指标体系,拓展志愿服务伦理评价体系发展的横向与纵向维度,创新志愿服务伦理评价方法。

志愿服务伦理评价体系的内容和指标体系是以静态体系的基本规定作为基础的,而静态体系则往往是在总结以往评价经验的基础上形成的,这就不可避免地会导致静态体系的一些规定以及评价指标出现滞后的情况,以致在新的情况下运用现成的志愿服务伦理评价体系开展评价时会遇到难以有效解决的困难和瓶颈。这就要求我们不断根据变化发展了的实际情况,对志愿服务伦理评价的内容和评价指标等进行补充、更新和完善,以使志愿服务伦理评价体系的运行能及时跟上志愿服务的发展趋势。志愿服务伦理评价的内容及其评价指标的完善、更新和丰富,既要立足于现成的志愿服务伦理评价体系,又要以新的调查实验结果为依据,从内容着手,重点探究静态体系中各部分之间的新型关系,要不断确保志愿服务伦理评价的内容和指标体系适应不断发展变化着的实际情况。

在实际解决志愿服务活动所遇到的伦理问题、化解志愿服务活动所遇到的伦理困境中,志愿服务伦理评价的静态体系与动态体系往往发挥着不一样的作用。志愿服务伦理评价体系的效能如何,在很大程度上取决于其静态体系和动态体系的结合方式和结合程度。为了使志愿服务伦理评价体系的效能能充分地发挥出来,我们需要动态地将志愿服务伦理评价的静态体系与动态体系有机结合起来。动态结合意味着静态体系不能仅仅只局限于发挥规定或限制的作用,而更应设定一个维度,既规定动态体系的最低下限,确定评价体系所要解决的基本问题,也规定动态体系的最高上限,避免动态评价体系超越规定的界限而无节制地运行。在这个维度规定的范围内,志愿服务伦理评价的动态体系可以尽可能地在静态体系的规定下灵活地、能动性运行,尽可能地补充静态体系的内容,在静态体系规定的盲区发挥作用,不断丰富和发展静态体系的内涵,从而推动志愿服务伦理评价体系更好地运转、发挥更大的效能。

如上所述,志愿服务伦理评价的静态体系是动态体系的基础,动态体系是静态体系的现实展开,因而志愿服务伦理评价最终还是要将重点落实在评价的方式方法上。而评价方式方法的落脚点就是志愿服务伦理评价动态体系的合理运行。伴随着新时代的到来和志愿服务进入快速发展的轨道,有越来越多的人开始关注志愿服务、参与志愿服务活动;与此同时,志愿服务领域所存在的伦理问题和所遇到的伦理困境也越来越突出和多种多样。在这种情况下,我们除了要不断根据实际情况及时更新和完善志愿服务伦理评价静态体系外,也要重点创新志愿服务伦理评价动态体系的方式方法,以较好地开展志愿服务伦理评价,发挥志愿服务伦理评价在促进志愿服务健康有序发展中的作用。当然,创新志愿服务伦理评价动态体系的方式方法不能急于求成、操之过急,而应循序渐进。要以可靠的调查取证数据为切入点,以体系中的评价主体行为以及志愿服务伦理评价的效果反馈为主要反思内容,不断结合发展变化着的实际完善、更新和丰富志愿服务伦理评价指标体系,创新志愿服务伦理评价的方式方法。

志愿服务伦理评价体系涵盖面广,且具有动态性,因而可从横向和纵向两个维度进行拓展。横向维度的拓展,即指要不断根据实际情况拓展志愿服务伦理评价体系应用的领域,应将一切可以评价的对象纳入评价范围,尽可能扩大评价体系的覆盖面。纵向维度的拓展,即指在志愿服务伦理评价体系的构建过程中,应根据实际情况不断地将其运行过程向纵深拓展,通过这种拓展使志愿服务领域各方面的伦理问题和这样或那样的伦理困境都能及时地得到有效解决或化解。

四、范导性原则

在新的时代背景下,构建中国特色社会主义志愿服务伦理评价体系,毫无疑问离不开党和政府的政策性指导和组织。也就是说,中国特色社会主义志愿服务伦理评价体系的构建应在党和政府的政策性指导下有规范地进行。一方面,志愿服务伦理评价要以党和政府的相关政策为指导,确保评价方向与习近平新时代中国特色社会主义思想、习近平总书记关于志愿服务的重要论述以及社会主义核心价值观、中国特色社会主义志愿服务伦理的基本要求、相关的法律法规和政策条例等保持一致;另一方面,要确保志愿服务伦理评价的动态体系与静态体系的规定保持一致,促使评价主体的评价行为符合相关规则要求。如上所述,中国特色社会主义志愿服务伦理评价体系之所以有构建的必要,一方面是要为解决志愿服务活动可能遇到的伦理问题和化解志愿服务活动可能遇到的伦理困境提供相关依据和解决方案或办法,另一方面是为了提高志愿服务的效果和质量,促进志愿服务的健康有序发展。而伦理问题和伦理困境所涉及的是伦理冲突问题,且卷入其中的是具有自我意识的"人",这就使得伦理问题的解决和伦理困境的化解甚为复杂。因此,在构建中国特色社会主义志愿服务伦理评价体系的过程中坚持范导性原则甚为重要,不仅要按照一定的规则来构建,而且要对谁组织评价、如何开展评价等作出具体而详细的规定和要求,以保证所构建的志愿服务伦理评价体系方向正确和具有较高的可操作性,从而保证依托这种评价体系所开展的评价活动能有效地帮助人们化解在志愿服务活动中所遇到的伦理困境与伦理冲突,有助于志愿服务的伦理价值得到彰显,有助于志愿服务活动朝着有利于中国特色社会主义建设特别是有利于实现中华民族伟大复兴的中国梦的方向健康可持续地发展。

第四节 构建的路径

志愿服务活动的形式是多种多样的,所覆盖的领域是甚为广泛的,这在新的时代背景下表现得更为明显,这就决定了中国特色社会主义志愿服务伦理评价体系的构建必然是一项非常艰巨复杂的工程。依据志愿服务伦理评价体系的构成要素以及中国特色社会主义服务伦理评价体系构建所应遵循的上述原则,我们可以沿着以下路径来做好中国特色社会主义志愿服务伦理评价体的构建工作。

一、发挥党和政府的引导作用

"志愿服务是广大民众参与的社会事务,也是政府领导下国家治理的重要组成部分,政府主导并发挥重要作用是中国特色志愿服务领导运行体系的突出特征。"①因此,在中国特色社会主义志愿服务伦理评价体系的构建中,党和政府应当发挥积极的引导作用。

首先,要大力普及以人民为中心的中国特色社会主义志愿服务伦理理念,大力弘扬以雷锋精神为核心的中国特色社会主义志愿服务伦理精神,并将其纳入到志愿服务伦理评价体系的范畴。中国特色社会主义志愿服务活动的开展或志愿事业的健康发展,离不开以人民为中心的中国特色社会主义志愿服务伦理理念和以雷锋精神为核心的中国特色社会主义志愿服务伦理精神的支撑;以人民为中心的中国特色社会主义志愿服务伦理理念普及的程度如何以及以雷锋精神为核心的中国特色社会主义志愿服务伦理精神弘扬得如何,对中国特色社会主义志愿服务活动开展的深度和广度乃至中国特色社会主义志愿服务事业的健康发展有着直接的影响。可以说,以人民为中心的中国特色社会主义志愿服务伦理理念和以雷锋精神为核心的中国特色社会主义志愿服务伦理精神是新时代中国特色社会主义志愿服务事业健康发展的伦理保障和可持续发展的精神动力。要使以人民为中心的中国特色社会主义志愿服务伦理理念得到普及、以雷锋精神为核心的中国特色社会主义志愿服务伦理精神得到弘扬,无疑离不开党和政府的积极引导,党和政府以其独有的优势而可以在以人民为中心的中国特色社会主义志愿服务伦理理念的普及以及以雷锋精神为核心的中国特色社会主义志愿服务伦理精神的弘扬方面发挥其他力量不可替代的作用。没有党和政府的大力推动和积极引导,要使以人民为中心的中国特色社会主义志愿服务伦理理念广泛普及乃至深入人心是很难的;没有党和政府的大力倡导和广泛宣传,要使以雷锋精神为核心的中国特色社会主义志愿服务伦理精神在全社会或广大群众中得到广泛弘扬也是不可能的。因此,在构建中国特色社会主义志愿服务伦理评价体系的过程中,党和政府应当

---

① 陆士桢:《中国特色志愿服务概论》,北京:新华出版社,2017 年,第 350 页。

充分发挥积极的引导作用,高度重视以人民为中心的中国特色社会主义志愿服务伦理理念的普及以及以雷锋精神为核心的中国特色社会主义志愿服务伦理精神的弘扬。其一,要大力普及以人民为中心的中国特色社会主义志愿服务伦理理念,使之深入人心。普及以人民为中心的中国特色社会主义志愿服务伦理理念不能仅仅停留在形式上,而要落实到具体的志愿服务伦理评价活动中。在志愿服务伦理评价中,志愿服务组织不仅是评价的重要对象,而且也是普及以人民为中心的新时代中国特色社会主义志愿服务伦理理念的重要载体。为了使以人民为中心的中国特色社会主义志愿服务伦理理念得到普及,党和政府可以充分发挥志愿服务组织的作用,并将以人民为中心的中国特色社会主义志愿服务伦理理念的普及情况作为对志愿服务组织进行评价与考核的重要指标,以此来引起志愿服务组织对普及以人民为中心的中国特色社会主义志愿服务伦理理念的高度重视。其二,要大力弘扬以雷锋精神为核心的中国特色社会主义志愿服务伦理精神。弘扬以雷锋精神为核心的中国特色社会主义志愿服务伦理精神,应当以社会主义核心价值观为引领,与社会主义核心价值观的基本要求保持内在一致,因为"社会主义核心价值观是当代中国精神的集中体现,凝结着全体人民共同的价值追求"①。因此,在构建中国特色社会主义志愿服务伦理评价体系的过程中,党和政府应当注意充分发挥社会主义核心价值观对志愿服务伦理精神的引领作用,通过这种引领作用将社会主义核心价值观融入中国特色社会主义志愿服务伦理评价体系当中。一方面,志愿服务伦理评价,无论是对志愿服务组织还是对志愿者个人,都不能忽视志愿服务伦理精神层面的考察,应当将以雷锋精神为核心的中国特色社会主义志愿服务伦理精神纳入志愿服务伦理评价体系当中,将其作为志愿服务伦理评价的重要指标;另一方面,社会主义核心价值观是中国特色社会主义志愿服务的精神之基、价值之魂,以雷锋精神为核心的中国特色社会主义志愿服

---

① 《党的十九大报告辅导读本》,北京:人民出版社,2017年,第321页。

务伦理精神与社会主义核心价值具有高度的契合性和内在的一致性,因此在构建中国特色社会主义志愿服务伦理评价体系的过程中,党和政府又要注意以社会主义核心价值观来引领志愿服务伦理精神,将社会主义核心价值观的弘扬融入志愿服务伦理精神的弘扬中,使志愿服务伦理精神的弘扬与社会主义价值观的践行和培育水乳交融、有机统一在一起。

其次,要推动志愿服务伦理评价立法,为中国特色社会主义志愿服务伦理评价体系的构建提供法律依据和支持。《新时代公民道德建设实施纲要》强调指出,要"及时把实践中广泛认同、较为成熟、操作性强的道德要求转化为法律规范,推动……志愿服务……等方面的立法工作"[①],这就为中国特色社会主义志愿服务伦理评价立法工作提出了根本要求,指明了根本方向。中国特色社会主义志愿服务伦理评价体系之所以需要构建,是为了在新的时代背景下更好地推动中国特色社会主义志愿服务事业的发展,但是中国特色社会主义志愿服务事业所关涉的利益主体、所涵盖的利益关系甚为复杂,很多问题需要通过法律途径才能得到有效解决,这就决定了中国特色社会主义志愿服务伦理评价体系的构建及其运行需要法律提供支持和保障,因此推动志愿服务伦理评价立法也就成为中国特色社会主义志愿服务伦理评价体系构建不可或缺的重要环节。目前,我国关于志愿服务的法律制度不多且有待于进一步完善,虽已制定了《中华人民共和国慈善法》《志愿服务条例》以及若干地方性法规与条例,但相对于中国特色社会主义志愿服务事业的发展以及中国特色社会主义志愿服务伦理评价体系的有效运行来说,还是相对不足、不够完善的,还存在着诸多法律漏洞。因此,结合新时代中国特色社会主义志愿服务发展的实际和趋势,进一步制定和完善相关法律法规,以为中国特色社会主义志愿服务伦理评价提供法律依据和支持,成为一个亟须解决的重要课题。

再次,要强化志愿服务伦理评价的指导,严格规范并监督评价工作的进

---

① 《新时代公民道德建设实施纲要》,北京:人民出版社,2019年,第22—23页。

行。其一，要从宏观层面协调好志愿服务伦理评价的静态体系和动态体系的关系，从完善静态体系入手，以规范动态体系为重点，使二者达到有机结合。志愿服务伦理评价体系的运行是在其动态体系与静态体系的协调统一中进行的，唯有静态体系和动态体系能够有机结合方能保证志愿服务伦理评价体系的正常运转，从而充分、有效地发挥志愿服务伦理评价体系的作用。其二，要在评价主体与评价客体之间发挥好桥梁作用。一方面，要促使评价主体按照相关规章制度，依据评价指标体系，如实反映志愿服务活动的实际情况，合理合规做出有效评价，保证评价结果具有科学性、公正性和民主性；另一方面，要关注评价客体，尽可能创造条件让志愿者或志愿者代表能够依照相关规定和流程全程参与评价工作，并乐意接受自己的评价结果。其三，要加强对志愿服务伦理评价的监督。监督的目的旨在督促志愿服务伦理评价依照相关制度和规范合理合规地进行。在作出评价结果前实施监督，能防止决策失误；在评价结果落实过程中实行监督，能提前排除问题和杜绝潜在隐患，防止在落实过程中出现偏离目标的现象。因此，对志愿服务伦理评价的监督要具有超前性、适时性、针对性、全程性、全面性、透明性，既要将监督机制有效纳入控制网络之中，又要在监督过程中贯彻民主、公开等原则，以达到监督所要达到的预期目的，保证志愿服务伦理评价的科学性、客观性和公正性。

最后，要为中国特色社会主义志愿服务伦理评价体系的构建和运行提供资金与政策支持。中国特色社会主义志愿服务伦理评价体系的构建及其运行没有一定的资金和政策支持，也是难以正常开展的，因此，党和政府应在其职责范围内为中国特色社会主义志愿服务伦理评价体系的构建及其运行提供必要的资金与政策支持。当然，党和政府应当给予必要的资金与政策支持，并不意味着中国特色社会主义志愿服务伦理评价体系的构建及其运行完全依靠党和政府，事实上这也是不可能的。这里所强调的是，为了保证志愿服务伦理评价能够正常开展，党和政府应在其职责范围内发挥应有的作用。党和政府不仅要根据中国特色社会主义志愿服务伦理评价体系的构建及运行的需要给予适当的财政支持,而且还要通过制定各种相关政策,激励企业和其他社会组织及公民个人为志愿服务伦理评价工作捐资捐款、提供志愿服务,以为志愿伦理服务评价体系的良性运行提供扎实的物质基础和坚实的物质保障。

二、发挥志愿服务组织的组织与引导作用

中国特色社会主义志愿服务伦理评价体系的构建,最终还是要落实到志愿服务组织的内部建设中去。志愿服务组织,既是志愿服务伦理评价的主体,也是志愿服务伦理评价的客体,在志愿服务伦理评价中扮演着重要的角色,因此,在中国特色社会主义志愿服务伦理评价体系的构建中,志愿服务组织一方面要不断加强自身建设、完善内部机制,另一方面要依据有关制度和规定,在志愿服务伦理评价体系建设中发挥组织和引导作用。具体来说,在构建中国特色社会主义志愿服务伦理评价体系的过程中,志愿服务组织至少应做好以下几方面的工作:

1.强化自身建设,完善评价机制。这就是说,志愿服务组织不仅要大力挖掘志愿者资源,努力打造一支多功能、全方位、靠得住的志愿服务队伍,更要加强机制建设,制定和完善相关规章制度,为志愿服务伦理评价的开展奠定制度基础和组织保障。首先,要从静态体系入手,建立行之有效的志愿服务伦理评价章程和指标体系。志愿服务伦理评价需要以一定的章程和评价指标体系为依据,离开了一定的章程和评价指标体系,志愿服务伦理评价就无所依从,因此为使志愿服务伦理评价有章可循、有规可依,志愿服务组织就需要根据实际情况,制定一套科学合理且操作性强的操作章程和评价指标体系。当然,操作章程的制定不能主观随意,一方面要综合考虑志愿服务的情况,力求全面性、针对性和可操作性;另一方面要在不断总结和反思以往志愿服务伦理评价的实践经验的基础上不断完善。目前,我国志愿服务的国情是志愿者的数量基数大、增速快,但对于志愿者的管理缺乏一套行之有效的机制。"虽然目前一些较为正式的志愿组织往往会制定一些内部规章制度,但这些制度多数非常

简单粗糙,缺乏具体的操作性,因而常常变成'一纸装饰',无法起到真正规范组织内部管理的作用。而很多志愿组织更是连这种'装饰性'的制度都没有,其内部管理的随意化就可想而知了。"①因此,在构建中国特色社会主义志愿服务伦理评价体系的过程中,必须牢牢把握志愿服务的实际情况和发展趋势,根据志愿服务伦理评价的需要拓宽思维、放开视野,在完善已有操作章程的基础上不断创新,努力建立一套行之有效的更符合新时代中国特色社会主义志愿服务发展需要的志愿服务管理机制。

其次,要合理定位评价主体和评价客体,使动态体系运行通畅。一般来说,在志愿服务伦理评价的操作章程建立以后,只有通过评价主体和评价客体的良性互动,才能使志愿服务伦理评价体系有效地运转,因此合理定位评价主体和评价客体,也是构建中国特色社会主义志愿服务伦理评价体系不可或缺的环节和方面。合理定位评价主体,就是要明确谁有权利和责任依照有关规定和要求进行评价。在这里,志愿服务组织应将重点工作落实在评价主体的产生和更新上,既要通过科学合理的定位方式,选出具有社会公信力且被社会和组织内部成员认可的评价主体,继而组织评价主体客观了解评价客体的志愿服务活动情况,并在此基础上参照志愿服务伦理评价体系的有关规定和评价指标做出实事求是的评价,又要根据不同情况下的志愿服务活动更新评价主体,以确保志愿服务伦理评价主体的针对性和合理性。至于评价客体,一般来说,包括参与志愿服务活动的志愿者、志愿者的行为以及整个志愿服务活动的效果。对于志愿服务组织而言,一要通过注册登记制度的完善,确定参与志愿服务的志愿者名单;二要结合实际,详细记录志愿者的志愿服务活动情况;三要对志愿服务地区的服务对象的反馈和评价进行归纳和总结;四要对整个志愿服务的效果进行跟踪记录;五要结合实际情况,对志愿者的主观世界和精神意向作出一定的判断。这五个方面是志愿服务组织在志愿服务伦理评价过

---

① 孙婷:《志愿失灵及其矫正中的政府责任——以北京志愿服务为例》,北京:知识产权出版社,2011年,第104页。

程中所应当做好的基本工作。做好了这五个方面的工作,有助于评价主体掌握第一手材料,更细致地了解好志愿者参与志愿服务的动机及其志愿服务活动情况,从而做出科学客观的、被社会及志愿者所接受的评价结果。

最后,要通过静态体系与动态体系的协调运行,确保志愿服务伦理评价获得社会认可。发挥志愿服务组织的主导作用,使静态体系与动态体系协调统一、合理运行,对志愿服务伦理评价结果能否得到社会及广大志愿者的认可至关重要。实践表明,单纯依靠静态体系会在一定程度上阻碍整个评价体系的有效运行,从而导致照本宣科、形式大于内容或"为了评价而评价"的现象;单纯依靠动态体系则又可能导致"越界"现象。所有这些,都会对志愿服务伦理评价结果的社会认可度产生消极影响,使志愿服务伦理评价结果难以获得社会认可。因此,要确保志愿服务伦理评价结果获得社会认可,志愿服务组织就得根据实际情况采取切实有效的措施,范导评价主体的评价活动,使其在动态体系下所开展的评价活动始终能按照静态体系的规定进行,以使静态体系与动态体系在协调统一中有效运转。

2. 做好调查与记录,掌握第一手材料。志愿服务伦理评价主体在进行具体评价时,只有以客观真实的材料为依据,才能得出实事求是、客观公正的评价结果。因此,志愿服务组织应当认真做好志愿者的登记、注册、分类等基础性工作,明确评价客体,继而设立有关机构对志愿者的志愿服务活动全过程进行跟踪调查,全面、具体、准确、真实掌握志愿者志愿服务活动的情况及其志愿服务活动的实际效果和社会反响情况。当然,志愿者数量非常庞大,志愿服务组织不可能也没有办法为每一位志愿者配备材料记录者,因此应以区域管理、服务类型为分类依据,在不同的志愿服务区域、不同的志愿服务类型下设立相关机构,负责记录所管理区域志愿者的志愿服务活动情况,获得可以作为志愿服务伦理评价依据的第一手材料,并及时加以整理。

3. 协调好评价主体和评价客体的关系,营造良好的文化氛围。志愿服务组织成立的初衷,旨在发动更多的人为那些需要帮助的人带去更多的关怀和帮助,而志愿服务伦理评价的目的旨在提高志愿服务质量,因此二者具有内在一致性。客观来说,志愿服务伦理评价有利也有弊。就评价客体而言,由于思想认识、服务能力等方面存在差异,有可能会导致其内心所认为的评价结果与评价主体所给予的评价结果存在较大差别,从而产生不满情绪,导致志愿服务组织内部关系紧张。同时,由于评价体系的存在,很可能导致志愿者热心服务的目的不是出于善心和道义而是出于获得好的评价,从而偏离志愿服务所倡导的精神和价值观。因此,在进行志愿服务伦理评价时,志愿服务组织除了要根据评价指标体系作出科学合理的评价外,更重要的是要协调好评价主体和评价客体的关系,营造一种良好的文化氛围。要在志愿者之间形成这样一种认识:评价结果只是对志愿服务过程和效果的反映,而志愿服务的最终目的还是要落实到为需要帮助的人提供道义关怀与帮助上来。要引导评价客体正确认识评价结果,并依据评价结果反思志愿服务效果,统一志愿服务价值指向,在内部形成一股合力,以进一步提高志愿服务的服务质量和工作成效,彰显志愿服务的伦理价值。

4. 推进志愿服务治理创新,加强志愿服务培训力度。志愿服务组织的产生和发展不仅有利于把分散的社会力量集中起来投入志愿服务中去,从而更好地利用社会资源,减少政府的工作成本和社会成本,弥补政府在解决社会公益问题方面所存在的不足,而且还有助于促进社会公共事业管理的民主化和管理主体的多元化。一方面,随着经济社会的发展以及人们对志愿服务价值认识的越来越深刻,参与到志愿服务行列当中来的人越来越多。但是,目前我国对志愿主体资格的认定尚缺乏统一的标准,对参加志愿服务人员的年龄、遇到风险的赔偿等也没有作出统一规定,从而使志愿者行动难以得到社会的广泛认可,这就使志愿服务治理面临着挑战,也对志愿服务治理提出了更高要求。在这种情况下,志愿服务组织应以完善准入原则为落脚点,做好志愿者的注册、管理工作,明确定位好志愿者的身份。但是,据笔者 2019 年在湘北地区所做的一次调查,发现目前没有成立理事会和监事会的志愿服务组织约占

67.6%,尚未明确自己的使命、缺少明确的使命陈述的志愿服务组织约有35.3%,没有成立党组织(党委、党支、支部)的志愿服务组织约有31.2%。这在一定程度上说明,伴随着志愿服务事业的快速发展和志愿者数量的不断扩大,志愿服务治理在一定程度上出现了捉襟见肘的局面,从而导致注册流程混乱、回应速度慢等不良现象,这在很大程度上阻碍着志愿服务的健康发展。因此,如何推进志愿服务治理创新,实现志愿服务治理体系和治理能力现代化,提高志愿服务治理效能和水平,更好地引导广大志愿者富有成效地开展志愿服务工作,已成为当前亟待深入思考和研究的重要问题。另一方面,尽管志愿服务是自觉自愿的行为,可是一旦参与其中,就成为公众行为、社会行为,因此志愿服务组织应采取切实有效的措施,加强志愿服务培训力度。志愿服务培训工作有助于志愿者掌握志愿服务伦理理念和伦理要求以及志愿服务的基本知识和专业服务技能,是志愿者前期管理的重要环节。据调查,有37.31%的被调查志愿者表示大多数活动都有培训,有16.37%的志愿者表示每次参加志愿活动之前都会有培训,但也有15.57%的志愿者表示从未参加过活动前培训。① 这在一定程度上表明,目前我国志愿服务的培训力度是不够大的,还有待进一步加强。为此,志愿服务组织应着重从以下两个方面去推进志愿服务培训工作:一是伦理培训,即通过定期培训,使志愿者了解志愿服务伦理评价指标体系及其相关原则、流程和内容,为其如何高质量地开展志愿服务提供伦理指导。二是技能培训,即要根据志愿者个人的特长及其所学专业和所从事的工作,以及服务项目自身的需要,分门别类地进行知识和技能培训。在通过岗位培训提高志愿者的道德素质、专业服务技能和有关法律政策水平的同时,还应通过配备职业指导师为志愿者提供工作指导,帮助他们解决工作中的疑难问题,提高志愿服务水平与质量。在志愿者培训中,要注重吸纳各类人才参与其中,并进行科学分类,打造多功能团队,以开展全方位服务。

---

① 中国志愿服务联合会:《中国志愿服务发展报告(2017)》,北京:社会科学文献出版社,2017年,第15页。

5. 拓宽资金来源渠道,夯实评价体系运行物质基础。任何组织和体系的运行都离不开一定的资金支持。虽然志愿服务不是以获取物质利益为目的的,但志愿服务活动也需要财力支持。就志愿服务伦理评价体系来说,评价主体的活动、体系的运行、材料的收集以及评价客体的相关评价工作都离需要一定的资金支持。那么,如何解决志愿服务伦理评价体系运转的资金问题呢?解决志愿服务伦理评价体系运转的资金问题需从多方面着手,不能完全寄希望于依靠政府的有限财政拨款,而应在全社会范围内广泛发动,吸引社会捐资捐款。一方面,要拓宽筹资渠道,通过与大型企业的相关项目合作,争取更多商业赞助;另一方面,要借鉴国际社会非营利组织经营非营利公益项目的成熟经验,通过项目命名等回报慈善捐助,尝试通过非营利有偿服务方式提升志愿服务组织自我供给的能力。另外,还可积极组织参与国家推进的相关项目。

为了吸引更多的社会捐助,志愿服务组织应充分认识到做好财务信息公开工作的重要性,增强紧迫感、责任感,把财务信息公开工作摆上重要日程,抓紧建立财务信息公开工作机制,明确职责、程序、公开方式和时限要求。要做到经费支出账目及时公开,随时接受公众监督;要抓紧建立财务信息公开申请的受理机制,制定详尽的工作规程,明确申请的受理、审查、处理、答复等各个环节的具体要求,有效保障申请人的合法权益,维护经费信息公开工作秩序;要争取社会各方面的理解和支持,打消捐助者的顾虑,取信于民,树立良好的社会形象。

三、发挥志愿者的参与作用

志愿服务伦理评价体系的构建离不开志愿者的参与。志愿者是志愿服务活动的主要承担者,决定着志愿服务活动开展的效果和影响。在志愿服务伦理评价体系中,志愿者所扮演的角色是多种多样的,既要作为评价主体参与评价工作,又要作为评价客体接受属于自己的评价结果,并据此进一步释规范和改进自己的行为。因此,志愿者个人应积极参加培训,除了积极响应志愿服务组织的安排和定时参加相关培训外,还应变被动学习为主动学习,积极了解和掌握志愿服务伦理评价的指标体系、程序、原则及方式方法等。另外,为了提高志愿服务伦理评价的社会认可度和公信力,志愿服务组织也应根据实际情况,选取志愿者代表作为评价主体参与到志愿服务伦理评价中来,以保证志愿服务伦理评价能更加公正合理地进行。虽然志愿服务组织在开展志愿服务伦理评价之前,必须通过多种途径掌握第一手材料,但不可否认的是,直接参与了志愿服务活动的志愿者代表更能真实地了解和反映志愿者在志愿服务活动中的主观意愿、动机和客观行为。因此,在进行志愿服务伦理评价时,选择部分志愿者代表以评价主体的身份参与到志愿服务伦理评价中来是非常必要的。这里需要强调的是,参与志愿服务伦理评价的志愿者代表,应在评价过程中坚持客观性原则,杜绝主观性和盲目性,真实反映评价客体在志愿服务活动中的表现情况。

参 考 文 献

一、马克思主义经典著作类

1.《马克思恩格斯全集》第 1 卷,北京:人民出版社,1956 年。

2.《马克思恩格斯全集》第 2 卷,北京:人民出版社,2005 年。

3.《马克思恩格斯全集》第 3 卷,北京:人民出版社,1960 年。

4.《马克思恩格斯全集》第 4 卷,北京:人民出版社,1958 年。

5.《马克思恩格斯全集》第 22 卷,北京:人民出版社,1965 年。

6.《马克思恩格斯全集》第 23 卷,北京:人民出版社,1973 年。

7.《马克思恩格斯全集》第 25 卷,北京:人民出版社,1974 年。

8.《马克思恩格斯全集》第 30 卷,北京:人民出版社,1995 年。

9.《马克思恩格斯全集》第 46 卷(上),北京:人民出版社,1979 年。

10.《马克思恩格斯全集》第 46 卷(下),北京:人民出版社,1980 年。

11.《马克思恩格斯文集》第 1 卷,北京:人民出版社,2009 年。

12.《马克思恩格斯文集》第 9 卷,北京:人民出版社,2008 年。

13.《马克思恩格斯选集》第 1 卷,北京:人民出版社,2012 年。

14.《马克思恩格斯选集》第 3 卷,北京:人民出版社,2012 年。

15.《马克思恩格斯选集》第 4 卷,北京:人民出版社,2012 年。

16. 马克思:《1844 年经济学哲学手稿》,北京:人民出版社,2000 年。

17.《列宁全集》第 7 卷,北京:人民出版社,2013 年。

18.《毛泽东选集》第二卷,北京:人民出版社,1991 年。

19.《毛泽东选集》第三卷,北京:人民出版社,1991 年。

20.《毛泽东文集》第七卷,北京:人民出版社,1999年。

21.《邓小平文选》第二卷,北京:人民出版社,1983年。

22.《邓小平文选》第三卷,北京:人民出版社,1993年。

二、习近平新时代中国特色社会主义思想类

23.习近平:《在纪念毛泽东同志诞辰120周年座谈会上的讲话》,中国共产党新闻网,2013年12月26日。

24.《顺应时代前进潮流促进世界和平发展——习近平在莫斯科国际关系学院的演讲》,中国共产党新闻网,2013年3月25日。

25.《习近平谈治国理政》,北京:外文出版社,2014年。

26.中共中央文献研究室:《十八大以来重要文献选编》(上),北京:中央文献出版社,2014年。

27.中共中央宣传部:《习近平总书记系列重要讲话读本》,北京:学习出版社、人民出版社,2014年。

28.中共中央文献研究室:《习近平关于党的群众路线教育实践活动论述摘编》,北京:党建读物出版社、中央文献出版社,2014年。

29.习近平:《切实把思想统一到党的十八届三中全会精神上来》,《人民日报》2014年1月2日。

30.习近平:《在中法建交五十周年纪念大会上的讲话》,《人民日报》2014年3月29日。

31.《习近平谈治国理政》第二卷,北京:外文出版社,2017年。

32.《党的十九大报告辅导读本》,北京:人民出版社,2017年。

33.《习近平在学习贯彻党的十九大精神研讨班开班式上发表重要讲话》,《人民日报》2018年1月6日。

34.习近平:《在第十三届全国人民代表大会第一次会议上的讲话》,新华网,2018年3月20日。

35.中共中央宣传部:《习近平新时代中国特色社会主义思想三十讲》,北京:学习出版社,2018年。

36.中共中央宣传部:《习近平新时代中国特色社会主义思想学习纲要》,北京:学习出版社、人民出版社,2019年。

37.《改善民生和创新社会治理》,北京:人民出版社、党建读物出版社,2019年。

38.《中国共产党第十九届中央委员会第五次全体会议公报》,新华社,2020年10

月 29 日。

39.《"五大发展理念"解读》,北京:人民出版社,2015 年。

40. 中央党校哲学教研部:《五大发展理念——创新协调绿色开放、共享》,北京:中共中央党校出版社,2016 年。

三、古籍类

41.《诸子集成》,长沙:岳麓书社,1996 年。

42. 马将伟:《尚书译注》,北京:商务印书馆,2015 年。

43. 藤一圣:《礼记译注》,北京:商务印书馆,2015 年。

44.《论语》,杨伯峻、杨逢彬注译,长沙:岳麓书社 2000 年。

45.《孟子》,杨伯峻、杨逢彬注译,长沙:岳麓书社,2000 年。

46.《老子》,孙雍长注译,广州:花城出版社,1998 年。

47.《庄子》,孙雍长注译,广州:花城出版社,1998 年。

48. 张法祥、柯美成编著:《荀子解说》(下),北京:华夏出版社,2009 年。

49. 董仲舒:《春秋繁露》,张世亮、钟肇鹏、周桂钿译注,中华书局,2020 年。

50.《太平经》,杨寄林译注,北京:中华书局,2020 年。

51. [宋]袁采:《袁氏世范》,刘云军校注,北京:商务印书馆,2017 年。

52. 陈淳:《北溪字义》,北京:中华书局,1983 年。

53. 张载撰,王夫之注:《张子正蒙》,上海古籍出版社,2000 年。

54. 朱熹:《四书章句集注》。上海:上海古籍出版社、安徽教育出版社,2001 年。

55. 许嘉璐主编:《十三经》(上),广东教育出版社、陕西人民出版社、广西教育出版社,2005。

四、国内学术文献类

(一)著作

56.《孙中山全集》第六卷,北京:人民出版社,1981 年。

57. 罗国杰:《伦理学》,北京:人民出版社,1989 年。

58. 刘梦溪:《中国现代学术经典》(梁漱溟卷),石家庄:河北教育出版社,1996 年。

59. 李亚彬:《中国墨家》,北京:宗教文化出版社,1996 年。

60. 陆玉林、彭永捷、李振纲:《中国道家》,北京:宗教文化出版社,1996 年。

61. 张锡勤:《中国传统道德举要》,哈尔滨:黑龙江教育出版社,1996 年。

62.江明修:《第三部门——经营策略与社会参与》,台湾:台北智胜文化事业有限公司,1999年。

63.何增科:《公民社会与第三部门》,北京:社会科学文献出版社,2000年。

64.唐凯麟:《伦理学》,北京:高等教育出版社,2001年。

65.丁元竹等:《志愿活动研究:类型、评价与管理》,天津:天津人民出版社,2001年。

66.翟学伟:《中国人的行动逻辑》,北京:社会科学文献出版社,2001年。

67.朱贻庭:《中国传统伦理思想史》,上海:华东师范大学出版社,2003年。

68.郑杭生:《社会学概论》,北京:中国人民大学出版社,2003年。

69.万俊人:《20世纪西方伦理学经典》,北京:中国人民大学出版社,2004年。

70.陈会昌:《道德发展心理学》,合肥:安徽教育出版社,2004年。

71.费孝通:《乡土中国》,北京:北京出版社,2005年。

72.卜长莉:《社会资本与社会和谐》,北京:社会科学文献出版社,2005年。

73.邹建平:《诚信论》,天津:天津人民出版社,2005年。

74.彭柏林:《道德需要论》,上海:上海三联书店,2006年。

75.周秋光、曾桂林:《中国慈善简史》,北京:人民出版社,2006年。

76.田军:《志愿服务理论与实践》,上海:立信会计出版社,2007年。

77.余日昌:《中华传统美德丛书——慈善卷》,南京:南京大学出版社,2008年。

78.甘绍平:《人权伦理学》,北京:中国发展出版社,2009年。

79.侯玉兰、唐忠新:《社区志愿服务的理论与实务》,北京:中国社会出版社,2009年。

80.彭柏林:《当代中国公益伦理》,北京:人民出版社,2010年。

81.刘孜勤:《雷锋精神与中国》,沈阳:辽宁教育出版社,2011年。

82.张网成:《中国公民志愿行为研究(2011)——现状、特点及政策启示》,北京:知识产权出版社,2011年。

83.谭建光:《做好的志愿者》,北京:人民出版社,2011年。

84.佘双好:《志愿服务概论》,武汉:武汉大学出版社,2013年。

85.张仲国、聂鑫、刘淑艳:《雷锋精神与志愿者行动》,北京:中国财政经济出版社,2013年。

86.迟云:《社会的良心与善行——聚焦社会志愿服务》,济南:山东教育出版社,2014年。

87.王忠平:《志愿服务管理理论与实务》,北京:北京交通大学出版社,2015年。

88. 张晓玲:《社会稳定与弱势群体权利保障研究》,北京:中共中央党校出版社,2015年。

89. 余逸群、纪秋发:《中国志愿服务:历史、实践与发展》,北京:北京理工大学出版社有限责任公司,2016年。

90. 陆士桢:《中国特色志愿服务概论》,北京:新华出版社,2017年。

91. 魏娜:《志愿服务概论》,北京:中国人民大学出版社,2018年。

92. 陶倩等:《新时代中国特色志愿服务发展研究》,北京:社会科学文献出版社,2018年。

93. 张战等:《构建人类命运共同体思想研究》,北京:时事出版社,2019年。

(二)论文

94. 王振友:《中国青年志愿者行动的由来、现状及发展趋势》,《内蒙古工业大学学报(社会科学报)》2000年第2期。

95. 梁家峰:《自觉自愿志愿者》,《中国青年报》2000年2月5日。

96. 徐道稳:《论我国社会救助制度的价值转变和价值建设》,《社会科学辑刊》2001年第4期。

97. 郑俊田、本洪波:《公共利益研究论纲——社会公正的本体考察》,《理论探讨》2003年第2期。

98. 卢雍政:《大力推进志愿服务促进社会全面发展》,《中国青年政治学院学报》2005年第4期。

99. 胡发贵:《论慈善的道德精神》,《学海》2006年第3期。

100. 丁元竹:《社区志愿者的火种定能燎原》,《社区》2005年第8期。

101. 叶边、罗洁、丁元竹等:《中国志愿者:进步与差距》,《世界知识》2008年第14期。

102. 仲鑫:《中国公益慈善事业发展的宏观环境及微观环境》,《理论界》2008年第5期。

103. 曹刚、仁重远:《为己与利他的中道——志愿精神的伦理解读》,《广西民族大学学报(哲学社会科学版)》2009年第3期。

104. 黄富峰:《论志愿者精神的伦理内涵》,《东岳论丛》2009年第5期。

105. 于岩:《志愿服务核心价值理念探析》,《湖南经济学院学报(人文社会科学版)》2010年第1期。

106. 曾琰、陶倩:《志愿服务的价值理性与工具理性及其关系》,《思想教育研究》

2010 年第 8 期。

107. 黄毅敏:《当前社会公益组织面临的问题与对策》,http://www.redcrossol.com,2009 年 2 月 6 日。

108. 龚万达:《国外志愿服务研究综述》,《江西师范大学学报(哲学社会科学版)》2010 年第 4 期。

109. 万俊人:《现代公共伦理建构的视角看志愿服务工作》,中国文明网,2010 年 6 月 25 日。

110. 李建华:《志愿者精神中利他与己他两利之辩》,《求索》2011 年第 4 期。

111. 李茂平:《志愿服务在公民道德养成中的作用》,《吉首大学学报(社会科学版)》2011 年第 1 期。

112. 肖湘愚、李茂平:《志愿服务:社会主义核心价值观的有效载体》,《湘潭大学学报(哲学社会科学版)》2011 年第 2 期。

113. 方轻:《志愿服务评价体系研究》,《长沙理工学院学报(社会科学版)》2011 年第 3 期。

114. 秋石:《正视道德问题加强道德建设——三论正确认识我国社会现阶段道德状况》,《求是》2012 年第 7 期。

115. 魏娜、刘子洋:《论志愿服务的本质》,《中国人民大学学报》2017 年第 6 期。

116. 陶倩、曾琰:《志愿服务之于价值共同体的建构探析》,《社会主义核心价值观研究》2017 年第 1 期。

117. 何云峰:《从劳动作为人的类本质的视角看劳动幸福》,《江汉论坛》2017 年第 8 期。

118. 王莹、尚琳琳:《志愿服务的道德属性及其在国家治理中的作用》,《道德与文明》2018 年第 1 期。

119. 成海鹰:《马克思主义哲学中的自由与异化》,《云梦学刊》2018 年第 3 期。

120. 谭建光:《中国青年志愿服务:从青年到社会——改革开放四十年青年志愿服务的价值分析》,《中国青年研究》2018 年第 4 期。

121. 翟雁:《中国海外志愿服务的兴起》,《国际人才交流》2018 年第 2 期。

122. 邓安庆、蒋益:《伦理学上的诸种"主义"释义》,《云梦学刊》2021 年第 1 期。

五、国外学术文献类

(一)译作

123. [德]黑格尔:《法哲学原理》,范扬、张企泰译,北京:商务印书馆,1961 年。

124.［德］黑格尔:《历史哲学》,王造时译,北京:商务印书馆,1963年。

125.［美］J.P.蒂洛:《伦理学:理论与实践》,孟庆时等译,北京:北京大学出版社,1985年。

126.［美］威尔逊・E.O:《论人的天性》,林和生等译,贵阳:贵州人民出版社,1986年。

127.［德］康德:《道德形而上学原理》,苗力田译,上海:上海人民出版社,1986年。

128.［美］塞缪尔・亨廷顿:《变革社会中的政治秩序》,王冠华等译,北京:华夏出版社,1988年。

129.［法］托克维尔:《论美国的民主》(下卷),董果良译,北京:商务印书馆,1988年。

130.［美］彼特・布劳:《不平等和异质性》,王春光等译,北京:中国社会学科学出版社,1991年。

131.［英］J.穆勒:《政治经济学原理》(上卷),赵荣潜译,北京:商务印书馆,1991年。

132.《亚里士多德全集》第8卷,北京:中国人民大学出版社,1994年。

133.［法］阿尔贝特・史怀泽:《敬畏生命》,陈泽环译,上海:上海社会科学院出版社,1995年。

134.［法］卢梭:《论人类不平等的起源和基础》,李常山译,北京:红旗出版社,1997年。

135.［古罗马］西塞罗:《论老年论友谊论责任》,徐奕春译,北京:商务印书馆,1998年。

136.［法］亨利・柏格森:《道德与宗教的两个来源》,王作虹等译,贵阳:贵州人民出版社,2000年。

137.［英］帕特里克・贝尔特:《二十世纪的社会理论》,瞿铁鹏译,上海:上海译文出版社,2002年。

138.［美］埃里希・弗罗姆:《健全的社会》,蒋重跃等译,北京:国际文化出版公司,2003年。

139.［美］盖拉特:《21世纪非营利组织管理》,邓国胜等译,北京:中国人民大学出版社,2003年。

140.［英］齐格蒙特・鲍曼:《现代性与矛盾性》,邵迎生译,北京:商务印书馆,2003年。

141.［德］康德:《道德形而上学原理》,苗力田译,上海:上海人民出版社,2005年。

142.［美］P.F.德鲁克：《巨变时代的管理》，朱雁斌译，北京：机械工业出版社，2006 年。

143.［美］乔治·赫伯特·米德：《心灵、自我与社会》，赵月瑟译，上海：上海译文出版社，2006 年。

144.［美］莱斯特·M.萨拉蒙、S.沃加斯·索可洛斯基等：《全球公民社会——非营利部门国际指数》，陈一梅等译，北京：北京大学出版社，2007 年。

145.［法］安德烈·孔特－斯蓬维尔：《小爱大德——美德浅论》，赵克非译，北京：作家出版社，2013 年。

146.［英］约翰·穆勒：《功用主义》，徐大建译，北京：商务印书馆，2014 年。

（二）原著

147. See H.J.Pation, *The Moral Law* (Kant's Groundwork of the metaphysic of morals：first published, 1785), London：Hutchinson, 1948.

148. Trivers.R.L, "The evolution of reciprocal altrter", *Review of Biology*, 1971, 46.

149. Wilson E.O, "The War between the words：biological versus social evolution and some related issues：Section2. Genetic basic of behavior—especially of altruism", *American Psychologist*, 1975, 46.

150. Liebrand、WBG, *The Ubiquity of Social Valuea In Social Dilemmas*, See Wilke Etal, 1986.

151. Lester M.Salamon. "The Rise of Nonprofit sector", *Foreign Affairs*, 1994(3).

152. DUN, P.C.*Volunteer manangement.In Encyclopedia of Social Work* (19th), 1995.

153. Bills, D. & Harris, M. *Voluntary Agencies：Challengs of Organization and Management.*Landon：Macmillan Press Ltd, 1996,

154. Barker, R.L.*The Social Work.*New York：National Association of Social Work, 1998.

155. Hill Haker：*Ein in jeder Hinsicht gafaehrrliches Verfahren*, in：Christian Geyer (Hg.)：Biopolitik, Frankfurt am Main 2001.

156. Julian Nida-Ruemelin："Wo die Menschenwuerde beginnt", in：*Tagesspiegel*, 02. 01.2001.

157. Ziemek S.M. "The economics of volunteer labor supply：an application to countries of a different development level".Frankfurt am Main：Peter LANG, 2003.

158. Stefan Gosepath, "Verteidigung Egalitaerer Gerechtigkeit", in：*Deutschrift fuer Philosophie*, 51(2003) 2.

159. ILO Bureau of Statistics：*Manual on the Measurement of Volunteer Work*，*Exposure Draft for 18ᵗʰ International Conference of Labour Statisticians*，Geneva，24 November‐5 December 2008.

160. Walter O.Simmons，Rosemarie Emanuele．"Are Volunteers Substitute for Paid Labor in Nonprofit Organizations?"*Journal of Economics and Business*，2010(1)．

161. Susanne Ziemek，"Economic Analysis of Volunteers' Motivations —A Cros‐country Study"，*The Journal of Socio—Economics*，2010，(1)．

162. Corporation for National and Community Service．"Research Brief：Volunteering in America Research Highlights"，2013.

163. Latest figure from 2014 Bureau of Labor Statistics data，in‐dexed by Independent Sector in March，2015.

六、其他类

164. 朱贻庭：《伦理学大辞典》，上海：上海辞书出版社，2002 年。

165. 北京志愿者协会：《走近志愿服务》，北京：中国国际广播出版社，2006 年。

166. 北京志愿者协会：《志愿者你准备好了吗》，北京：中国国际广播出版社，2006 年。

167. 沈佳音：《辽宁一钢铁工人 20 年献出十身血曾被称"傻子"》，《京华时报》2010 年 9 月 19 日。

168.《社区志愿者手册》，北京：中国社会出版社，2010 年。

169. 中央文明办：《志愿服务工作 100 例》，北京：学习出版社，2011 年。

170.《中国志愿服务大辞典》，北京：中国大百科全书出版社，2014 年。

171.《用青春激情打造最美"中国名片"》，《中国青年报》2014 年 7 月 17 日。

172. 中国志愿服务联合会：《中国志愿服务联合会开展"邻里守望"志愿服务活动》，新华网，2014 年 3 月 1 日。

173.《保护母亲河中国青年志愿者绿色行动营计划》，中变传奇网站，2015 年 3 月 15 日。

174.《志愿服务条例》，北京：中国法制出版社，2017 年。

175.《最美志愿者——易解放》，上海志愿者网，2017 年 2 月 28 日。

176. 中国志愿服务联合会：《中国志愿服务发展报告》(2017)，社会科学文献出版社，2017 年。

177. 张琦：《中国共享发展研究报告(2017)》，北京：中国财经出版集团，2018 年。

178.《2017 年全国教育事业发展统计公报》,《中国教育报》2018 年 7 月 21 日。

179. 杨团:《中国慈善发展报告(2018)》,北京:社会科学文献出版社,2018 年。

180.《上海志愿服务发展报告(2019)》,北京:社会科学文献出版社,2019 年。

181.《国家财政性教育经费占 GDP 比重超 4%　2019 中央财政教育支出安排超 1 万亿元》,东方财富网,2019 年 3 月 5 日。

182. 刘宇男:《中国与世界经济发展报告（2020）》,北京:中国市场出版社,2019 年。

183. 伍鹏:《减贫促进人权中国扶贫基金会参与全球民间减贫合作的行动》,中国扶贫基金会网,2019 年 3 月 19 日。

184.《新时代公民道德建设实施纲要》,北京:人民出版社,2019 年。

185.《中国共产党第十九届中央委员会第五次全体会议公报》,新华社,2020 年 19 月 29 日。

186.《学会维护朋友的尊严》,bilibilibli.com,2020 年 12 月 30 日。

187. 吉宏忠:《道教大辞典》,上海:上海世纪出版集团,2020 年。

188. 丁福保:《佛教大辞典》,南京:江苏人民出版社,2017 年。

后　记

　　本著乃湖南师范大学道德文化研究中心——中国特色社会主义道德文化省部共建协同创新中心项目、湖南省"芙蓉计划"——高校优秀思想政治工作者名师工作室建设项目、湖南省教育厅重点项目"新时代志愿服务的伦理规范与引导研究"(21A0400)成果,且基于国家社科基金项目"新时代中国特色社会主义志愿服务伦理研究"(18BZX130)最终成果修改而成。

　　中国特色社会主义志愿服务伦理是中国特色社会主义道德文化的重要组成部分,在新时代推进中国特色社会主义道德文化建设,很有必要对新时代中国特色社会主义志愿服务伦理进行系统而深入的研究。但据笔者所掌握的资料,尽管有学者就中国特色社会主义志愿服务理论进行了系统而深入的研究,并取得了比较丰硕的成果,如陆士桢著《中国特色志愿服务概论》(新华出版社 2017 年版)、陶倩等著《新时代中国特色志愿服务发展研究》(社会科学文献出版社 2018 年版)等,却很少有人从伦理学的视角探讨新时代中国特色社会主义志愿服务理论问题,相对而言,目前国内关于新时代中国特色社会主义志愿服务伦理的研究是甚为不足的。有鉴于此,笔者近年来围绕新时代中国特色社会主义志愿服务伦理问题进行了一系列的思考和探索,本著即是这些年思考和探索的结晶。本著在全面梳理相关研究现状和研究动态以及充分吸收已有研究成果的基础上,针对当前研究之不足,从伦理学的视角对志愿服务概念进行了诠释,揭示了志愿服务的伦理特性,剖析了志愿服务的伦理结构;

以儒家、墨家、道家和佛家文化为重点,挖掘了我国传统文化中的志愿服务伦理思想,并分析了其历史影响和当代价值;立足于共享发展理念和中国特色社会主义道德文化发展的趋势,揭示了志愿服务的共享伦理意蕴;根据新时代中国特色社会主义志愿服务发展的需要,针对新时代中国特色社会主义志愿服务发展所面临的伦理问题与伦理挑战,初步构建了新时代中国特色社会主义志愿服务的伦理原则规范体系;同时还就新时代如何构建中国特色社会主义志愿服务伦理评价体系做了初步探讨。其中一些成果已在研究过程中陆续发表在《北京大学学报(哲学社会科学版)》《道德与文明》《伦理学研究》《武汉大学学报(哲学社会科学版)》《湘潭大学学报(哲学社会科学版)》等刊物上,且有多篇被《光明日报(理论版)》、《中国社会科学文摘》、人大复印资料《伦理学》以及《高等学校文科学术文摘》等全文转载或摘录。

当然,新时代中国特色社会主义志愿服务伦理是一个十分复杂的问题,所涉及的内容是多方面的,本著尽管对其进行了一定程度的探讨,提出了一些见解和看法,但并不意味着比别人研究得更深刻、掌握了更多的真知灼见;反而,本著所提出的这些观点和见解可能是肤浅的、片面的甚或是错误的,定有不少博士买驴、以管窥天和附赘悬疣之处。故作罢上述研究,笔者并无丝毫欣喜之情、满足之感,倒更觉忐忑不安,唯以学界同行不吝珠玉为盼,同时期望更多学人重视此问题之研究,将其推向一个更高阶段。

最后需要指出的是,本著尽管主要是由我执笔完成的,但若没有德高望重、博洽多闻的万俊人、焦国成、姚新中、王小锡、李建华等老师醍醐灌顶般的指点和殷切关怀,卢先明、徐振祥、鲁涛、司念伟、晏军、唐维等好友或同事的无私帮助与大力支持,本课题组成员张泰来、潘昕、易璐等和我所指导的研究生伍晴晖、屈豆豆、李汉铭、郑燕、漆小琪、罗淑婷、徐斯仪、姜豫晋、朱卉、李柳和方佳琪等的积极参与和通力协助,人民出版社的领导和洪琼博士的倾力扶持与艰辛付出,以及吾爱人毛珊珊女士的照护与鼓励,本成果要得以顺利完成和付梓也是很难的。师恩难忘,友情难忘,亲情难忘,谨此致以诚挚的谢意!